Die Personennamen im Deutschen

von

Wilfried Seibicke

1982

Walter de Gruyter · Berlin · New York

SAMMLUNG GÖSCHEN 2218

Dr. *Wilfried Seibicke*
Akademischer Oberrat
an der Universität Heidelberg

CIP-Kurztitelaufnahme der Deutschen Bibliothek

Seibicke, Wilfried:
Die Personennamen im Deutschen / von Wilfried
Seibicke. – Berlin ; New York : de
Gruyter, 1982.
   (Sammlung Göschen ; 2218)
   ISBN 3-11-007984-4
NE: GT

© Copyright 1982 by Walter de Gruyter & Co., vormals G. J. Göschen'sche Verlagshandlung, J. Guttentag, Verlagsbuchhandlung, Georg Reimer, Karl J. Trübner, Veit & Comp., 1 Berlin 30 – Alle Rechte, insbesondere das Recht der Vervielfältigung und Verbreitung sowie der Übersetzung, vorbehalten. Kein Teil des Werkes darf in irgendeiner Form (durch Fotokopie, Mikrofilm oder ein anderes Verfahren) ohne schriftliche Genehmigung des Verlages reproduziert oder unter Verwendung elektronischer Systeme verarbeitet, vervielfältigt oder verbreitet werden – Printed in Germany – Satz: Tutte Drukkerei GmbH, Salzweg-Passau – Bindearbeiten: Lüderitz & Bauer, Buchgewerbe-GmbH, Berlin – Druck: Sala Druck, Berlin.

Vorwort

Bei der Abfassung dieses Taschenbuches habe ich meine Aufgabe darin gesehen, in allgemeinverständlicher Weise in die germanistische Personennamenkunde einzuführen, also auf die Vielfalt möglicher Aspekte und Fragestellungen aufmerksam zu machen, Forschungsergebnisse mitzuteilen und Anregungen zu geben für die weitergehende Beschäftigung mit den Personennamen in Gegenwart und Geschichte. In meiner Darstellung liegt das Schwergewicht allerdings auf der Gegenwart.

Das Buch wendet sich vor allem an Germanistikstudent(inn)en und Deutschlehrer/innen, darüber hinaus aber auch an alle, die sich für Sprache und besonders für Personennamen interessieren oder bereit sind, sich dafür interessieren zu lassen. Spezielle Vorkenntnisse sind nicht vorausgesetzt. Wer freilich wissen möchte, was sein Vorname oder sein Familienname „bedeutet", wird in diesem Buch kaum eine Antwort finden. Anders als sein Vorgänger, „Die deutschen Personennamen" von Max Gottschald (s. Nr. 32), ist es keine Abhandlung, worin im Rahmen eines geschichtlichen Abrisses möglichst viele Personennamen nach ihren Ursprüngen (etymologisch) erklärt werden. Deshalb ist auch ein Register der im Text erwähnten Personennamen unterblieben. Dennoch wird auch derjenige, der die begreifliche Frage nach der Herkunft seines Namens stellt, das Taschenbuch nicht vergeblich zu Hand nehmen; denn es enthält unter anderem auch Hinweise darauf, wo die gewünschten Informationen zu finden sind und – was vielleicht noch wichtiger ist – wie er mit ihnen umgehen sollte.

Von den überaus zahlreichen Literaturhinweisen lasse man sich nicht abschrecken. Man muß nicht, um den Text zu verstehen, zuvor die aufgeführten Schriften gelesen haben. Diese Angaben sind vielmehr als Hilfe für die selbständige Weiterarbeit gedacht. Vollständigkeit war nicht angestrebt, und selbstverständlich ist die von mir getroffene Literaturauswahl subjektiv. Ich habe mit Absicht einige ältere Titel aufgenommen, damit auch auf die Wissenschaftsge-

schichte ein Blick fällt. Zugleich aber habe ich darauf geachtet, nach Möglichkeit nur solche Arbeiten zu nennen, an die man – zumindest in Universitätsstädten – leicht herankommt.
Daß ich besonders den Büchern von Adolf Bach (Nr. 30) und Wolfgang Fleischer (Nr. 31) viel zu verdanken habe, bekenne ich gern. Meiner Frau danke ich für ihre Hilfe bei dem mühsamen Geschäft des Korrekturlesens.

Heidelberg, im November 1981 *Wilfried Seibicke*

Inhaltsverzeichnis

1.	*Einleitung*	7
1.1.	Wort und Name	7
1.2.	Namenforschung	10
1.3.	Namen für Personen	12
2.	*Der Gesamtname im heutigen Deutsch*	14
2.1.	Die Bestandteile des Gesamtnamens	14
2.2.	Namengebung	20
2.3.	Namenrecht	23
2.4.	Pseudonyme	34
2.4.1.	Pseudonym und Namensänderung	34
2.4.2.	Personenkreise	36
2.4.3.	Motive	38
2.4.4.	Bildungsweisen	41
2.4.5.	Zur Geschichte	46
2.5.	Die „Bedeutung" der Personennamen	48
2.6.	Wortbildung	55
2.6.1.	Zusammengesetzte und abgeleitete Personennamen	55
2.6.2.	Ableitungen von Personennamen (deonymische Derivationen)	57
2.6.3.	Wortmischungen	60
2.7.	Zur Grammatik der Personennamen	61
2.7.1.	Der bestimmte Artikel	61
2.7.2.	Der unbestimmte Artikel	65
2.7.3.	Kasus	66
2.7.4.	Pluralbildung	69
2.7.5.	Apposition oder kasusneutrales Attribut?	70
2.8	Namengebrauch	72
2.9.	Namenpsychologie	83
2.10.	Namen in der Literatur	88
3.	*Die Vornamen*	96
3.1.	Bildungsweise	96
3.2.	Umfang des Vornamenbestandes	98
3.3.	Lautstruktur	104
3.4.	Geschlechtsspezifik	108
3.5.	Deutsche und ausländische Vornamen	110

3.6.	Motive der Vornamenwahl	114
3.7.	Zur Geschichte der Vornamen	121
3.7.1.	Die altdeutschen Rufnamen	121
3.7.2.	Die Entwicklung der Rufnamen im Deutschen	133
4.	*Die Familiennamen*	159
4.1.	Die häufigsten Familiennamen	159
4.2.	Sonderformen	166
4.3.	Nichtdeutsche Familiennamen	168
4.4.	Regionale Unterschiede	172
4.5.	Zur Geschichte der Familiennamen im Deutschen	178
5.	*Beinamen und Übernamen*	203
6.	*Personennamen in nicht-anthroponymischer Verwendung*	208

Literaturverzeichnis 214
Sachregister 223
Abkürzungen und Zeichen 229

1. Einleitung

1.1. *Wort und Name*

Nach einer Einteilung, die auf Autoren des klassischen Altertums zurückgeht, haben wir uns angewöhnt, den Wortschatz unserer Sprache nach grammatischen Merkmalen zu untergliedern in: Substantive, Adjektive, Verben, Adverbien usw. Innerhalb der Gruppe der Substantive wird nochmals unterschieden zwischen Eigennamen (nomina propria) und Gattungsnamen oder besser Gattungsbezeichnungen (nomina appellativa). Die geläufige Zusammenfassung der appellativischen Substantive mit den Adjektiven, Verben, Adverbien usw. zur Klasse der Wörter gegenüber der Klasse der Eigennamen – oder einfach: Namen – macht deutlich, daß den (Eigen)namen ein besonderer Platz innerhalb des Wortschatzes eingeräumt wird.

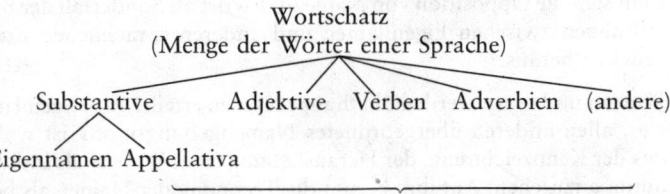

Dennoch sind beide Klassen eng miteinander verbunden. Namen entstehen aus Wörtern und können auch wieder in Wörter übergehen. Im allgemeinen Sprachgebrauch werden die Ausdrücke *Wort* und *Name* auch nicht immer streng auseinandergehalten. Wir sprechen sowohl von *Farbwörtern* als auch von *Farbnamen*, und in Nachschlagewerken mit dem Titel „Wörterbuch der deutschen Pflanzennamen" oder „Wörterbuch der deutschen Tiernamen" wird man Eigennamen für Pflanzen oder Tiere wie *Luther-Eiche* für einen bestimmten Baum im Ort X, *Harras* für einen Hund, *Hansi* für einen Wellensittich, *Liese* für eine Kuh vergeblich suchen; stattdessen findet man darin Gattungsbezeichnungen wie *Veilchen, Vergißmeinnicht, Himmelsschlüssel* oder *Käfer, Libelle, Heupferd,* die auf jeden Angehörigen der damit bezeichneten botanischen oder zoologischen Art, Gattung, Klasse usw. angewandt werden können.

Eine scharfe Abgrenzung zwischen Wort und Name bereitet jedenfalls Schwierigkeiten. Ganz allgemein kann man sagen, daß Eigennamen „feste Designatoren" (*rigid designators*, [2] Kripke 169f.) sind, d.h. festgelegte „Ausdrücke, mit denen sich Sprachteilhaber [...] immer nur auf ein und denselben Gegenstand beziehen" ([9] Wimmer 18), während sich die Sprachteilhaber mit Wörtern auf je nach der Situation wechselnde Gegenstände beziehen können. (In der logisch-philosophischen Literatur wird der Terminus *Eigenname* – besonders seit Frege und Russell – oft in einem weiteren Sinne gebraucht, nämlich für alle Ausdrücke und Kennzeichnungen, soweit sie einen und nur einen bestimmten Gegenstand bezeichnen, zum Beispiel *der Morgenstern* oder *der Sieger von Austerlitz* [Napoleon]; s. etwa [4] Lorenz, [6] Schwarz.) Wenn man überdies bedenkt, daß Eigennamen auch mehrgliedrig sein können – zum Beispiel *Karl der Große, Hohes Venn, Bibliographisches Institut* –, stellt sich die Opposition von Name und Wort als Sonderfall der Beziehungen zwischen Eigennamen und anderen sprachlichen Ausdrücken heraus.

Warum und wozu werden überhaupt Namen erteilt? Als allgemeinstes, allen anderen übergeordnetes Namengebungsmotiv ist wohl das der Kennzeichnung, der Heraushebung eines Wesens als Individuum anzusehen. Auf ihm beruht die Trennung der Namen als besonderer sprachlicher Zeichen von den Appellativa. Eine Sprache, deren „Lexikon" nur aus Namen bestünde, würde entweder das Fassungsvermögen eines jeden Menschen übersteigen oder könnte nur einen winzigen Ausschnitt der Welt bewältigen. Umgekehrt wäre eine Sprache, die ganz ohne Namen auskommen müßte, insofern „unökonomisch", als zur genauen Bezeichnung von Objekten, die häufig Gesprächsgegenstand sind, längere Beschreibungen erforderlich wären. Namen erleichtern also die sprachliche Kommunikation, indem umständliche Charakterisierungen des Einzelwesens, über das gerade gesprochen werden soll, durch kürzere, bequemer zu handhabende sprachliche Zeichen ersetzt werden. (Ein

1.1. Wort und Name

simples Beispiel: *die kleine schwarze Katze des Nachbarn A > das Mohrle,* im Unterschied vielleicht zu: *die kleine getigerte Katze des Nachbarn B > der Purzel.*) Es werden deshalb vor allem solche Einzelwesen mit einem Eigennamen bedacht, auf die man beim Sprechen häufig Bezug nimmt, und das sind dann zugleich solche, die in unserem Leben aus irgendeinem Grunde wichtig sind. Über die kommunikative Funktion der Identifizierung hinaus erfüllt der Eigenname außerdem die Aufgabe, das mit ihm Benannte als Individuum herauszuheben und es in seiner Eigenart zu charakterisieren. Auch unser besonderes Verhältnis zum Bezeichneten kann im Namen zum Ausdruck kommen, und bei Menschen vermag er sogar auf den Namensträger zurückzuwirken (s. Kap. 2.9.). Deshalb sind Eigennamen nicht einfach durch Nummern ersetzbar (s. [5] Naumann und [7] Walther).

[1] Gerhardt, D.: Zur Theorie der Eigennamen; in: [20] BNF 12, 1977, S. 398–418
[2] Kripke, S. A.: Naming and Necessity; in: Semantics of Natural Language, hrsg. von G. Harman u. D. Davidson, Dordrecht 1972, S. 253–355, 763–769
[3] Leys, O.: Was ist ein Eigenname? Ein pragmatisch orientierter Standpunkt; in: Leuvense Bijdragen 68, 1979, S. 61–86
[4] Lorenz, Kuno: Eigenname; in: Enzyklopädie Philosophie und Wissenschaftstheorie, hrsg. von J. Mittelstraß, Bd. I, Mannheim 1980, S. 521
[5] Naumann, H.: Nummer und Name; in: [21] NI, Nr. 27, 1975, S. 6–16
[6] Schwarz, David: Naming and Referring. The Semantics and Pragmatics of Singular Terms, ed. by R. Posner, Berlin 1979 = Grundlagen der Kommunikation
[7] Walther, H.: Nummer und Name; in: [21] NI, Nr. 28, 1976, S. 24–27
[8] Wimmer, Rainer: Der Eigenname im Deutschen. Ein Beitrag zu seiner linguistischen Beschreibung. Tübingen 1973 = Linguistische Arbeiten, Bd. 11
[9] Wimmer, R.: Die Bedeutung des Eigennamens; in: Semasia 5, 1978, S. 1–21
[9/1] Wotjak, G.: Zum Problem des Eigennamens aus der Sicht der Semantiktheorie; in: [14], S. 22–37
S. a. [237] Dobnig-Jülch, [56] + [57] Hilgemann, [84] Kalverkämper.

1.2. Namenforschung

Die Namenforschung (auch *Namenkunde, Onomastik*, zu griech. *ónoma* ‚Name') konzentriert sich vor allem auf zwei Namenbereiche: die Personennamen (Anthroponyme, zu griech. *ánthrōpos* ‚Mensch' und *ónyma* ‚Name') und die Örtlichkeitsnamen (Toponyme, zu griech. *tópos* ‚Ort, Örtlichkeit, Stelle' und *ónyma* ‚Name'); zu den letzteren gehören geographische Namen wie solche für Länder, Staaten, Provinzen, Gaue, Städte, Dörfer, Straßen, Flurstücke, Berge, Gebirge, Seen, Flüsse, Meere, Inseln und dergleichen. Daneben kennen wir noch Namen für Tiere (Therionyme), für Gebäude oder Gebäudegruppen, Organisationen und Institutionen aller Art (Schulen, Kasernen, Turnhallen und Schwimmbäder, Krankenhäuser, Maschinen-Traktoren-Stationen, Universitäten, Institute, Verlage, Firmen usw.). Die Fachausdrücke für die sprachwissenschaftlichen Teildisziplinen, die sich mit den beiden onomastischen Hauptbereichen befassen, sind *Anthroponomastik* und *Toponomastik*.

[10] Debus, F.: Onomastik; in: Lexikon der Germanistischen Linguistik, hrsg. von Althaus/Henne/Wiegand, Stuttgart ²1980, Kap. 17, (S. 187–198)
[11] Deutsche Namenkunde; in: Die deutsche Sprache, hrsg. von E. Agricola, W. Fleischer, H. Protze, Bd. 2, Leipzig 1970 (= Kleine Enzyklopädie), Kap. 6
[12] Witkowski, Teodolius: Grundbegriffe der Namenkunde. Berlin (Ost) 1964 = Deutsche Akademie der Wissenschaften zu Berlin, Vorträge und Schriften, H. 91

Sammelbände:
[13] Beiträge zur Onomastik, hrsg. von E. Eichler und H. Walther. Berlin (Ost) 1980 = Linguistische Studien, Reihe A, Bd. 73/I + II
[14] Beiträge zur Theorie und Geschichte der Eigennamen. Berlin (Ost) 1976 = Linguistische Studien, Reihe A, Bd. 30
[15] Der Name in Sprache und Gesellschaft. Beiträge zur Theorie der Onomastik. Berlin (Ost) 1973 = Deutsch-slawische Forschungen zur Namenkunde und Siedlungsgeschichte, Nr. 27
[16] Namenforschung heute. Ihre Ergebnisse und Aufgaben in der Deutschen Demokratischen Republik, hrsg. von einem Autorenkollektiv. Berlin (Ost) 1971
[17] Probleme der Namenforschung im deutschsprachigen Raum, hrsg. von Hugo Steger. Darmstadt 1977 = Wege der Forschung, Bd. 383

1.2. Namensforschung

Bibliographische Hilfsmittel:
[18] Bibliographie der Namenforschung in der DDR, Tl. I (bis 1962), Leipzig 1963, Tl. II (1963–1965), Leipzig 1966
[19] Beiträge zur Bibliographie der Namenforschung in der DDR, bearb. von Inge Bily, Leipzig 1979 = [21] NI, Beih. 1
Hinzuweisen ist außerdem auf die regelmäßig in der Zeitschrift [23] ONOMA erscheinende „Bibliographia onomastica".

Zeitschriften und Reihen:
[20] Beiträge zur Namenforschung, Heidelberg 1949–1965, N. F. 1966 ff.; abgekürzt: BNF
[21] Namenkundliche Informationen, Leipzig 1964 ff. (bis 1968 unter dem Titel: Informationen der Leipziger namenkundlichen Arbeitsgruppe an der Karl-Marx-Universität); abgekürzt: NI
[22] Names. Journal of the American Name Society, Potsdam N. Y. 1953 ff.
[23] ONOMA, hrsg. vom International Centre of Onomastics, Löwen (Belgien) 1950 ff.
[24] Onomastica Slavogermanica, hrsg. von Rudolf Fischer (ab. Bd. VII: von Ernst Eichler u. Hans Walther; Redaktion: J. Schultheis), Bd. 1 ff., Berlin (im Wechsel mit Wrocław; Redaktion: St. Rospond) 1965 ff.; abgekürzt: OSG
[25] Österreichische Namenforschung, Zeitschrift der Österreichischen Gesellschaft für Namenforschung, Wien 1973 ff.; abgekürzt: ÖNF
[26] Zeitschrift für Namenforschung, Bd. 13–19, Berlin 1937–1943 (von 1925 bis 1936: Zeitschrift für Ortsnamenforschung); abgekürzt: ZNF

Die historische Namenforschung ist eng mit anderen historischen Disziplinen verbunden und leistet wichtige Beiträge zur Erhellung der Gesellschaftsgeschichte (Kultur- und Sozialgeschichte, Wanderungs- und Siedlungsbewegungen, Familiengeschichte usw.) und vor allem der Sprachgeschichte. Eine Zeitlang hat man die Namenforschung sogar als rein historische Wissenschaft angesehen und sie aus der aktuellen Diskussion in der Sprachwissenschaft (Linguistik) ausgeklammert. Inzwischen aber hat man erkannt, daß auch die Untersuchung von Namengebung und Namengebrauch geeignet ist, Erkenntnisse über die Beziehungen zwischen Sprache und Gesellschaft (Soziolinguistik) zu gewinnen und darüber, wie Sprecher mit Sprache handeln (linguistische Pragmatik). Zur Namensoziologie oder Sozioonomastik s. zum Beispiel S. 150 f., 153 f., 205 f.

[27] Debus, F.: Soziologische Namengeographie. Zur sprachgeographisch-soziologischen Betrachtung der Nomina propria; in: Wortgeographie und Gesellschaft (Festschrift f. L. E. Schmitt), Berlin 1968, S. 28–48
[28] Walther, H.: Soziolinguistisch-pragmatische Aspekte der Namengebung und des Namengebrauchs; in: [21] NI, Nr. 20, 1972, S. 49–60 (leicht geändert auch in: Actes du XIe Congrès International des Sciences Onomastiques, Bd. 2, Sofia 1975, S. 421–427)
[29] Walther, H., und J. Schultheis: Soziolinguistische Aspekte der Eigennamen; in: Beiträge zur Soziolinguistik, hrsg. von R. Große und A. Neubert, Halle/S. 1974 (auch München 1978), S. 187–201
S. a. die Literatur zu Kap. 2.8.

1.3. Namen für Personen

Zu den auf Menschen bezogenen Namen gehören nicht nur die Namen für einzelne Personen (Individuen), sondern auch Namen für Menschengruppen, zum Beispiel Völkerschaften, politische Parteien, Vereine, Verbindungen und Zusammenschlüsse aller Art (*Beatles, Rolling Stones*). Von solchen Personengruppen-Namen wird im Folgenden nicht die Rede sein; vielmehr sollen in diesem Buch nur die im Deutschen vorkommenden Namen für Einzelpersonen behandelt werden. Unter *deutschen Personennamen* werden dabei nicht nur die seit althochdeutscher Zeit (ca. 750 n. Chr.) nachweisbaren Namen germanischen Ursprungs verstanden, sondern alle von Menschen mit deutscher Muttersprache geführten Namen, also auch solche fremdsprachigen Ursprungs.

[30] Bach, Adolf: Deutsche Namenkunde, Bd. I, 1 und 2: Die deutschen Personennamen. Heidelberg [3]1978
[31] Fleischer, Wolfgang: Die deutschen Personennamen. Geschichte, Bildung und Bedeutung. Berlin (Ost) [2]1968 = Wissenschaftliche Taschenbücher, Bd. 20
[32] Gottschald, Max: Die deutschen Personennamen. Berlin [2]1955 = Sammlung Göschen, Bd. 422
[33] Müller, G.: Namenkunde; in: Niederdeutsch – Sprache und Literatur. Eine Einführung, hrsg. von J. Goossens, Bd. I: Sprache. Neumünster 1973, S. 199–220 (Kap. 2: Anthroponyme, S. 202–208)
[34] Schröder, Edward: Deutsche Namenkunde. Gesammelte Aufsätze zur Kunde deutscher Personen- und Ortsnamen. Göttingen [2]1944

[35] Schwarz, Ernst: Deutsche Namenforschung, Bd. I: Ruf- und Familiennamen. Göttingen 1949
[36] Schwarz, E.: Orts- und Personennamen; in: Deutsche Philologie im Aufriß, hrsg. von Wolfgang Stammler, Berlin ²1957, Bd. I, Sp. 1523–1598 (Kap. B: Die Personennamen, Sp. 1562 ff.)

2. Der Gesamtname im heutigen Deutsch

2.1. Die Bestandteile des Gesamtnamens

Ein alltäglicher Fall: Auf irgendeinem Standesamt im deutschen Sprachgebiet (in der Bundesrepublik, der DDR, Österreich, der deutschsprachigen Schweiz) wird die Geburt eines Sohnes gemeldet und der Name des Neugeborenen – sagen wir: *Wolfgang Franz Albert Müller* – in das Geburtenbuch eingetragen. Alle vier Einzelnamen zusammen bilden den „vollen Namen" oder Gesamtnamen der Person, und so wird er später auch im Personalausweis, im Reisepaß, in der Heiratsurkunde und in anderen amtlichen Dokumenten, wo immer die Angabe des vollen Namens verlangt ist, wiederkehren.

Dieser Gesamtname gliedert sich in zwei funktional unterschiedene Bestandteile: den überindividuellen Familiennamen (*Müller*), der den Namensträger als Mitglied einer bestimmten Familie kennzeichnet und der gleichsam automatisch auf ihn übergeht, und einen individuellen Namenteil (*Wolfgang Franz Albert*), der die betreffende Person in der Regel von anderen Mitgliedern der Familie unterscheidet und der ihm von den Eltern verliehen wird. Der individuelle Teil des Gesamtnamens kann, wie das Beispiel zeigt, aus mehreren selbständigen Namen (Vornamen) bestehen. Leider gibt es in der Namenkunde für diesen speziellen Teil des vollen Namens (noch) keinen Oberbegriff; wir können ihn aber nach zwei Gesichtspunkten nochmals unterteilen:

(1) Da die Reihenfolge der Vornamen mit dem Geburtseintrag ein für allemal behördlich festgelegt ist, können wir entweder einfach durchzählen: Erst-, Zweit-, Drittvorname usw., oder wir unterscheiden zwischen dem an erster Stelle stehenden und dadurch ausgezeichneten Namen, dem Erstvornamen (EVN), und dem bzw. den Folgevornamen (FVN). Ist nur ein einziger Vorname vergeben worden, schlagen wir diesen Einzelvornamen der Gruppe der Erstvor-

2.1. Die Bestandteile des Gesamtnamens

namen zu. Die Abkürzung EVN steht also sowohl für *Erst-* als auch für *Einzelvorname.*

(2) Von mehreren Vornamen wird gewöhnlich nur einer im öffentlichen und privaten Leben gebraucht, der sogenannte Rufname (RN). Er ist folglich der wichtigste unter mehreren Vornamen, und alle anderen werden als bloße Beivornamen (BVN) von ihm abgehoben:

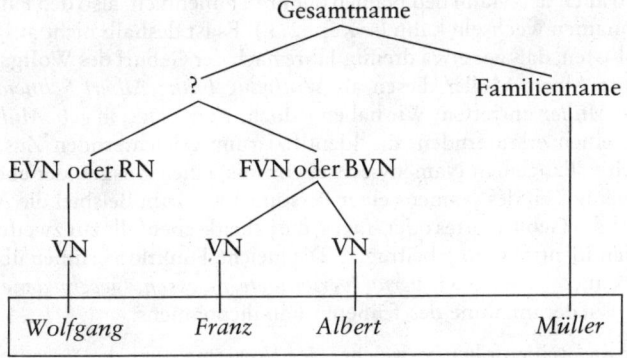

Der Rufname muß allerdings nicht immer an erster Stelle eingetragen sein, und er kann auch aus zwei getrennt aufgeführten Vornamen bestehen (s. dazu S. 28 f.).

Mit der Eheschließung tritt zu dem Gesamtnamen einer Person in amtlichen Formularen und Dokumenten meist noch der Geburtsname hinzu. Wie allerdings der Anschluß mittels des – schriftlich gewöhnlich *geb.* abgekürzten – Wortes *geborene/r* zeigt, ist dieser zusätzliche Familienname nicht Teil des vollen Namens, sondern nur die amtlich festgehaltene Erinnerung an einen historisch früheren Zustand, der durch den Namenwechsel bei der Heirat verändert worden ist. In der Angabe *Erika Müller geb. Schneider* ist *geb. Schneider* als Hinweis darauf zu verstehen, daß *Erika Müller* und *Erika Schneider* ein und dieselbe Person in verschiedenen Zeitabschnitten benennen oder, anders ausgedrückt, daß die Person namens *Erika Müller* vor einem bestimmten Zeitpunkt unter dem Namen *Erika Schneider* personenstandsrechtlich erfaßt ist und daß die Änderung des Familiennamens durch die Eheschließung verursacht wurde. Der Geburtsname als Zusatz zum Namen einer Person trat bis vor kurzem nur bei Frauen in Erscheinung, da sie mit der Eheschließung den Familiennamen des Ehemanns übernehmen mußten. Deshalb konnte der Geburtsname auch als *Mädchenname* (der Frau) bezeichnet werden. Diese Gleichsetzung von Geburts- und Mädchenname ist heute nicht mehr möglich, weil nach neuestem Namenrecht in der DDR und in der Bundesrepublik Deutschland auch der Mann den Namen der Frau annehmen, also den Familiennamen wechseln kann (s. Kap. 2.3.). Es ist deshalb nicht ausgeschlossen, daß wir etwa dreißig Jahre nach der Geburt des Wolfgang Franz Albert Müller diesen als *Wolfgang Franz Albert Schneider geb. Müller* antreffen. Wir haben jedoch, wie gesagt, in *geb. Müller* nur einen erläuternden, die Identifizierung erleichternden Zusatz nach vollzogenem Namenwechsel vor uns, einen Zusatz, der ebensowenig Teil des Namens einer Person ist wie zum Beispiel die Angabe des Geburtsortes oder -tages, die ja beide ebenfalls zur zweifelsfreien Identifizierung beitragen. Die gleiche Funktion erfüllen übrigens auch Zusätze wie *verw.* (*verwitwete/r*), *gesch.* (*geschiedene/r*) bei Wiederannahme des früheren Familiennamens.

Für die Reihenfolge, in welcher der Vorname oder die Vornamen und der Familienname angeführt werden, gibt es verschiedene Konventionen. In Personenstandsanzeigen, Unterschriften, Postanschriften, Buchtiteln, auf Visitenkarten, beim Sich-Vorstellen beispielsweise steht der Familienname an letzter Stelle (*Wolfgang Müller*; über Abweichungen von dieser Regel wird weiter unten berichtet). In Formularen, Fragebögen und alphabetisch geordneten Personenverzeichnissen aller Art (Telefon-, Adreßbüchern, Schülerlisten usw.) geht man aus praktischen Gründen vom Familiennamen aus (*Müller, Wolfgang*).

Wie schon erwähnt, macht man von seinem vollen Namen nur selten Gebrauch, und es gibt mehrere Stufen der Reduzierung des vollen Namens:

2.1. Die Bestandteile des Gesamtnamens

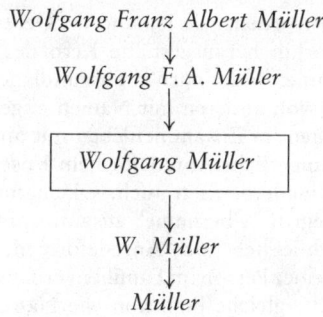

Auf die Frage: „Wie heißen Sie?" antwortet man gewöhnlich mit dem Familiennamen. Weil damit aber nur die Zugehörigkeit zu einer Gruppe von Menschen angegeben ist, bedarf es zur genaueren Bestimmung der Einzelperson eines weiteren namentlichen Kennzeichens; es ist in der Regel der Rufname. Diese Kombination aus Ruf- und Familienname macht den eigentlichen Kern des Gesamtnamens einer Person aus, und gegenwärtig ist sie sogar in vielen Fällen identisch mit dem Gesamtnamen. Sind mehrere Vornamen eingetragen, werden auch die Beivornamen gelegentlich – zur Unterscheidung von Personen gleichen Namens oder aus welchen Gründen auch immer – in abgekürzter Form mitgeführt. Zu erwähnen ist schließlich noch die Möglichkeit, im privaten und auch im öffentlichen Leben, soweit es nicht um amtliche Dokumente geht, anstelle des Rufnamens eine Variante dieses Namens zu bevorzugen, sich also zum Beispiel *Wolf Müller* statt *Wolfgang Müller* oder *Tommy H.* statt *Thomas H.* zu nennen und nennen zu lassen. Zur Unterscheidung vom Rufnamen in seiner amtlich registrierten Form wird diese Variante *Rufform* genannt.

Das letzte Beispiel leitet über zu der Erscheinung, sich selbst einen neuen, einen „falschen" Namen (Pseudonym) zuzulegen. Es wäre also denkbar, daß *Wolfgang (Franz Albert) Müller* – um bei unserem Beispiel zu bleiben – als junger Mann eine Jazzband gründet und hier unter dem Namen *James King* auftritt. (Dazu ausführlich in Kap. 2.4.)

2. Der Gesamtname im heutigen Deutsch

Bisher ist erläutert worden, wie jemand im Deutschen heißt oder sich nennt. Der vorhin herausgestellte Kern des Gesamtnamens, Ruf- + Familienname, bildet auch die Grundlage für die Art und Weise, wie jemand von anderen mit Namen angeredet wird. Darüber hinaus entstehen im Zusammenleben mit anderen Menschen oft noch andere namentliche Anredeformen: Kosenamen, Necknamen, Spitznamen (niederdeutsch auch: Ökelnamen) usw., die ich unter dem Oberbegriff ‚Übername' zusammenfasse (s. Kap. 5). Hinzu kommen schließlich noch Anredeformen, die sich aus der Stellung und Rolle einer Person im Familienverband ergeben und die im Familienleben die gleiche Funktion wie Namen haben: *Mutti, Vati, Mami, Papi, Oma, Opa* usw.

Aus der Geschichte sind außerdem Beinamen – vor allem von Herrschern – bekannt, die den Personen von der Mit- oder der Nachwelt beigelegt worden sind (*Karl der Große, Friedrich Barbarossa* oder *Rotbart* usw.) und die heute als Teil ihres Namens aufgefaßt werden (s. Kap. 5).

Gegenwärtig führt also jeder Mensch im deutschen Sprachgebiet mindestens einen Namen, bestehend aus wenigstens einem Vor- und einem Familiennamen, von denen der Namensträger je nach Situation und seine Umgebung je nach ihrer Beziehung zum Namensträger in unterschiedlicher Weise Gebrauch machen. In den meisten Fällen kommen freilich weitere Namen hinzu: solche, die als urkundlich eingetragene Beivornamen überwiegend nur in amtlichen Dokumenten existieren und sonst gewöhnlich gar nicht in Erscheinung treten; solche, die der Namensträger sich selbst als „Zweitnamen" zulegt; und solche, die aus dem Zusammenleben mit anderen Menschen hervorgehen.

Das bisher zum Thema ‚der Gesamtname im heutigen Deutsch' Vorgetragene scheint trivial zu sein. Jedermann im deutschen Sprachgebiet findet sich da mühelos zurecht. Dennoch ist eine ausführliche Beschreibung des Bekannten und Vertrauten nicht überflüssig. Es hatte sich bei der Besprechung des individuellen Namenteils bereits herausgestellt, daß die namenkundliche Terminologie den Aufbau des neuzeitlichen Gesamtnamens nicht vollständig erfaßt. Das hängt sicherlich damit zusammen, daß die Namenfor-

2.1. Die Bestandteile des Gesamtnamens

schung die längste Zeit historisch-etymologisch ausgerichtet war und vorzugsweise das einzelne Namenwort als isolierte sprachliche Erscheinung im Auge hatte. Auch die von A. Bach geprägte Bezeichnung *Gesamtname* ist noch nicht zum festen Bestandteil der onomastischen Terminologie geworden. Denkbar wäre vielleicht auch eine Unterscheidung zwischen *Personenname* oder *persönlicher Name* im Sinne von ‚Gesamtname einer Person' einerseits und *Anthroponym* für jeden isolierbaren Einzelnamen, mit dem auf eine Person Bezug genommen werden kann (*Wolfgang, Wolf, Franz, Albert, Müller* usw.), andererseits. – Vor allem aber ist der Gesamtname, wie wir ihn heute im Deutschen kennen, gar nicht so selbstverständlich, wie es uns scheinen mag. Weder hat es diese Form des persönlichen Namens zu allen Zeiten gegeben, noch ist sie heute allgemein üblich. Sprachgeschichtliche Beobachtungen lehren uns, daß die Familiennamen relativ jungen Datums sind und daß sich die Möglichkeit, zwei, drei und mehr Vornamen zu geben, erst allmählich herausgebildet hat. In mundartlicher und regional-umgangssprachlicher Rede stoßen wir noch heute auf Wendungen wie (*der*) *Huber-Sepp*, (*die*) *Steinbauer-Gret*, in denen der Familiennamen entgegen dem schriftsprachlichen Gebrauch vorangestellt ist. Und wenn wir einen Blick über die Sprachgrenzen hinauswerfen, stellen wir fest, daß es in anderen Sprachen und Kulturen andere Regelungen der Namengebung, Namenführung und Namenverwendung gibt. Im Ungarischen etwa ist der Familienname vorrangig in der Weise, daß er auch in Anschriften und Buchtiteln vornan steht; im Tschechischen trägt man nur einen Vornamen; in Spanien und den spanischsprachigen Ländern besteht der Familienname stets aus zwei Namen, nämlich dem Familiennamen des Vaters (der väterlichen Linie) und dem der Mutter (der mütterlichen Linie): *García Lorca, Ortega y* (= und) *Gasset*, und er ändert sich auch bei der Eheschließung nicht; im Russischen hat jeder Mensch einen Vatersnamen, der zwischen den Vornamen und den Familiennamen eingefügt wird: *Fjodor Michailowitsch Dostojewski, Aleksandra Michailowna Dostojewskaja*; und die Konventionen, wann man sich mit Namen und mit welchem Namen oder welcher Namensform höflich oder freundschaftlich anredet, sind keineswegs überall gleich. Was uns also in der Namengebung und im Namengebrauch als selbstverständlich erscheint, ist nicht von Natur aus so, sondern ein Ergebnis historischer Entwicklungen, die nicht in allen Sprachen und Kulturen gleichermaßen stattgefunden haben. Deshalb ist es angebracht, den Aufbau des persönlichen Namens in einer beliebigen Sprache zunächst genau zu beschreiben, damit die Unterschiede zu den Regularitäten, Gewohnheiten und zum rechtlichen Status der einzelnen Namen oder Namenglieder in anderen Sprachen und Kulturen deutlich heraustreten. Erst dann sind exakte Vergleiche und sinnvolle Gegenüberstellungen möglich, die auch zu einem tieferen Verständnis der eigenen Namenwelt führen.

2.2. Namengebung

Eigennamen – für Personen sowohl wie für andere Objekte – werden in einer Sprechergruppe oder Sprachgemeinschaft normalerweise in einem Namengebungsakt, auch Referenzfixierungsakt genannt, eingeführt. Es ist dabei nicht nötig, daß ausdrücklich erklärt wird: „Ich nenne mich/das Ding A ...“; „Wir werden dich/das Ding von jetzt an A ... nennen." Auch wenn jemand eine spontan aus der Situation entstandene Personenanrede oder -bezeichnung beibehält und/oder ein anderer sie aufgreift, um damit von nun an mit diesem sprachlichen Zeichen auf diese eine Person Bezug zu nehmen (zu referieren), liegt ein Namengebungsakt vor. Auf die zuletzt beschriebene Weise entstehen vor allem Kose- und Übernamen. Der Festlegung der Vornamen für ein Kind dagegen gehen oft lange Überlegungen und Gespräche voraus, bis eine Übereinkunft zwischen den namengebenden, in diesem Falle zur Namengebung sogar verpflichteten, Eltern zustande kommt.

Die Familiennamen gehen automatisch von den Eltern bzw., wenn das Kind nicht-ehelich geboren ist, von der Mutter auf das Neugeborene über. Kann man hier noch von einem Namengebungsakt sprechen? Entweder verlegt man ihn zurück in die Zeit, da aus einem persönlichen Bei- oder Zunamen der erbliche Familienname wurde, oder man betrachtet die Eintragung ins Geburtenbuch, bei der neben den Vornamen mit der Angabe der Eltern zugleich der Familienname offiziell festgehalten wird, als Namensgebungsakt. Die Festlegung des Personennamens auf dem Standesamt ist aber im Grunde sekundär. Sie dokumentiert und fixiert lediglich, welchen

2.2. Namengebung

Gesamtnamen eine Person bereits bekommen hat, erkennt ihn öffentlich-rechtlich an und macht die Führung dieses Namens im Bereich des amtlichen Namengebrauchs verbindlich. Die Eintragung der Vornamen ins Geburtenbuch ist, juristisch gesehen, rein deklaratorisch ([40] Diederichsen 706). Die Behörde kann zwar gegen einen von den Eltern gewählten Vornamen Einspruch erheben und unter Umständen die Wahl eines anderen oder eines zusätzlichen Vornamens erzwingen (s. S. 25 f.), doch immer muß eine Namensentscheidung der Eltern vorausgegangen sein.

Man könnte auch zwei Arten von Namensgebungsakten unterscheiden: einen informellen und einen formellen. Der informelle kann jederzeit und bei jeder Gelegenheit vollzogen werden, ist unabhängig davon, ob die betroffene Person schon einen Namen hat, wird gewöhnlich nicht schriftlich fixiert und ist für niemanden verbindlich; weder der – oder die – Namengeber noch der Benannte können verpflichtet werden, für immer an einem so eingeführten Namen festzuhalten. Formelle Namengebungsakte dagegen sind an bestimmte Situationen im Leben gebunden (z. B. Geburtsanmeldung, Taufe), werden meist schriftlich festgehalten und verpflichten zum Gebrauch eines bestimmten Namens. Die Änderung eines auf diese Weise verbindlich gemachten Namens ist zwar nicht ausgeschlossen, aber wiederum nur in einem formellen Namengebungsakt vollziehbar. In bezug auf den amtlich beurkundeten Namen heißt das: es muß eine amtliche Namensänderung herbeigeführt werden.

Formelle Namengebungsakte sind häufig mit einem feierlichen Zeremoniell verbunden, so bei der Taufe, bei der Aufnahme in einen Orden, eine Klostergemeinschaft, eine Freimaurerloge und bei sonstigen weltlichen Namenweihen. Interessanterweise wird der Täufling (bei der christlichen Taufe) nur auf seinen (oder seine) Vornamen getauft, also auf den ihm speziell eigenen, individuellen Namen. Im Vordergrund steht dabei heute nicht so sehr die Namenverleihung, da der Name ja bereits festliegt, als vielmehr die Aufnahme in die religiöse Gemeinschaft und die Segnung von Person und Name.

Zu den formellen Namengebungsakten ist schließlich auch der Wechsel des Familiennamens bei der Eheschließung zu rechnen. Er wird durch die Unterschrift mit dem neuen Namen vollzogen und besiegelt.

Wo immer der in einem Namengebungsakt erteilte Name auf einen oder mehrere Namengeber zurückgeht, also nicht durch eine Vorschrift oder automatische Regelung von vornherein festgelegt ist, stellt sich die Frage, aus welchen Beweggründen, mit welcher Intention und nach welchen Kriterien die Entscheidung für gerade diesen Namen und keinen anderen aus der Fülle möglicher Namen getroffen wurde. Untersucht worden sind solche Motive der Namenwahl bisher vor allem im Zusammenhang mit der Entstehung der Familiennamen, worüber an anderer Stelle (Kap. 4.5.) ausführlich gesprochen wird, und in Arbeiten über die Personennamen in der Literatur (s. Kap. 2.10); des weiteren hat man durchgreifende Veränderungen in der Geschichte der Vornamen als Folgen gewandelter Selektionsprinzipien erkannt (s. Kap. 3.7.2.), und neuerdings widmet man sich auch stärker der Erforschung der gegenwärtig wirksamen Benennungsmotive und ihrer sozialen Verteilung (s. Kap. 3.6.). Die Entstehung der Beinamen und der Übernamen ist unter diesem Aspekt noch kaum bearbeitet. Je nach Namentyp (Vorname, Zu- oder Familienname, Beiname, Übername) und seiner speziellen Funktion kommen unterschiedliche Motive oder Motivbündelungen in Betracht. Deshalb soll an dieser Stelle kein Gesamtüberblick gegeben, sondern nur allgemein auf die Wichtigkeit dieses Fragenkomplexes in der Personennamenkunde hingewiesen werden; denn die Bevorzugung bestimmter Motive zu einer Zeit und in einzelnen Personengruppen sowie die Einführung und Ausbreitung neuer Selektionsprinzipien stehen in engem Zusammenhang mit der Kultur- und Sozialgeschichte.

Für die Untersuchung der Benennungsmotivation ist eine Unterscheidung bedeutsam, auf die F. Debus ([37] 63 und [10] 190) aufmerksam gemacht hat:

„Motive bei der Namengebung können schnell in der Namenverwendung überdeckt werden. Den Namen – und das gilt generell für alle nomina propria – wachsen, bezogen auf den Namenträger, neue Inhalte zu. Diese können schließlich vollkommen über die ursprünglichen dominieren. [...] Setzungs- bzw. Intentionswert und Kommunikationswert eines Namens sind demnach sorgfältig voneinander zu trennen. Im Schema lassen sich die Begriffe folgendermaßen ordnen:

NAMENGEBUNG	NAMENVERWENDUNG
Primärmotivation	Sekundärmotivation
Intentionswert	Kommunikationswert

Diese grundsätzlichen Unterschiede sind in der P[ersonen-]N[amen]-forschung nicht immer genügend beachtet worden. Freilich muß gesagt werden, daß es sich hierbei um eine besonders schwierige Aufgabe handelt. Namengeber sind [...] gelegentlich nicht in der Lage, bei Befragungen nach den Motiven der Namenwahl Primär- und Sekundärmotivation zu trennen. Das kann um so eher zutreffen, je weiter der Zeitpunkt der Namengebung zurückliegt. Die Beantwortung derartiger Fragen wird aber ganz außerordentlich erschwert, wenn unmittelbare Befragungen von Gewährspersonen nicht mehr möglich sind und die schriftlichen Quellen im zeitlichen Rückschritt immer spärlicher und lückenhafter werden." ([37] Debus 63)

[37] Debus, F.: Zu Namengebung und Namenverwendung in Mittelalter und Neuzeit; in: Festschrift für Gerhard Cordes Bd. 2, Neumünster 1976, S. 56–67

2.3. Namenrecht

Nach römischem Recht war im Mittelalter der Name einer Person deren Privatangelegenheit, und jeder durfte seinen Namen verändern oder einen anderen Namen annehmen, sofern dadurch niemand geschädigt wurde. Heute gelten strengere Vorschriften über die Namensführung. Gegenüber der staatlichen Verwaltung ist jedermann verpflichtet, zwei Namen zu führen: 1. einen Familiennamen, 2. mindestens einen Vornamen. Natürlich kann jeder darüber hinaus noch beliebig viele andere Namen haben, doch sie kreisen alle um den amtlich festgelegten Namen, der als wichtige Identifizierungshilfe im Mittelpunkt steht.

Bei der amtlichen Namensfestlegung, einem formellen Namengebungsakt (s. o. unter 2.2.), ergibt sich der Familienname eines Kindes automatisch aus dem gemeinsamen Familiennamen der Eltern oder, bei nichtehelichen Kindern, aus dem Familiennamen der Mutter. Nur bei Findelkindern – dieser Fall tritt heute ziemlich selten ein – kann der Name auch von der Behörde erteilt werden.

Der Familienname fällt in den Bereich des öffentlichen Rechts und ist deshalb dem Belieben des einzelnen, selbst in der Schreibweise, entzogen. Der Vorname dagegen – genauer: der individuelle Namenteil, der aus einem oder aus mehreren Vornamen bestehen kann – wird von den Eltern bestimmt; er ist privatrechtlicher Natur. Es gilt aber auch hier, daß die im Geburtenbuch niedergelegte Form des gesamten Vor-Namens – Reihenfolge und Schreibweise der Vornamen – bei wichtigen Verwaltungsakten, wo immer der Gesamtname in Erscheinung tritt, unverändert beibehalten werden muß. Die Unveränderbarkeit des Personennamens wird jetzt auch über die Staatsgrenzen hinaus garantiert. Am 30. August 1976 beschloß der Bundestag das „Gesetz zu dem Übereinkommen vom 13. September 1973 über die Angabe von Familiennamen und Vornamen in den Personenstandsbüchern" (Bundesgesetzblatt 1976, Teil II, Nr. 48, S. 1473–1476). Dieses Übereinkommen, das zunächst zwischen der Bundesrepublik Deutschland, Österreich, Belgien, Luxemburg, den Niederlanden und der Türkei vereinbart worden ist, dem sich aber weitere Staaten anschließen können, „soll gewährleisten, daß die Namen natürlicher Personen in allen Vertragsstaaten einheitlich in die Personenstandsbücher eingetragen werden", wie es in der Denkschrift heißt, die dem Gesetzentwurf der Bundesregierung beigegeben ist. Mit anderen Worten, es soll verhindert werden, daß die Schreibweise eines Vor- oder Familiennamens den unterschiedlichen Aussprache- und Rechtschreibregeln und -gewohnheiten in den einzelnen Ländern angepaßt wird. Das bedeutet – aus deutscher Sicht –, daß *Käthe* nicht mehr in *Kaete* oder *Kate*, *Gerhard* nicht in *Gérard*, *Böttcher* nicht in *Boettcher*, *Müller* nicht in *Mueller* oder *Muller*, *Weiß* nicht in *Weiss*, *Kube* nicht in *Koube*, *Coube* oder *Koebe* umgesetzt werden darf.

[38] Seibicke, W.: Käthe Müller ist nicht Kaethe Mueller. Ein internationales Abkommen zur Schreibung der Vor- und Familiennamen; in: Der Sprachdienst 21, 1977, S. 149f.

2.3. Namenrecht

Bei der Wahl der Vornamen für ihre Kinder haben die Eltern freie Hand. Der Staat hat keinen unmittelbaren Einfluß auf die Namengebung, und es dürfen keine gesetzlichen Bestimmungen erlassen werden, die das Grundrecht der freien Wahl der Vornamen antasten. Dennoch werden aus der Funktion des Vornamens gewisse Beschränkungen abgeleitet:

(1) Bezeichnungen, die „ihrem Wesen nach" keine Vornamen sind, dürfen nicht gewählt werden. Was das genau heißt, ist allerdings nirgends definiert. Mit Sicherheit fallen darunter Familiennamen (sofern sie nicht mit Vornamen formal identisch sind), Ortsnamen, Titel und Adelsprädikate, Appellativa aller Art. Aus kulturgeschichtlichen Gründen ist es im Deutschen auch nicht erlaubt, *Jesus* oder *Christus* als Vornamen eintragen zu lassen (im Spanischen ist *Jesú* und in Griechenland *Christos* zulässig). Familiäre Traditionen und regionale Bräuche dürfen weitergeführt werden, auch wenn sie der obigen Bestimmung widersprechen. Im Tessin zum Beispiel gibt es die alte Sitte, den Geschlechtsnamen der Mutter als Vornamen beizugeben; und in der Familie des CDU-Politikers Walther Kiep ist es seit langem üblich, daß die männlichen Nachkommen den Familiennamen *Leisler* als Beivornamen erhalten, zum Gedenken an einen Vorfahren, der 1691 von den britischen Kolonialbehörden in New York als Rebell wider die Krone hingerichtet wurde. Derartige Traditionen werden auch heute vom Gesetzgeber respektiert. Das gilt auch für die in Ostfriesland verbreitete Gepflogenheit, einen Zwischennamen zu geben, das heißt, zwischen Vor- und Familienname den Vornamen des Vaters in genitivischer Form (mit den Endungen -s, -(e)n) einzufügen:

Almuth Frerichs (zu *Frerich*) *Aden,*
Frauke Ulferts (zu *Ulfert*) *Buurman,*
Jan Ebben (zu *Ebbo*) *Cramer,*
Frank Harmen (zu *Harm*) *Schoneboom* usw.

Hier und da ist es aber doch immer wieder gelungen, die gesetzliche Regelung zu unterlaufen: *Cortina* (nach dem Ort Cortina d'Ampezzo, wo 1956 die olympischen Winterspiele stattfanden), *Colmar* (vermutlich nach den Orten Colmar/Kolmar im Elsaß oder Kolmar, heute Chodzież, im Bezirk Posen/Poznań), *Taiga* (1975 anerkannt vom Amtsgericht Lüneburg) sind einige Beispiele dafür. Sie sollten jedoch nicht als Präzedenzfälle aufgefaßt werden. – Eine Zone der Unsicherheit bildet die Verwendung von Pflanzenbezeichnungen („Blumennamen") als Vornamen für Mädchen. Bereits vor Einführung des Bürgerlichen Gesetzbuches und der daran anschließenden personenstandsrechtlichen Regelungen gab es Namen wie *Viola, Violetta, Flora, Fleur, Hortensia*, so daß die Wahl weiterer „blumiger" Mädchennamen nicht verhindert werden konnte. Jedenfalls finden wir eine ganze Reihe von Blumennamen, die eigentlich in den appellativischen Bereich gehörten, im heutigen Fundus der Mädchennamen. Allerdings sind es meist fremdsprachige Bezeichnungen, wie *Iris, Jasmin, Cosmea, Daisy, Amaryllis* und die vorhin genannten Beispiele. Sie haben eher Namencharakter als *Veilchen, Maßliebchen, Tausendschönchen* und ähnliche deutsche Wörter, die deshalb nicht als Vornamen anerkannt werden. Nicht vergleichbar hiermit sind *Erika, Heide, Linde, Birke*. Sie unterscheiden sich lautlich zwar nicht von den gebräuchlichen Pflanzenbezeichnungen und werden von vielen Sprachteilhabern mit jenen gleichgesetzt, doch hat sich die Übereinstimmung (Homonymie) nur zufällig ergeben: *Erika* ist zu *Erich/Erik* gebildet, *Heide* und *Linde* sind Kurzformen von zweigliedrigen Namen mit den altdeutschen Bestandteilen *heid* (s. *Adelheid*) und *lind* (s. *Sieglinde*), und *Birke* hängt vielleicht mit *Birga* (zu *Birgit, Brigitte*) oder mit *burg* (vgl. *Burghild, Walburga*) zusammen. – Namenkombinationen wie *Karlheinz, Ines-Maria* und Kurzformen wie *Bert, Tina, Gabi* sind zur Beurkundung zugelassen. Es können sogar Varianten nebeneinander eingetragen werden, z.B. *Annemarie Marianne* oder *Heinrich Heinz Henry*, nicht aber zwei Namen, die sich nur im Schriftbild (*Helmut* und *Hellmuth*) oder nur lautlich (*Simon* in deutscher und in englischer Aussprache) unterscheiden. Es können auch neue Vornamen erfunden werden, sie müssen jedoch Namencharakter haben, d. h. in ihrer Gestalt bekannten Vornamen ähneln (zur Namenneubildung vgl. Kap. 3.1.)

(2) Aus dem Vornamen soll das Geschlecht des Namensträgers eindeutig hervorgehen. Daher dürfen Jungen nur männliche, Mädchen nur weibliche Vornamen erhalten. Eine Ausnahme bildet der Name *Maria*, der auch Jungen, jedoch nur als Beivorname, gegeben werden darf. Da sich die Mehrzahl unserer Vornamen in männliche

und weibliche Namen aufteilen läßt (s. Kap. 3.4.), entstehen aus dieser Bestimmung im allgemeinen keine Schwierigkeiten. Doch gibt es einige nicht-eindeutige Vornamen (wie *Toni, Kim*), und ihre Anzahl wird infolge der Übernahme ausländischer Vornamen ständig größer. In solchen Fällen wird die Hinzufügung eines weiteren Vornamens verlangt, der das Geschlecht eindeutig kennzeichnet. Diese Regelung ist ganz aus der Sicht der amtlichen Namensführung getroffen; denn nur dort, wo alle Vornamen angegeben werden müssen, trägt der zusätzliche Vorname zur Klärung der Frage nach dem Geschlecht bei. Im alltäglichen Umgang aber wird in der Regel nur e i n Vorname gebraucht, und wenn dies der geschlechtsindifferente ist – und das wird meist so sein, weil der zweite Vorname nur gegeben wurde, um den rechtlichen Anforderungen zu genügen –, dann vermag uns erst die persönliche Bekanntschaft mit der betreffenden Person von der Ungewißheit zu befreien, ob wir es mit einem Mann oder einer Frau zu tun haben. Die Leipziger Beratungsstelle in Namenangelegenheiten empfiehlt deshalb, die beiden Namen durch einen Bindestrich zu einem einzigen zusammenzuziehen.

(3) Namen, die das Ansehen ihres Trägers schädigen würden (z. B. *Ogino, Pillula* oder *Kain, Judas*), sind zurückzuweisen.

Für die Schreibweise der Vornamen gilt, daß sie gemäß den Regeln der Rechtschreibnorm (Duden-Rechtschreibung) eingetragen werden, sofern nicht die Eltern ausdrücklich eine andere Schreibweise verlangen. Graphische Eindeutschungsversuche in Anpassung an die Aussprache – *Fränk* statt *Frank, Meik(e)l* statt *Michael, Schaklin* statt *Jacqueline* – werden abgelehnt. Umgekehrt steht es den Eltern frei, Namen fremdsprachiger Herkunft deutsch, d. h. buchstabengetreu auszusprechen, z. B. [pat'Rik] für *Patrick*, [pa'me:la] für *Pamela*. (Über die Entstehung und Begründung der Rechtschreibregeln für die Vornamen, wie sie im Mannheimer und im Leipziger Duden vorliegen, gibt es übrigens noch keine eingehende Untersuchung.)

Die Anzahl der Vornamen ist gesetzlich nicht begrenzt, doch gelten hierfür gewisse Konventionen. Im allgemeinen werden heute selten mehr als drei Vornamen gegeben. Gehen die Wünsche der Eltern über sechs Vornamen hinaus, ist mit Einwänden von seiten des Standesbeamten zu rechnen.

Die Standesbeamten haben die Aufgabe, über die Einhaltung der genannten Grundsätze zu wachen und unter Umständen gegen die Wahl eines bestimmten Vornamens Einspruch zu erheben. Die Streitfrage muß dann notfalls gerichtlich geklärt werden.

Die bisher erwähnten Rechtsvorschriften sind in der Bundesrepublik Deutschland, der DDR, in Österreich und in der Schweiz im wesentlichen gleich. Unterschiede bestehen in der Behandlung des Rufnamens. Mit *Rufname* ist hier derjenige Vorname gemeint, der zum täglichen Gebrauch bei der Anrede und bei der Selbstnennung, zum Beispiel in Unterschriften, vorgesehen ist. Eine Zeitlang galt in Deutschland die Regel: „Wird unter mehreren Vornamen einer als Rufname bezeichnet, so ist er durch Unterstreichen als solcher kenntlich zu machen." Diese Richtlinie war aber durch kein Gesetz abgedeckt, deshalb hielt man sich nicht überall daran. In der Schweiz gab und gibt es diese Regelung nicht; in der Bundesrepublik ist sie 1964 aufgehoben worden (s. J. Wagner in der Zeitschrift *Das Standesamt* 18, 1965, S. 16–18; Bedenken hatte schon F. Haas, ebda. 12, 1959, S. 266, erhoben). In der DDR dagegen ist das Unterstreichen des Rufnamens zur Pflicht gemacht worden. In Österreich ist man einen anderen Weg gegangen: „Wird unter mehreren Vornamen ein Vorname als Rufname bezeichnet, so ist dieser an erster Stelle einzutragen. Ist jedoch die Bezeichnung eines Vornamens als Rufname nicht ausdrücklich erfolgt, so ist grundsätzlich der erste Vorname als Rufname anzusehen" (Bundesministerium für Inneres, Zl. 46.153 – 9/54 vom 5.7.1954; zit. nach [172] Seibicke 1977, 29). Die ausdrückliche Kennzeichnung des Rufnamens – sei es durch Unterstreichen, sei es durch die Festlegung seiner Position – ist für Vornamenuntersuchungen natürlich sehr nützlich. Wo diese Orientierungshilfe fehlt, können die tatsächlich gebrauchten Vornamen, die für die Erforschung der Tendenzen oder Moden in der Namengebung besonders aufschlußreich sind, von den bloß mitgeführten Beivornamen nicht unterschieden werden. In der Praxis ist es zwar im gesamten deutschen Sprachgebiet anscheinend schon seit längerem zur Gewohnheit geworden, den Rufnamen an die erste Stelle zu setzen und ihn dadurch vor den anderen Vornamen auszuzeichnen. Da dies jedoch nicht zwingend vorgeschrieben ist, muß man stets mit einer ungewissen Anzahl von Ausnahmen von der Re-

2.3. Namenrecht

gel rechnen, die die Exaktheit der Ermittlungen und Vergleiche beeinträchtigen. In früheren Zeiten, vor allem vor 1900, stand der Rufname sogar sehr oft nicht an erster Stelle, wie sich an vielen Biographien bekannter Persönlichkeiten feststellen läßt. Die traditionellen, vor allem religiös motivierten Namen (wie *Johannes*) gingen meist voran. Darüber hinaus darf man nicht übersehen, daß Doppelvornamen wie *Karlheinz/Karl-Heinz* des öfteren – entgegen der Rechtschreibnorm – als zwei getrennt geschriebene Vornamen eingetragen worden sind und noch heute so eingetragen werden. Zuverlässige statistische Erhebungen der Rufnamen sind daher nur dort möglich, wo sie konsequent durch Unterstreichen hervorgehoben sind. (Im übrigen sind bei der Sammlung von Namendaten die Datenschutzgesetze zu beachten.)

Änderungen eines eingetragenen Anthroponyms – eines Vornamens oder eines Familiennamens – sind prinzipiell zugelassen, aber nur auf Antrag und auf dem Wege über eine amtliche Namensänderung möglich, die auch die bis dahin ausgestellten Urkunden erfaßt und entsprechend der Änderung berichtigt und deshalb gebührenpflichtig ist. Um eine Namensänderung handelt es sich auch schon, wenn nur ein einziger Buchstabe an dem amtlich festgelegten Anthroponym geändert, hinzugefügt oder weggelassen wird. Für die Änderung des eingetragenen Namens müssen außerdem gewichtige Gründe angeführt werden. In einer Untersuchung von Änderungen der Familiennamen in der Zeit von 1850 bis 1900 ([41] Kempen 9) heißt es zusammenfassend:

„Unter den vielfachen Begründungen der Anträge auf Namensänderungen stehen weitaus an der Spitze die Bemühungen, den „Makel" unehelicher Herkunft – sei es der eigenen, unehelicher Kinder der Ehefrau, eines Mündels usw. – vor der Öffentlichkeit zu tilgen. Daher finden sich diese Anträge besonders häufig vor der Einschulung, vor Konfirmationen, vor dem Militärdienst, vor Eintritt in die Lehre, vor dem Aufgebot. Was die soziale Schichtung anbelangt, so sind in allererster Linie die sogenannten „kleinen Leute" (Handwerker, Kleinbauern, Arbeiter) hier vertreten, gehobene Kreise wesentlich seltener und die Oberschicht nur ganz verschwindend. Manche Anträge fußen auf Namen, die zur Spottlust verführen und damit – wie anstößige – den Trägern peinlich oder gar von Schaden waren. Fremdländische Namen sind selten geändert [,] bzw. zur Änderung beantragt worden, zumeist, um den Schwierigkeiten bei Aussprache und Schreibung aus dem

Wege zu gehen. Nur einmal beantragte ein Beamter mit polnischem Namen die Änderung „aus patriotischen Gründen", ein andermal wollte der Träger nicht weiterhin als „Pole" angefeindet werden! Von großer Tragik sprechen Fälle, in denen für Kinder wegen Mordes Hingerichteter neue Familiennamen erbeten wurden, um ihnen wenigstens so die traurige Erinnerung an ihre Herkunft in der Öffentlichkeit zu nehmen."

Als Beispiele seien angeführt die Änderungen von *Matyaszczek* in *Mathias* (wegen der komplizierten Schreibung), von *Haeyn* in *Heine* (wegen Ausspracheschwierigkeiten), von *Fick* in *Frick* (wegen des obszönen Charakters des Namens) und die Ersetzung von *Düvel* und *Donnerschlag* durch andere Familiennamen (weil die Bedeutung der Namen als „anstößig" bzw. „gehässig" empfunden wurde). – Die oben angesprochenen Gründe für die Änderung eines Familiennamens treffen sicherlich in vielen Fällen auch heute noch zu. Zu ergänzen sind höchstens Änderungen, mit denen der Verwechslungsgefahr bei besonders zahlreich vorkommenden Familiennamen (*Müller, Schmidt, Schulze* u. ä.) oder bei beruflich miteinander konkurrierenden „Namensvettern" begegnet werden soll. – Vornamenänderungen werden häufig bei der Adoption eines Kindes beantragt. Aus der Auskunftspraxis sind mir außerdem mehrere Fälle bekannt, daß jemand mit einem Vornamen aufgewachsen ist, der nicht mit dem amtlich eingetragenen Vornamen übereinstimmt. Ursache für die Diskrepanz kann ein Versehen bei der Geburtsanmeldung sein, oder es hat sich – aus welchen Gründen auch immer – der Gebrauch eines anderen als des eingetragenen Vornamens im privaten und öffentlichen Leben durchgesetzt.

Eine Namensänderung liegt im Grunde auch vor, wenn ein Ehepartner bei der Heirat einen neuen Familiennamen annimmt, wie es nach deutschem Recht gefordert ist. Dieser Vorgang wird aber juristisch nicht als Namensänderung gewertet; es bedarf dazu auch keines besonderen Antrags. Zur Unterscheidung von der freiwilligen Namensänderung könnte man hier von *Namenwechsel* sprechen. In § 1355 des Bürgerlichen Gesetzbuches (BGB) aus dem Jahre 1896 – es trat 1900 in Kraft – hieß es noch lapidar: „Die Frau erhält den Familiennamen des Mannes." Dieser Satz hielt nur fest, was seit langer Zeit Usus war. Vor der Einführung fester Familiennamen kam es wiederholt vor, daß Männer nach Frauen – ihrer Ehefrau oder ihrer

2.3. Namenrecht

Mutter – benannt wurden (s. z. B. [194/1]), aber die Regel war dies auch damals nicht, und als die Familiennamen erblich wurden, kam für die Weitergabe nur noch der Familienname der männlichen Linie in Betracht. Im Kampf um die Gleichberechtigung der Frauen geriet unter anderem auch diese Regelung ins Kreuzfeuer der Kritik. Die Weimarer Republik bekannte sich im Artikel 109 ihrer Verfassung zum Grundsatz der Gleichberechtigung von Mann und Frau, doch wurden keine entsprechenden neuen Gesetze erlassen. Während der Herrschaft der Nationalsozialisten war das Thema der Emanzipation der Frau natürlich tabu. Nach 1945 wurde der Grundsatz der Gleichberechtigung im Grundgesetz der Bundesrepublik Deutschland, Artikel 3 II, erneut verankert. Dies zwang den Gesetzgeber zur Änderung des § 1355 BGB. 1957 erhielt die Frau das Recht, ihren Familiennamen dem des Mannes (mit Bindestrich) hinzuzufügen. Das entsprach einer Kompromißlösung, wie sie in der Schweiz schon seit 1830 praktiziert wird. 1965 wurde in § 7 des Familiengesetzbuches der DDR folgende neue Regelung getroffen: „Die Ehegatten führen einen gemeinsamen Familiennamen. Sie können den Namen des Mannes oder der Frau wählen. Die Kinder erhalten den gemeinsamen Familiennamen. [...]" Seit 1976 können auch in der Bundesrepublik die Eheleute darüber entscheiden, ob sie den Familiennamen des Mannes oder den der Frau als gemeinsamen Ehenamen führen wollen. Es gibt nunmehr drei Möglichkeiten:

(1) die Ehepartner erklären den Geburtsnamen des Mannes zum gemeinsamen Familiennamen (Ehenamen); Beispiel: *Hans Kegel + Regine Loderer > Hans + Regine Kegel* (unter *Geburtsname* ist der Familienname zu verstehen, den jemand zum Zeitpunkt unmittelbar vor der Eheschließung rechtmäßig führt; in den meisten Fällen ist es der Familienname, den die betreffende Person bei der Geburt erhalten hat, doch es kann auch ein Familienname sein, der später durch Einbenennung oder Adoption erworben wurde);

(2) die Ehepartner erklären den Geburtsnamen der Frau zum gemeinsamen Familiennamen (Ehenamen): *Hans Kegel + Regine Loderer > Hans + Regine Loderer;*

(3) der Ehepartner, der den Familiennamen (Geburtsnamen) des anderen Ehepartners übernimmt, behält seinen Geburtsnamen

zusätzlich bei; dieser sogenannte *Begleitname* wird dem Ehenamen vorangestellt und mit ihm durch Bindestrich verknüpft: *Hans Kegel + Regine Loderer > Hans Kegel + Regine Loderer-Kegel* oder *Hans Kegel-Loderer + Regine Loderer.* (Auf diese Weise entstehen neue, unechte Doppel(familien)-namen im Gegensatz zu den echten, z. B. *von Brockdorf-Rantzau, von Wiese und Kaiserswaldau* oder *Meyer zum Hofe,* die als ganze weitergegeben werden.) Die Kinder erhalten nur den gemeinsamen Familiennamen (Ehenamen der Eltern).

Die dritte Möglichkeit hat den Nachteil, daß der Doppel-Familienname seiner Länge wegen in der Anrede recht unhandlich ist. Deshalb mag er oft nur „auf dem Papier" stehen. Über die praktischen Erfahrungen der Träger solcher Namen ist noch wenig bekannt. Und wie redet man bei der ersten Begegnung den anderen Ehepartner an, wenn man zuvor nur einen von ihnen kennengelernt hat? Ob zwei mit Bindestrich gekoppelte Familiennamen einen echten oder einen unechten Doppel-Familiennamen bilden, kann man ihnen auch nicht ansehen, und weil unter bestimmten Bedingungen auch vor dem neuen Gesetz schon Bindestrichkopplungen gebildet werden konnten, in denen der „Begleitname" aber an zweiter Stelle stand, ist derjenige, der heute einem solchen Namen begegnet, zunächst im unklaren darüber, welcher Teil der Ehe- und welcher der Geburtsname ist. – Von der zweiten Möglichkeit wird sowohl in der DDR als auch in der Bundesrepublik noch wenig Gebrauch gemacht. Eine Stichprobe in der Bundesrepublik ergab: „Für durchschnittlich 1% der neuen Ehen wird der Name der Frau als Ehename gewählt. Interessant sind spezifische Beobachtungen: – in überwiegend ländlichen und in katholischen Gemeinden sinkt die Zahl ab bis auf durchschnittlich 0,2% – in Großstädten steigt sie auf 1,5%, in Universitätsstädten bis auf 2% – in Norddeutschland liegt die Zahl etwas höher als in Süddeutschland." (Der Ehename in der Statistik; in: *Das Standesamt* 34, 1981, S. 256.) Obwohl noch keine detaillierten Untersuchungen angestellt wurden, lassen sich folgende Gründe für die Wahl der Möglichkeit (2) benennen:

(a) der Ehemann möchte die Emanzipationsbestrebungen unterstützen;

2.3. Namenrecht

(b) es soll verhindert werden, daß ein Familienname mit der Verheiratung der letzten Namensträgerin ausstirbt (dies war auch früher schon ein akzeptabler Grund zur Namensänderung);

(c) die Eheleute möchten einen Namen loswerden, dessen Schreibung und/oder Aussprache Schwierigkeiten macht oder der aus irgendeinem Grund lästig ist oder der allzu häufig vorkommt (auch in solchen Fällen sind früher schon Namensänderungen beantragt und genehmigt worden);

(d) der Name der Frau ist in der Öffentlichkeit bereits bekannt – bekannter als der des Mannes – und genießt einen besonderen Ruf, so daß der Namenwechsel der Frau und letztlich auch ihrem Manne Nachteile einbrächte.

Daneben mögen in Einzelfällen auch Probleme des Ehemannes mit seiner Familie eine Rolle spielen.

Am Rande sei noch erwähnt, daß in der Bundesrepublik Adelsprädikate wie *Graf, Gräfin, Freiherr, Freifrau* usw. Bestandteile des Namens sind, und zwar gehören sie zum Familiennamen. Deshalb stehen sie bei voller Namensnennung zwischen dem Vornamen und dem Familiennamen: *Joseph Freiherr von Eichendorff*. Wie ein solches Adelsprädikat wird auch der Titel *Kardinal* behandelt: *Joseph Kardinal Frings*.

An der Geschichte des Familiennamenrechts läßt sich gut beobachten, wie eng der Zusammenhang zwischen Name und Gesellschaft ist. Aus dem gewandelten Recht ergeben sich außerdem Konsequenzen für die namenkundliche Terminologie: *Geburtsname* ist heute nicht mehr gleichbedeutend mit *Mädchenname*; *Mädchenname* selbst ist überholt; hinzugekommen sind die Ausdrücke *gemeinsamer Familienname, Ehename* und *Begleitname*.

Auskünfte in allen namenrechtlichen Angelegenheiten erteilen die Standesämter. Maßgebend sind: das Bürgerliche Gesetzbuch nach dem jeweils jüngsten Stand der Gesetzgebung, die einschlägigen Kommentare und die „Dienstanweisungen für die Standesbeamten und ihre Aufsichtsbehörden".

[39] Diederichsen, U.: Der Ehe- und Familienname nach dem 1. EheR[echts]-G[esetz]; in: Neue Juristische Wochenschrift 29, 1976, S. 1169–1177

[40] Diederichsen, U.: Das Recht der Vornamensgebung; in: Neue Juristische Wochenschrift 34, 1981, S. 705–713

[41] Kempen, Wilhelm van: Amtliche Namensänderungen in Königreich und Provinz Hannover 1850–1900 und der damit verbundene Personenkreis. Göttingen 1973 = Quellen zur Genealogie, 3. Bd. – Niedersachsen

[42] Palandt: Bürgerliches Gesetzbuch, bearbeitet von Bassenge, Diederichsen, Heinrichs, Heldrich, Keidel, Putzo, Thomas. München ^{40}1981 = Beck'sche Kurz-Kommentare [bes. § 12 Namensrecht, § 1355 Gemeinsamer Ehe- und Familienname, § 1616 Familienname des ehelichen Kindes, § 1617 Familienname des nichtehelichen Kindes, § 1618 Einbenennung des nichtehelichen Kindes, § 1757 Name des Kindes]

[43] Riese, H.: Familiennamen und Gleichberechtigung der Geschlechter (§ 1355 BGB); In: Genealogie, Bd. 11, Jg. 21, 1972, S. 129–138

[44] Schultheis, J.: Zum Namenrecht in der DDR; in: [21] NI, Nr. 22, 1973, S. 12–15

S. a. [172] Seibicke, Kap. 2, S. 10–32; [174] Weitershaus, S. 18–28; [237] Dobnig-Jülch, Ka. 2.5.2.2. (bes. S. 65–68).

2.4. Pseudonyme

(Zur Illustration werden in diesem Kapitel auch mehrere außerdeutsche Beispiele genannt.)

2.4.1. Pseudonym und Namenänderung

Pseudonyme (zu griech. *pseudos* ‚Täuschung, Lüge' und *ónyma* ‚Name') sind Namen, die jemand zusätzlich zu seinem bürgerlichen Namen angenommen hat. Wie bei einer amtlichen Namensänderung handelt es sich zumeist um Namen, die von den Namensträgern selbst gewählt wurden. Während aber bei einer Namensänderung der frühere Name gelöscht und durch einen neuen rechtswirksam ersetzt wird, bleibt bei der Annahme eines Pseudonyms der bürgerliche Name in der Regel bestehen. Es kann freilich geschehen – und geschieht gerade bei Künstlern und Schriftstellern häufig –, daß der wahre Name hinter dem angenommenen fast ganz verschwindet. Die richtigen Namen beispielsweise der Schriftsteller Hans Fal-

2.4. Pseudonyme

lada (Rudolf Ditzen), Klabund (Alfred Henschke), Joachim Ringelnatz (Hans Bötticher) sind kaum bekannt und werden so gut wie nie gebraucht, wenn über sie geschrieben oder gesprochen wird. Selbst im Privatleben hat bei vielen der selbstgewählte Name den originalen völlig verdrängt. Aus der Sicht der Mitmenschen und der Nachwelt kommt dies einer Namensänderung gleich. Man kann sich aber ein Pseudonym auch nur für einen begrenzten Zeitraum, in dem man unerkannt, inkognito bleiben möchte, oder für eine bestimmte Aufgabe oder Rolle zulegen. So hat etwa Theodor Heuss als junger Journalist Artikel unter dem Namen *Theodor Brackenburg* (nach seinem Geburtsort) veröffentlicht, und der Tübinger Professor Walter Jens verwendet das Pseudonym *Momos* (griech. *Mōmos* ‚die [personifizierte] Tadelsucht‘) nur für seine Fernsehkritiken in der Wochenzeitung „Die Zeit". Pseudonyme können außerdem beliebig oft gewechselt werden, und man kann mehrere Pseudonyme gleichzeitig benutzen. Kurt Tucholsky nahm als Mitarbeiter der „Weltbühne" vier Pseudonyme an: *Theobald Tiger, Peter Panther, Ignaz Wrobel* und *Kaspar Hauser*. Hans Jakob Christoffel von Grimmelshausen veröffentlichte seine Schriften unter (mindestens) sechs Pseudonymen; Jonathan Swift schrieb gar unter zwanzig verschiedenen Namen; den Rekord aber hält wahrscheinlich Voltaire – mit rund 160 falschen Namen! (Und *Voltaire* selbst ist einer von ihnen.) – Ein wichtiger Unterschied zur Namensänderung besteht schließlich noch darin, daß die Wahl eines Pseudonyms keinerlei Beschränkungen unterliegt. – In einigen Fällen ist das Pseudonym als fester neuer Name angenommen worden, so etwa bei *Willy Brandt* (s. u.). Hier liegt faktisch eine Namensänderung vor, und streng genommen dürfte man dann nicht mehr von einem Pseudonym sprechen. Eine befriedigende Definition des Begriffs ‚Pseudonym‘ steht freilich noch aus. Dieses Manko wirkt sich auch auf die nun folgende Darstellung aus.

Je nachdem, ob man unter *Name* den Gesamtnamen einer Person oder einen einzelnen Bestandteil (ein Anthroponym) versteht, lassen sich zwei Gruppen von Pseudonymen unterscheiden: 1. solche, die eine Person neu benennen, wie zum Beispiel *Hans Fallada* (s. o.) oder *Manuela* (statt *Doris Wegener*), und 2. solche, bei denen nur Teile des ursprünglichen Namens einer Person verändert oder ausgetauscht werden, wie zum Beispiel bei *Wolfgang Amadé* (statt *Theophil*) *Mozart* (die lateinische Form *Amadeus*, die uns heute geläufig ist, hat Mozart selbst nie gebraucht; übrigens lautet die Eintragung im Salzburger Taufbuch vollständig: *Johannes Chrysostomus Wolfgangus Theophilus*), *Rainer* (statt *René*) *Maria Rilke*, *Ernst Theodor Amadeus* (statt *Wilhelm*) *Hoffmann* (aus Verehrung Mozarts), *Marlene* (statt *Maria Magdalene*) *Dietrich*, *Greta Garbo* (statt *Gustafson*), *Theodor Brackenburg* (statt *Heuss*). Die Beispiele der zweiten Gruppe werfen erneut die Frage auf, wie weit der Begriff ‚Pseudonym' eigentlich gefaßt werden darf. Zusammenziehungen zweier Vornamen zu einer einzigen Rufform, wie *Karlheinz* für *Karl Heinrich*, *Annemarie* für *Anna Maria*, sind weit verbreitet und werden von niemandem als Pseudonyme angesehen; deshalb gehört *Marlene Dietrich* doch wohl nicht ins Pseudonymenlexikon. Überhaupt wirkt die Veränderung des Vornamens oder eines der Vornamen eher wie eine „Schönheitskorrektur"; sie reicht offenbar nicht aus, die volle Funktion eines Pseudonyms, nämlich das Verbergen des wahren Namens und der bürgerlichen Identität, auszuüben. Ein anderer Familienname erfüllt diese Aufgabe weit besser. In gewisser Weise ist der Familienname – wenn es nicht gerade ein massenhaft vorkommender Name ist – markanter, zur Identifizierung geeigneter: Es gibt gewiß mehr Menschen mit dem Vornamen *Theodor* als solche mit dem Familiennamen *Heuss*, so daß *Theodor* bei der Suche nach einer Person weniger hilfreich ist als *Heuss*.

2.4.2. Personenkreise

Falscher Namen bedient man sich häufig bei der politischen Tätigkeit in der Illegalität. So nahm Herbert Ernst Karl Frahm 1933 im Kampf gegen den Nationalsozialismus das Pseudonym *Willy Brandt* an, das inzwischen zu seinem festen neuen Namen geworden ist; während einer Deutschlandreise im Jahre 1936, auf der er Verbindung zum Widerstand aufnahm, gab er sich als norwegischer Student namens *Gunnar Gaasland* aus. Auch die Namen *Lenin* (abgeleitet vom Flußnamen *Lena* in Zusammenhang mit Lenins zeitweiliger Verbannung nach Sibirien; eigentlich: Wladimir Iljitsch Uljanow), *Stalin* (‚der Stählerne'; eigentlich: Josef Wissarionowitsch Dschugaschwili), *Molotow* (‚der Hammer'; eigentlich: Wjatscheslaw Michailowitsch Skrjabin) und *Tito* (eigentlich: Josip Broz) sind aus dem politischen Kampf hervorgegangen; auch diese Personen haben ihren ehemaligen Deck- und Kampfnamen (frz. *nom de guerre*) gleichsam als Ehrennamen beibehalten.

Agenten und Spione arbeiten ebenfalls meist unter falschem Namen. Des weiteren werden falsche Namen in betrügerischer Absicht von Gaunern, Heiratsschwindlern, Ganoven und Verbrechern benutzt. Die Aufdeckung der Beziehungen zwischen echtem und falschem (oder mehreren falschen) Namen in der Form „Kuno Heinrich *alias* Peter Kranz (*alias* Werner Helm ...)" ist vornehmlich aus Fahndungsmeldungen, Polizeiakten und Gerichtsberichten bekannt und wird deshalb so stark mit der Vorstellung von Kriminalität assoziiert, daß man diese Art der Namenangabe bei Pseudonymen angesehener Personen, etwa von Künstlern und Schriftstellern, heute lieber vermeidet, es sei denn, man will jemanden verletzen.

Den illegalen Zweitnamen (frz. auch *faux noms*) stehen erlaubte und teilweise sogar amtlich registrierte Pseudonyme gegenüber. Hierzu gehören die Künstlernamen für Artisten, Sänger, Tänzer, Schauspieler, Zeichner, Musiker usw. beiderlei Geschlechts und die Schriftstellernamen (frz. *nom d'emprunt* ‚fremder, falscher Name, Scheinname', frz. *nom de plume*, engl. *pen-name* ‚Feder-, d. h. Schreib[er]name', frz. *nom de guerre* ‚Kriegsname' besonders bei Streitschriften).

Im täglichen Leben werden nicht selten Zeitungsanzeigen unter einer Chiffre oder unter einem Pseudonym aufgegeben. Auch Codenamen für postlagernde Sendungen sind als Pseudonyme anzusehen.

Zu erwähnen ist schließlich noch, daß es in manchen Gruppen – Vereinen, Sekten, Geheimgesellschaften und dergleichen – üblich ist, einen besonderen Namen speziell für den Gebrauch in der Gruppe anzunehmen. Soweit diese Namen auch in der Öffentlichkeit benutzt werden, unterscheiden sie sich meiner Ansicht nach nicht grundsätzlich von anderen Pseudonymen. Auch die Ordens- und Klosternamen, die in einem formellen Namengebungsakt Ordensschwestern, Nonnen oder Mönchen verliehen und von diesem Augenblick an auch in der Öffentlichkeit gebraucht werden, sind im Grunde zu den Pseudonymen zu stellen (vgl. Kap. 5; namentheoretische Auseinandersetzungen mit diesen Arten zusätzlicher Namen sind mir nicht bekannt).

2.4.3. Motive

Pseudonyme werden auch *Deck-* oder *Tarnnamen* genannt, weil ihr Hauptzweck darin besteht, vom „wirklichen" Namen, dem Orthonym, abzulenken. (Decknamen im Sinne von verschlüsselten, nur Eingeweihten verständlichen Bezeichnungen gibt es auch für geheime – zum Beispiel militärische – Aktionen, geheimgehaltene Bestandteile alchemistischer oder pharmazeutischer Produkte usw.). Die Motive für die Entscheidung, ein Pseudonym anzunehmen, können im einzelnen sehr unterschiedlich sein.

In der politischen Auseinandersetzung dienen sie vor allem dem Schutz vor Verfolgung, dem Umgehen eines Schreibverbots oder (auch) als Erkennungszeichen unter Gleichgesinnten. Aus politischen Gründen mundtot gemachten Schriftstellern bieten Pseudonyme die Möglichkeit, das ihnen aufgezwungene Schweigen zu durchbrechen. Unter dem Namen *Berthold Bürger* verfaßte Erich Kästner während der Nazi-Zeit, trotz Schreibverbot, das Drehbuch zum „Münchhausen"-Film. – Bei kriminellen Taten stehen Täuschungsabsicht und Verwischen der Spur, die zur Identifizierung und damit zur Ergreifung führen könnte, im Vordergrund. – Künstler und Schriftsteller wählen ein Pseudonym manchmal zum Schutz ihrer Privatsphäre oder aus Familien- und Standesrücksichten, letzteres vor allem, wenn ihre Berufswahl nicht als „standesgemäß" gilt. (Hinter dem Pseudonym des Schauspielers, Regisseurs und Autors *Axel von Ambesser* verbirgt sich der originale Name *Axel Eugen von Österreich;* Anton Alexander Graf Auersperg gab seine politischen Gedichte unter dem Namen *Anastasius Grün* heraus.) Auch der bewußte Bruch mit der Vergangenheit und der Familientradition kann Anlaß zur Wahl eines Pseudonyms sein. Des weiteren kann die Wirkung eines Namens auf den Personenkreis, den man erreichen möchte, zur Umbenennung führen. Freiherr Anton Vieth von Golßenau aus altem sächsischen Adel, bekannt geworden unter dem Schriftstellernamen *Ludwig Renn*, hat berichtet: „Im Jahre 1927 sollte ich an der Volkshochschule in Zwickau einen Kursus über chinesische Geschichte halten. Am Tage vor dem Druck des Vorlesungsverzeichnisses sagte mir der dortige Museumsdirektor Dr. Hildebrand Gurlitt: Wenn deine Vorlesung unter deinem adeligen Namen angekündigt wird, kommt niemand, denn die Hörer der Volkshochschule gehören fast ausnahmslos der Sozialistischen Arbeiterjugend an, und sie werden denken, du bist ein Reaktionär." (Zitiert nach [53] Söhn 153 f.) Verständlich ist auch, wenn sich die Verfasser erotischer oder pornographischer Literatur hinter Pseudonymen verstecken und Vielschreiber unter mehreren angenommenen Namen ihre Bücher veröffentlichen. Einen weiteren Grund zur Annahme eines neuen Namens nennt C. W. Ceram (= Kurt W. Marek): „Der Gebrauch eines Pseudonyms für mein Buch ‚Götter, Gräber und Gelehrte' zwang sich auf, weil ich vordem auf gänzlich anderem Gebiet publizistisch tätig geworden war, so daß mein Name zusammen mit dem neuen Thema nur Mißtrauen geweckt hätte" ([53] Söhn 152). – Personen mit jüdischen oder jüdisch klingenden Namen hatten stets gegen Vorurteile und Verfolgungen zu kämpfen und zogen es deshalb vor, andere Namen anzunehmen. So wurde aus *Löb Baruch: Ludwig Börne,* aus *Otto Abraham: Otto Brahm,* aus *Friedrich Gundelfinger: Friedrich Gundolf,* aus *Theodor Wiesengrund: Theodor W. Adorno (Adorno* ist der Geburtsname der Mutter). Die Anpassung jüdischer Namen war allerdings im 18./19. Jahrhundert so verbreitet, daß es zweifelhaft ist, ob man hier in jedem Falle von einem Pseudonym sprechen darf. – Frauen hatten es ebenfalls schwer, sich durchzusetzen und Anerkennung zu finden, und legten sich deshalb gern Männernamen (Pseudandronyme) zu: *George Sand* (= Aurore Dudevant geb. Dupin), *George Eliot* (Mary Ann Evans). Die deutsche Schriftstellerin Geno Hartlaub hat durch die Verkürzung ihres Vornamens *Genovefa* zu *Geno* erreicht, daß die Leser nicht sofort an eine Frau als Verfasser dachten. Der umgekehrte Vorgang, daß ein Mann einen Frauennamen (ein Pseudogynym) annimmt, ist seltener. Sicherlich spielen hierbei Wirkungsabsichten eine Rolle. So ist leicht einzusehen, warum sich der Verfasser von Mädchenbüchern L. Frank Baum ein weibliches Pseudonym (*Edith von Dyne*) zulegte. – Die Wahl eines falschen Namens ermöglicht es auch, theoretisch wenigstens, im Falle des Mißerfolgs, des Scheiterns als Künstler oder Schriftsteller das bürgerliche Leben unbeschadet weiterzuführen und den „Makel" von sich und der Familie fernzuhalten. Deshalb erscheinen Erstlingswerke und solche, die neben der Berufstätigkeit entstanden sind, sehr oft unter einem falschen Namen. Die Eltern, Lehrer, Vorgesetzten oder Arbeitgeber wären wohl auch nicht in jedem Falle mit dieser „Nebenbeschäftigung" einverstanden. – Das Pseudonym bietet weiterhin die Möglichkeit, vorübergehend in eine bestimmte Rolle zu schlüpfen; man denke etwa an *Momos* (s. o.) oder an den Karikaturisten und Humoristen *Loriot* (= Vico Graf von Bülow). – Mit der „Übersetzung" ihrer Namen ins Griechische oder Lateinische gaben die Humanisten (*Melanchton* = Philipp Schwarzert; *Konrad Celtis* = K. Pickel; s. a. S. 197f.) zugleich ihren geistigen Standort bekannt. – Literarische Fälschungen verlangen notwendigerweise einen falschen Namen. Ein berühmtes Beispiel dafür ist die von J. Macpherson unter dem altenglischen Dichternamen *Ossian* veröffentlichte Liedersammlung. – Das Pseudonym steht manchmal auch für eine Autorengruppe. Bekannt ist das (Bi-)Pseudonym *Bjarne P. Holmsen*, das für Arno Holz und Johannes Schlaf stand. Sammelpseudonyme sind sonst vor allem in den Schreib„fabriken" der Trivialliteraturhersteller gang und gäbe. – Gern werden falsche Namen angenommen, wenn die originalen Namen als nicht griffig, nicht werbewirksam genug empfunden werden, sei es, daß sie zu alltäglich, zu prosaisch, zu altmodisch, zu lang und schwerfällig oder zu auffällig und eigenwillig sind und unerwünschte Assoziationen hervorrufen könnten. Beim Übertritt in eine andere Sprachgemeinschaft bereiten die ursprünglichen Namen außerdem manchmal Aussprachesschwierigkeiten oder wecken nationale Vorurteile, was dem Erfolg hinderlich sein könnte, so daß sich eine Anpassung an die Sprache des Landes, in dem man lebt und vorankommen will, empfiehlt. So wurde aus *Wilhelm Apollinaris de Kostrowitzky*: *Guilleaume Apollinaire*, aus *Teodor Jozef Konrad Korzeniowsky*: *Joseph Conrad*, aus *Doris Kappelhoff*: *Doris Day*, aus *Concetta Franconera*: *Connie Francis*. Mit dem Wechsel der Staatsbürgerschaft geht ja auch sonst oft eine ähnliche Namensänderung einher (viele deutsche Auswanderer und Emigranten haben ihre Namen *Müller*, *Schmidt*, *Braun* und *Klein* anglisiert zu *Miller*, *Smith*, *Brown*, *Clyne*; vgl. auch *Heinz Kissinger* > *Henry Kissinger*). Wer international Erfolg haben möchte, bevorzugt einen Namen, der in allen wichtigen Sprachen leicht zu erlernen und bequem auszusprechen ist. Sophia Scicolone (?) nahm den neuen Familiennamen *Loren* vermutlich deshalb an, weil der ursprüngliche Name außerhalb Italiens wohl zu „schwierig" gewesen wäre. – Im Zirkus und Varieté sind klangvolle ausländische, ja exotische Namen für die Artisten beliebt; Zauberkünstler treten gern unter einem italienischen Namen auf, vgl. *Bellachini* (= Ernst Berlach). Jazz- und Popmusiker pflegen sich angloamerikanische Namen zuzulegen. – Schließlich werden Pseudonyme auch gewählt, um Verwechslungen mit Personen gleichen Namens zu vermeiden. Der Kritiker Alfred Kempner vermochte die Namengleichheit mit der „Dichterin" Friederike Kempner nicht zu ertragen („Sie war meine Tante nicht. Sie waar es nichtttt!!!" – [53] Söhn 153) und nannte sich deshalb *Alfred Kerr*.

Die genannten Motive – und es ließen sich noch mehr nennen (s. [100] Daniels 160) – sind keineswegs immer klar voneinander zu trennen; gewöhnlich treffen mehrere bei der Entscheidung für einen neuen Namen zusammen. Freude am Spiel (*Deutobald Symbolizetti Allegorowitsch Mystifizinsky* = Friedrich Theodor Vischer), Spaß an der Verkleidung und ein bißchen Namenmagie sind gewiß oft mitbeteiligt. Die Tarnung wird auch in den seltensten Fällen lange und mit Nachdruck aufrechterhalten. Gewöhnlich geben erfolgreiche Künstler und Literaten ihre wahren Namen bereitwillig preis. Wer sich überdies als Schriftsteller oder Musiker die Urheberrechte sichern will, muß seit 1901 sein Pseudonym in eine Urheberrolle eintragen lassen, und seit 1965 werden diese Eintragungen in der Bundesrepublik im Bundesanzeiger veröffentlicht.

2.4.4. Bildungsweisen

Pseudonyme erscheinen in dreierlei Gestalt: 1) als vollständiger Name (Vor- und Familienname, z. B.: *Hans Fallada*), 2 a) als Einzelname mit Familiennamencharakter (z. B. *Voltaire, Tito, Loriot*), 2 b) als Vorname (*Manuela, Heino*). Der bloße Vorname, vor allem in der Schlagerbranche, soll Distanz überwinden helfen, ein Gefühl der Vertrautheit, der Kameraderie erwecken; er ist wie eine ausgestreckte Hand, ein Angebot zur (Duz-)Freundschaft. Einzelnamen ohne Vornamen erinnern an Herrschernamen (Kaiser, Könige, Fürsten); das Fehlen des Vornamens hebt den Träger eines solchen Namens aus der Menge der Mitmenschen als einmalig, als eine Art „Instanz" heraus. Mit dem Vornamen scheint auch die private, schlichtalltägliche Sphäre unterdrückt zu sein.

Ohne Anspruch auf Vollständigkeit und in einer sehr vorläufigen Systematik werden im Folgenden einige besonders oft zu beobachtende, typische Verfahren zur Bildung von Pseudonymen vorgestellt. Wie bei den Motiven sind Überschneidungen und vielfältige Kombinationen anzutreffen. Auch ist die Grenze zwischen Motiv und Bildungsweise nicht immer scharf zu ziehen.

I. Die erste große Gruppe bilden jene Pseudonyme, die in einem ausdrucksseitigen oder inhaltlichen Bezug zum originalen Namen stehen:

(1) Umstellung der Buchstaben (Buchstabenspiele) in Form eines Anagramms: *AROVET L.J.* (= *Arouet le jeune* ‚der junge A.') > *Voltaire*; *Carl Heun* > *H. Clauren*; *Hermann Strübe* (mit Tilgung des Umlauts) > *Hermann S. Burte*; oder in Form eines Palindroms (von hinten nach vorn gelesen): *Kurt W. Marek* (mit Änderung des *K* in *C*) *C. W. Ceram*. Erich Paul Remark hat als Schriftsteller seinen Namen zwar verändert in *Erich Maria Remarque*, aber *Kramer*, wie gewöhnlich behauptet wird, hat er nie geheißen (s. [53] Söhn 159). Umstellung ganzer Namenbestandteile liegt vor bei *(Adolf) Glasbrenner* > *(Adolf) Brennglas*.

(2) Kürzung des Namens: *Nikolaus (Franz Niembsch Edler von Streh)lenau* > *Nikolaus Lenau*; *Peter Krausenecker* > *Peter Kraus*; *Ku(rt) Ba(rtels)* > *Kuba*; verbunden mit geringfügiger morphologischer Änderung: *Gundelf(inger)* > *Gundolf*; *Ed(uard) Schmidt* > *(Kasimir) Edschmid*. – Nicht zu den Pseudonymen gehören Abkürzungen wie *D. E. Z.* (für *Dieter E. Zimmer*), *Sb* (für *Seibicke*), *M...r* (für *Müller*), *Dff.* (für *Dönhoff*), *-ve* (für *Stave*), mit denen kürzere Zeitungs- oder Zeitschriftenartikel, Glossen signiert, aber auch Briefdurchschläge, Aktennotizen, Korrekturen von Schülerarbeiten oder Referaten usw. abgezeichnet werden. Einerseits repräsentieren sie den richtigen Namen, andererseits können sie schon ihrer sprachlichen bzw. schriftlichen Form wegen nicht als N a m e n bezeichnet werden. Außerdem ist den Lesern die Auflösung dieser Siglen meist bekannt, und wo dies nicht der Fall ist, bleibt der Verfasser im Grunde namenlos, anonym. Es kann allerdings vorkommen, daß

aus der Abkürzung ein Name oder ein namenähnliches Sprachzeichen hervorgeht, zum Beispiel *Ruf* aus den Anfangsbuchstaben von *Richard Udo Friese* (das Beispiel ist erfunden); dann haben wir es mit einem echten Pseudonym zu tun, denn hinter *Ruf* wird normalerweise keine Abkürzung vermutet. Aus einer Abkürzung hat János Bekessy sein Pseudonym entwickelt: Nach Eindeutschung seines ungarischen Vornamens *János* in *Hans* unterzeichnete er Zeitungsartikel mit *H. B.* und formte danach aus der Aussprache der Abkürzung *Ha-Be* seinen Schrifstellernamen *(Hans) Habe*. Ein Grenzfall ist die Abbreviatur *-ky*, unter der der Westberliner Soziologieprofessor Horst Bosetzky Kriminalromane schreibt. Obwohl durch einen Trennstrich als Abkürzung gekennzeichnet, kann *-ky* immerhin als einsilbiges Wort ausgesprochen und wie ein Name behandelt werden.

(3) Funktionsänderung des Vornamens (Vorname als Familienname: Prenonym), seltener des Familiennamens: *Johann Paul Friedrich Richter* (mit Französierung) > *Jean Paul*; s. a. das Beispiel *Joseph Conrad* weiter oben; *Otto Ernst Schmidt* > *Otto Ernst*; mit morphologischer Variante: *Heinrich Georg Schulze* > *Heinrich George*, *Udo Jürgen Bokelmann* > *Udo Jürgens*; *Thomas Jones Woodward* (mit Kürzung des Vornamens) > *Tom Jones*; *David H. Lawrence* > *L.H. Davidson* und *Lawrence H. Davison*; *Eduard Schön* > *E.S. Engelsberg* ([94] Eis 102, Fußn. 8), s.a. *E.O. Plauen* unter (7).

(4) Änderung der Schreibweise: *Berthold Brecht* > *Bertolt Brecht* (mit Kürzung des Vornamens: *Bert Brecht*); *Arnold Bronner* > *Arnolt Bronnen* (mit Änderung des letzten Buchstabens des Familiennamens); *Marta Maria Daghofer* geb. *Lilitts* (?) > *Lil Dagover* (zugleich mit Funktionsänderung des Geburtsnamens in abgekürzter Form). Die eingangs gestellte Frage aufgreifend, könnte man hier an eine Trennung zwischen Künstlername (leicht verändertem originalen Namen) und Pseudonym denken; denn *Bert(olt) Brecht* beispielsweise kann kaum als Deckname gelten, er läßt noch immer zuviel vom wahren Namen erkennen. Dasselbe gilt auch für die Kürzung von *Charles Aznavourjan* zu *Charles Aznavour*. Modische Modernisierung eines Namens – z.B. *Tommy* statt *Thomas*, *Katja*

statt *Katharina* – ist eine auch im Alltagsleben vertraute Erscheinung.

(5) (Teilweise) „Übersetzung" des Namens in eine andere Sprache oder lautlich-morphologische Anpassung an die andere Sprache: *Ray Antonini* > *Ray Anthony*; *Fred Austerlitz* > *Fred Astaire*; *Jacob Liebmann Beer* > *Giacomo Meyerbeer*; s.a. *Hans Habe* unter 2., *Jean Paul* unter 3. Frauen behalten gewöhnlich den Namen bei, unter dem sie bekannt geworden sind, sei es der Mädchenname oder der Name des ersten Ehemannes. Da es sich hierbei nicht um erfundene Namen handelt, trifft die Bezeichnung ‚Pseudonym' auf sie nicht zu, mögen sie auch wie Pseudonyme wirken (der Name *Elsa Morante* zum Beispiel gibt nicht zu erkennen, daß die italienische Schriftstellerin mit Alberto Moravia verheiratet ist).

II. Die zweite Gruppe vereinigt alle Pseudonyme, die ohne Bezug zum originalen Namen gebildet sind. Hier tauchen wiederholt auf:

(6) Namen von Familienangehörigen, besonders der Mädchenname der Mutter: *Rosemarie Albach-Retty* > *Romy* (mit Kürzung des Vornamens) *Schneider*; *Jeanneret* > *Le Corbusier*; *Simone Kaminker* > *Simone Signoret*; auch *Pablo Ruiz y Picasso* hat den Familiennamen der Mutter zum Künstlernamen erhoben, doch ist die Lage hier insofern anders als bei den davor genannten Beispielen, weil *Picasso* nach spanischer Namensführung Teil des Gesamtnamens ist. Vermutlich gehört in diese Kategorie auch die Umbenennung Friedrich von Hardenbergs in *Novalis* („welches ein alter Geschlechtsname von mir ist und nicht ganz unpassend", teilte er Friedrich Schlegel mit, s. [53] Söhn 115; von lat. *novalis* ‚Brachfeld, Acker', zu *novus* ‚neu'?).

(7) Ortsnamen: *Jacob Eberst* (mit Französierung des Vornamens) > *Jacques Offenbach* (nach dem Geburtsort des Vaters, der bereits nach seiner Übersiedlung nach Köln-Deutz *der Offenbacher* oder *Offenbach* genannt worden war); *Henry Beyle* > *Frédéric Stendhal* (nach dem Geburtsort Stendal des von ihm verehrten J. J. Winckelmann); *Erich Ohser* > *E. O. Plauen* (nach dem Wohnort); *Hieronymus van Aken* > *Hieronymus Bosch* (nach dem Geburtsort 's Hertogenbosch).

2.4. Pseudonyme

(8) Namen realer oder fiktiver Personen aus der Vergangenheit und Gegenwart; hier spielt die Verehrung eine große Rolle: *Netty Radvany* geb. *Reiling* > *Anna Seghers* (nach einem niederländischen Maler und Radierer des 17. Jahrhunderts); *Rudolf Ditzen* > *Hans Fallada* (vermutlich nach dem Pferdenamen in dem bekannten Märchen); *Neftali Ricardo Reyes* > *Pablo Neruda* (nach dem tschechischen Schriftsteller Jan Neruda); *Willy Haas* > *Prospero* und *Caliban* (Namen aus Shakespearestücken); *Lucila Godoy de Alcayaga* > *Gabriela Mistral* (nach den beiden von ihr verehrten Schriftstellern Gabriele D'Annunzio und F. Mistral); *Françoise Quoirez* > *Françoise Sagan* (nach einer Gestalt in Prousts „Auf der Suche nach der verlorenen Zeit"), *Maria Lilli Peiser* > *Lilli Palmer* (nach einer von ihr geschätzten englischen Schauspielerin). Albert Bitzius griff sogar auf eine von ihm selbst erfundene Gestalt zurück; aus seinem 1836 erschienenen Erstlingswerk „Der Bauernspiegel oder Die Lebensgeschichte des Jeremias Gotthelf" holte er sich seinen Schriftstellernamen *Jeremias Gotthelf*. *Tom Jones* (s. o. unter 3) ist auch aus der Literatur bekannt.

(9) Spitznamen werden als Pseudonyme angenommen: *Edith Gassion* > *Edith Piaf* (*piaf* ‚Spatz' im Pariser Slang).

(10) Exotische und sinnbildliche, zum Teil „redende" Namen: *Kurt Suckert* (mit Italianisierung) > *Curzio Malaparte* (‚schlimmes Schicksal'); *Johannes Scheffler* > *Angelus Silesius* (‚schlesischer Bote'); *E. D. Dekker* > *Multatuli* (lat. ‚viel hab' ich getragen'); *Vico von Bülow* > *Loriot* (frz. ‚Pirol', nach dem Wappentier der Familie); *Margaretha Geertruida (Gertrude) Zelle* > *Mata Hari* (javan. ‚Auge der Morgendämmerung' oder ‚Sonne'); *Scholem Rabinowitsch* > *Scholem Alechem* (‚Friede sei mit euch'); s. a. *Momos* weiter oben. – Verfasserangaben wie „von einem Deutschen", „(Briefe) eines Verstorbenen" oder sogenannte Phraseonyme wie „von einem, der das Lachen verlernt hat", „ein ganz Gescheiter" usw. sind meines Erachtens nicht als Pseudonyme einzustufen; der Verfasser gibt sich nicht *Deutscher*, *Verstorbener* usw. als Name, vielmehr greift er zu solchen Ausdrücken und Wendungen, um anonym zu bleiben. (Für ein ironisch gemeintes Phraseonym gibt es auch den Fachausdruck *Ironym*.)

(11) Namen, die ich aus Unkenntnis ihrer Entstehung nicht in die anderen Untergruppen einordnen kann – auch mit reinen Phantasiegebilden ist zu rechnen –: *Theodor Agger* > *Ferdinand Bruckner*; *Theodor Schmitz* > *Theo Lingen*; *Rudolf Leder* > *Stephan Hermlin*; *Friederike Christine Henriette John* > *Eugenie Marlitt*; s. a. *Willy Brandt* (S. 36).

Zwischen den beiden großen Gruppen stehen die Spielarten, bei denen der Vor- oder der Familienname beibehalten und nur der jeweils andere Namenteil ersetzt wird, zum Beispiel: *Karin Gaffkus* geb. *Blauermel* > *Karin Baal*; *Liselotte Andersen* > *Lale* (eine kindersprachliche Form) *Andersen*; *Hans Juliet* > *Hans Moser*; *Louis Corinth* > *Lovis* (aus *LOVIS*) *Corinth*; *Karen Blixen-Fineke* > *Tania Blixen*; s. a. die Beispiele *Marlene Dietrich*, *Greta Garbo* weiter oben. Für den geänderten Namenteil gelten grundsätzlich die gleichen Bildungsweisen wie unter (1)–(11).

Man kann übrigens feststellen, daß bei der Wahl eines Pseudonyms gern die Anfangsbuchstaben des originalen Namens beibehalten werden und der Vorname unangetastet bleibt. Hinsichtlich des Wohlklangs gelten die gleichen ästhetischen Kriterien wie bei der „normalen" Namengebung (daher zum Beispiel die Neigung zu Allitterationen: *Peter Panther*, *Theobald Tiger* usw.).

Auf die Rechtsfragen, die sich aus der Pseudonymität ergeben, kann hier nicht eingegangen werden. Ich verweise dazu auf [53] Söhn, S. 172–177, und die dort erwähnten zwei juristischen Dissertationen zum Thema.

2.4.5. Zur Geschichte

Namenwechsel hat es gewiß auch schon im Altertum gegeben, doch in Zeiten, da der Name noch nicht für ganze Leben festgeschrieben war, ist ein geänderter Name nicht automatisch mit einem Pseudonym gleichzusetzen. Man müßte da in jedem Einzelfall genau wissen, aus welchen Beweggründen und mit welcher Absicht ein anderer Name angenommen wurde. Spielmannsnamen des Mittelalters wie *Spervogel*, *Freidank*, *der Unverzagte* wirken wie Vorläufer neuzeitlicher Künstlernamen. Eine erste Hochblüte erlebten die Pseudonyme in den religiösen und politischen Auseinandersetzungen des

2.4. Pseudonyme

Reformationszeitalters. „Die Blütezeit des Humanismus mit ihrem Übergang zur Reformation und die hieraus erwachsende gewaltige geistige Auseinandersetzung bewirkte nicht nur das Erwachen des ausgeprägten Autorenbewußtseins [...], sondern ließ gleichzeitig die echte Tarnung zu einem Bedürfnis werden, nicht selten sogar zur lebenserhaltenden Notwendigkeit" ([53] Söhn 35 f.). Das 18. Jahrhundert brachte eine neue Flut pseudonymer und anonymer (oft nur mit Buchstaben-Siglen gekennzeichneter) Veröffentlichungen. Zum einen duldete der Absolutismus keine freie Meinungsäußerung, zum anderen galt Poesie eine Zeitlang als Nebenbeschäftigung in Mußestunden. „So findet man im frühen 18. Jahrhundert eine Situation vor, in der die Maskierung nicht vordringlich dem Bedürfnis nach Verschleierung entspricht, sondern mehr der Dokumentation einer unprofessionellen Beschäftigung auf dem Felde der Literatur" ([53] Söhn, 70). Für die Verfasser „galanter" Dichtungen dagegen war es wohl geboten, sich hinter einem Pseudonym zu verschanzen, wollten sie nicht ihr Ansehen und ihre Stellung in der Gesellschaft aufs Spiel setzen. Zur Zeit der Schäferpoesie (Anakreontik) war überdies das Sich-Kostümieren und -Maskieren ein beliebtes Gesellschaftsspiel, und die Mode, einen griechischen oder gräzisierenden Namen anzunehmen, beschränkte sich keineswegs nur auf die Dichter.

[45] Clarke, Joseph F.: Pseudonyms. London 1977 (mit Literatur)
[46] Franklin, A.: Dictionnaire des noms, surnoms et pseudonyms latines. Paris 1875, Nachdruck 1961
[47] Halkett/Laing: A dictionary of anonymous and pseudonymous literature, Vol. I: 1475–1640, ed. by John Horden, neue Ausgabe, Harlow 1980
[48] Heym, R. G. (= Rolf Gersbacher): bekannte unbekannte. Berlin 1960 [enthält nicht nur Pseudonyme]
[49] Hoffmann, A.: Pseudonym; in: Reallexikon der deutschen Literaturgeschichte, hrsg. von P. Merker und W. Stammler, Bd. 2, Berlin 1926–28, S. 741 f. [in der neuen Auflage, Berlin 1958 ff., nicht wieder aufgenommen]
[50] Holzmann, M., und H. Bohatta: Deutsches Pseudonymenlexikon. Wien und Leipzig 1906, Nachdruck 1962
[51] Mossman, Jennifer (Hrsg.): Pseudonyms and nicknames dictionary. Detroit 1980 [20. Jh.]
[52] Namenschlüssel zu pseudonymen Doppelnamen und Namensabwandlungen. Hildesheim (zugleich Leipzig) 1965 = Deutscher Gesamtkata-

log, Neue Titel, Sonderband; Nachdruck der 3. Ausgabe, Berlin 1941. – Ergänzungen aus der Zeit vom 1. Juli 1941 bis 31. Dezember 1965. Hildesheim (zugleich Leipzig) 1968
[53] Söhn, Gerhart: Literaten hinter Masken. Betrachtungen über das Pseudonym in der Literatur. Berlin 1974 [mit Literatur]
[54] Weller, E.: Lexicon pseudonymorum. Wörterbuch der Pseudonymen aller Zeiten und Völker und Verzeichnis jener Autoren, die sich falscher Namen bedienten. Regensburg ²1886, Nachdruck Hildesheim 1963

Für die richtige Wiedergabe der originalen Namen kann ich keine Gewähr übernehmen. Die Angaben in den Nachschlagewerken weichen bedauerlicherweise oft voneinander ab. Der ursprüngliche Name Guilleaume Apollinaires zum Beispiel kommt in mehreren Varianten vor: *Wilhelm Apollinaris/Appolinaris de Kostrowitski/Kostrowitzky/Kostrowiecky*; s. a. die Fragezeichen oben im Text hinter den bürgerlichen Namen Sophia Lorens und Lil Dagovers. Über Motive und Bildungsweisen geben die Lexika in den seltensten Fällen Auskunft. Oft herrscht auch Ungewißheit darüber. Es fehlt an systematischen Untersuchungen über Pseudonyme und an modernen Lexika, die die zahlreichen neuen Pseudonyme vor allem außerhalb der Literatur erfaßten.

2.5. Die „Bedeutung" der Personennamen

Eigennamen sind sprachliche Zeichen, und als solche haben sie nicht nur eine Ausdrucks-, sondern auch eine Inhaltsseite, also Bedeutung. Offenbar ist die Bedeutung eines Eigennamens aber von anderer Art als die von Wörtern (Appellativen). Es ist jedenfalls kein Lexikon vorstellbar, in dem die „Bedeutungen" von *Peter*, *Schumacher*, *Otto von Bismarck*, *Heidelberg*, *Zugspitze* oder *Elbe* in der gleichen Weise wie die von *Tisch*, *Stuhl*, *Augenblick*, *Freiheit* beschrieben würden. Wenn es richtig ist, daß Eigennamen „feste Designatoren' sind, Ausdrücke also, mit denen sich Sprachteilhaber immer nur auf ein und denselben Gegenstand beziehen (s. Kap. 1.1.), dann besteht ihre Bedeutung in der jeweiligen Bezeichnungsfunktion, die dem einzelnen Namen in einem expliziten Referenzfixierungsakt zugewiesen worden ist.

Es gibt nun freilich zahlreiche Nachschlagewerke, in denen Eigen-

2.5. Die „Bedeutung" der Personennamen

namen – ich beschränke mich hier auf Personennamen – erklärt werden, etwa so: „**Bernhard**: alter deutscher männl. Vorn. (ahd. *bero* ‚Bär' + ahd. *harti, herti* ‚hart'), eigentlich etwa ‚hart, kräftig, ausdauernd wie ein Bär'" ([169] Drosdowski 45). Damit wird natürlich nicht behauptet, daß das Anthroponym *Bernhard* mit dem zusammengesetzten Adjektiv *bärenstark* synonym sei und entsprechend im Neuhochdeutschen verwendet werden könne. Nicht einmal im Althochdeutschen kommt **bernharti/-herti* als zusammengesetztes Adjektiv in irgendeinem Textzusammenhang vor. Vielmehr wird in der zitierten Erklärung auf etymologische Beziehungen zwischen den Namenbestandteilen *bern-* und *-hard* und den ahd. Appellativen *bero* ‚Bär' und *harti, herti* ‚hart, stark' hingewiesen, wobei übrigens leicht der – falsche – Eindruck entsteht, *hart* habe im Althochdeutschen dieselbe Bedeutung wie *hart* im Neuhochdeutschen. Außerdem wird in diesem Beispiel der Name „sinnvoll" gedeutet, d. h. nach Art einer syntaktisch auflösbaren Wortzusammensetzung („stark wie ein Bär"). Diese Deutung bezieht sich auf den Namengebungsakt bzw. das Namengebungsmotiv der Namengeber, sofern sie mit dem Namen *Bernhard* einen Wunsch („Sei/Werde stark wie ein Bär!") ausdrücken wollten. Der Name bleibt der Person freilich auch dann, wenn der Wunsch nicht in Erfüllung gehen sollte und andere Personen mit größerem Recht als ‚bärenstark' bezeichnet werden könnten. Im übrigen ist eine sinnvolle Deutung der Personennamen aus den Einzelbedeutungen der im Namen kombinierten appellativischen Bestandteile oft nicht (mehr) möglich, z. B. bei *Gunthild*, *Hildegund(e)*, *Hedwig*, in denen jeweils zwei Wortstämme für ‚Kampf' aneinandergereiht sind. Sie verbietet sich nicht zuletzt deshalb, weil nachweislich schon in germanischer Zeit das Prinzip der sprachlichen Motiviertheit eines Namens von anderen Grundsätzen bei der Namengebung abgelöst oder überlagert wurde (vgl. Kap. 3.7.1.).

Auf den ersten Blick scheinen die im 17./18. Jahrhundert – ebenfalls als Wunsch- oder Aufforderungsnamen – neu geschaffenen Vornamen *Leberecht, Thurecht* usw. (s. S. 139) Bedeutung nach Art der Wörter zu haben, da sie ja aus zeitgenössischem Wortmaterial gebildet sind und in ihrer Bildungsweise noch heute von jedermann durchschaut werden. Doch auch hier trifft das nur für den Augenblick der Entstehung zu. Im Namengebungsakt verliert die Fügung augenblicklich ihre „wörtliche Bedeutung" und übernimmt die Funktion, ein Individuum als Individuum zu bezeichnen. *Leberecht Schneider* ist nicht identisch mit der Äußerung „Lebe recht, Schneider!", und die Satzäußerung „Heute kommt Thurecht" ist grammatisch nur möglich, weil *Thurecht* hier kein Imperativ mehr ist, „Thu recht!" und *Thurecht* also nicht die gleiche Bedeutung haben. Das gleiche gilt für die sogenannten Blumennamen, die für Mädchen gebräuchlich sind: *Bluma, Amaryllis, Jasmin* und dergleichen, mit volksetymologischer Umdeutung auch *Erika, Heide, Linde* u. a. Natürlich wecken sie Assoziationen zu den gleichlautenden Appellativen und sollen sie oft auch hervorrufen; trotzdem wird man von einem Mädchen, das *Erika* heißt, nicht ernsthaft behaupten wollen, es gehöre zur Pflanzenfamilie ‚Heidekraut, Glockenheide'.

Die „Bedeutungslosigkeit" der Personennamen im Vergleich mit einem beliebigen Appellativum ist auch die Voraussetzung dafür, daß als Vornamen u. a. auftreten können:

Namen mit unzutreffender oder mit schlimmer etymologischer Bedeutung: *Sabina* ‚Sabinerin', *Magdalena* ‚aus Magdala', *Thomas* ‚Zwilling', *Perdita* ‚die Verlorene' (Auf welchen heutigen Träger eines dieser Namen trifft die etymologische Bedeutung zu?);

Ortsnamen fremder Herkunft: *Keith, Cortina*;

Namenkürzungen: *Lena, Ilse, Tina, Toni, Bert, Bernd* usw. (sie sind mit Kurzwörtern wie *Uni, Bus* nur dort vergleichbar, wo sie als Rufformen für die volle Namensform gebraucht werden, etwa *Lena* für *Magdalena*; wird indessen *Tina* als Vorname eingetragen, ist unklar und für den Namengebrauch auch unerheblich, ob diese Kurzform *Martina* oder *Bettina* vertritt);

Namen, deren Etymologie bis heute nicht geklärt werden konnte, z. B. *Julius, Katharina*.

Sogar reine Phantasiebildungen sind möglich. Die Trennung der Namen vom Wortschatz hat es auch mit sich gebracht, daß in den Namen und als Namen sprachliche Elemente erhalten blieben, die aus dem Wortschatz längst verschwunden sind (z. B. *hadu, hugu, trud, wig, gund* und *hild*) und infolgedessen auch keine Bedeutung wie alle heute noch lebendigen Wörter haben können.

2.5. Die „Bedeutung" der Personennamen

Bei den Familiennamen sieht es nicht anders aus. Die Erklärung, daß sich *Schmidt* von der Berufsbezeichnung des Schmiedes herleitet, sagt nichts über die (Gebrauchs)bedeutung des Namens aus. Deshalb kann ein Schmied *Müller* und ein Müller *Becker* und ein Bäcker *Metzger* und ein Metzger *Schmidt* heißen. Solange Benennungen wie *Wilhelm (der) Müller* einen Menschen bezeichneten, der als Müller sein Brot verdiente, war *Müller* noch kein Familienname. Nachdem *Müller* jedoch zum Familiennamen geworden war, spielte es keine Rolle mehr, ob der Namensträger als Müller arbeitete oder nicht. Wenn heute der Fall eintritt, daß jemand Müller ist und zugleich *Müller* heißt, ist das eine rein zufällige und meist mit Erstaunen oder Belustigung wahrgenommene äußerliche Übereinstimmung von Wort- und Namengestalt. Gewöhnlich achtet man nicht auf die etymologischen Zusammenhänge zwischen Name und Wort und gewöhnt sich selbst an Kombinationen wie „Frau *Mann*", „Frau *Vater*", „Herr *Mutter*" recht schnell. Erst bei ungewöhnlichen Namen und in besonderen Situationen – wenn wir etwa feststellen, daß ein Rechtsanwalt namens *Herzbruch* sich vornehmlich mit Ehescheidungen befaßt – wird die Verbindung mit dem Wortschatz reaktiviert, ins Bewußtsein gerufen. (Auf diese Wirkung zielen auch die „redenden Namen" in der Literatur, s. Kap. 2.10). Da kann es dann vorkommen, daß von jemand gesagt wird, er trage seinen Namen „zu Recht" („Der heißt nicht nur Dick, der ist auch dick!"), er mache seinem Namen Ehre usw.

Wie gut man ohne Kenntnis der etymologischen Bedeutung eines Namens auskommt, beweist die Tatsache, daß viele Menschen überhaupt nicht in der Lage sind, sie anzugeben, und doch haben sie keine Probleme, mit den Namen richtig umzugehen. Wer heute fragt, was der Name *Bernhard* oder *Grapengeter* „bedeutet", stellt diese Frage also nicht aus Unkenntnis einzelner gegenwartssprachlicher lexikalischer Einheiten, sondern weil er sich die Namen aus dem gegenwärtigen Wortschatz nicht erklären kann und wissen möchte, was die sprachlichen Zeichen, die er als Namen kennt und gebraucht, bedeutet haben, bevor sie zu Namen wurden, oder aus welchen appellativischen Sprachzeichen sie hervorgegangen sind. Deshalb wird auch nie nach der Bedeutung von Namen gefragt, die man leicht mit dem Wortschatz in Verbindung bringen kann (etwa

Siegfried oder *Müller* u. a. m.). Ob die so erschlossene Deutung eines Namens sprachwissenschaftlich vertretbar ist, spielt dabei keine Rolle. In Niederdeutschland zum Beispiel wird der Personenname *Reinhardt* manchmal als Possessivkompositum (Bahuvrihi) aus *rein* + niederdt. *Hārt* = hochdt. *Herz*, d. h. im Sinne von ‚ein reines Herz habend‘, interpretiert. Man hat in diesem Falle also versucht, den „sinnlos" gewordenen Namenelementen einen neuen Sinn zu unterlegen, den Namen wieder an den bekannten Wortschatz anzuschließen (diese Erscheinung wird *Volksetymologie* oder auch *sekundäre Motivation* genannt). Der Name ist damit in seinen sprachlichen Bestandteilen wieder durchsichtig, erklärbar geworden, aber für seine Verwendung als Name ist seine sprachliche Motiviertheit unwichtig, und als Appellativum („Du bist ein Reinhart" = ‚Du bist ein Mensch mit reinem Herzen‘) wird man *Reinhart* auch nicht einsetzen.

[55] Coseriu, Eugenio: Der Plural bei den Eigennamen; in E. Coseriu: Sprachtheorie und Allgemeine Sprachwissenschaft, München 1975 (= Internationale Bibliothek für Allgemeine Linguistik 2), S. 234–252
[56] Hilgemann, K.: Eigennamen und semantische Strukturen; in: [20] BNF, N.F., 9, 1974, S. 371–385
[57] Hilgemann, Klaus: Die Semantik der Eigennamen. Untersuchungen zur Struktur der Eigennamenbedeutung anhand von norwegischen Beispielen. Göppingen 1978 = Göppinger Arbeiten zur Germanistik, Nr. 237
S. a. [207] Höfler, [208] + [209] Witkowski und die Literatur zu Kap. 1.1.

Es hängt zweifellos mit der eben erläuterten Semantik der Eigennamen zusammen, daß eine Übersetzung der Vor- und Familiennamen, einschließlich pseudonymer Namen, von realen oder fiktiven Personen im allgemeinen nicht möglich ist (es sei denn, man betrachtet die Einbettung eines Namens der Sprache L_1 in den Kontext der Sprache L_2 bereits als Übersetzung; s. [63] Neubert). Die Namen *John Miller* und *Hans Müller* sind nicht je nach sprachlicher Umgebung – Englisch oder Deutsch – austauschbar. Nur in Einzelfällen können „redende Namen" in literarischen Werken durch Nachbildungen ersetzt werden, die in der Zielsprache ähnliche Assoziationen hervorrufen.

Übersetzt werden nur Bei- und Übernamen einschließlich der Ordi-

2.5. Die „Bedeutung" der Personennamen

nalzahlen bei Herrschernamen: *(Philippe) Le Beau > (Philipp) der Schöne, John Lackland > (Johann) Ohneland, (Richard) Lionhearted > (Richard) Löwenherz, (Ivan) Grosnyj > (Iwan) der Schreckliche, (Friedrich) der Große > (Frederick) the Great* bzw. *(Frédéric) Le Grand, (Louis) Quatorze > (Ludwig) der Vierzehnte* usw. Das ist deshalb möglich, weil diese Namenzusätze mit gewöhnlichen appellativischen Sprachmitteln gebildet sind. Nicht mit einer Übersetzung gleichzusetzen ist in den eben genannten Beispielen die Anpassung eines fremden Namens an die entsprechende Namensform in der eigenen Sprache und umgekehrt: *Philippe > Philipp, John > Johann, Friedrich > Frederick* bzw. *Frédéric(k), Louis > Ludwig* oder *Henri (IV) > Heinrich (IV.), Henry (VIII) > Heinrich (VIII.)*. Nur Herrschernamen werden in dieser Weise mundgerecht gemacht, und auch das nicht immer. *Iwan* könnte genauso wie *John* mit *Johann* wiedergegeben werden, doch ist die sprachgeschichtliche Entwicklung in diesem Falle anders verlaufen; und in neuerer Zeit besteht eher die Neigung, die originale Namensform beizubehalten. Für den Namen des belgischen Königs – frz. *Bauduin*, flämisch *Boudewijn* – hat sich die deutsche Form *Baldwin* oder *Balduin* nicht eingebürgert, vielleicht auch deshalb, weil *Balduin* heute als lächerlich empfunden wird. Auffällig ist die Eindeutschung vieler slawischer Vornamen wie in *Anton* (statt *Antonín*) *Dvořák, Friedrich* (statt *Bedřych*) *Smetana, Georg* (statt *Jiří*) und *Franz* (statt *František*) *Benda, Peter* (statt *Pjotr*) *Tschaikowskij*. Im Vergleich dazu sind ein **Joseph Verdi*, ein **Jakob Puccini*, ein **Georg Bizet* oder ein **Moritz Ravel* ganz unvorstellbar. Mehrere Ursachen mögen dabei zusammengewirkt haben: geringe Vertrautheit mit den slawischen Sprachen, Schwierigkeiten beim Aussprechen, Lesen und Schreiben mancher slawischer Namen, nationale Überheblichkeit, Vorrangstellung des Deutschen im habsburgischen Vielvölkerstaat und sprachliche Anpassung (Antonín Dvořak wurde schon im Elternhaus *Anton* gerufen), langer Aufenthalt und Einbürgerung im deutschen Sprachgebiet, wo man sich Anerkennung errungen hatte (wie bei den Musikern Georg und Franz Benda). Heute gilt auch für slawische Namen, daß sie überwiegend in ihrer originalen Form übernommen werden.

Angleichungen der Namensform bei Auswanderern – z. B. *Müller* zu

Miller, *Schmidt* zu *Smith*, *Heinz* zu *Henry* – sind ebenfalls nicht als Übersetzungen zu werten. Hier liegen Namensänderungen vor, bei denen der neue Name in einer formalen und/oder etymologischen Verwandtschaftsbeziehung zum früheren Namen steht.

Ein großes Problem für den Übersetzer ist die Wiedergabe von Namenvarianten – familiären Formen, Rufformen, Kurzformen, Kosenamen u. ä. –, für die es in der Zielsprache entweder gar keine Entsprechungen gibt oder aber solche, die zwar ihrer Wortbildungsstruktur nach ähnlich sind, jedoch in anderen Situationen verwendet werden und einen anderen Gefühlsgehalt haben. Eine reichhaltige Namenvariation, bei gleichbleibender Referenz, gibt es beispielsweise in den slawischen Sprachen. Man kann nun wohl der Übersetzung eines Romans aus dem Russischen, wie es schon geschehen ist, eine Liste der Personennamen und ihrer Varianten beigeben, um dem deutschen Leser, der mit den russischen Namengebrauchsregeln nicht vertraut ist, wenigstens das Wiedererkennen einer bestimmten Person zu erleichtern, aber nur selten wird es gelingen, dem deutschen Leser gleichzeitig zu vermitteln, welche Funktion der Gebrauch gerade dieser oder jener Variante in der besonderen Kommunikationssituation hat.

[58] Gläser, R.: Zur Übersetzbarkeit von Eigennamen; in: Linguistische Arbeitsberichte 13, Leipzig 1976, S. 12–25
[59] Gutschmidt, K.: Bemerkungen zur Wiedergabe von Eigennamen beim Übersetzen; in: Studia Onomastica I (= [21] NI, Beih. 2), Leipzig 1980, S. 47–54
[60°] Güttinger, Fritz: Zielsprache. Theorie und Technik des Übersetzens. Zürich 1963, S. 76-87
[61] Jäger, G.: Zum Problem der Namen beim Übersetzen aus dem Deutschen ins Spanische; in: Fremdsprachen 1968, S. 131–134; 1969, 108–114
[62] Jäger, G.: Hypokoristika und Translation; in: Studia Onomastica I (= [21] NI, Beih. 2), Leipzig 1980, S. 60–68
[63] Neubert, A.: Name und Übersetzung; in: [15], S. 74–79

2.6. Wortbildung

2.6.1. Zusammengesetzte und abgeleitete Personennamen

Da die Familiennamen festgelegt sind, können keine neuen Familiennamen gebildet werden. Möglich ist nur die Verbindung von Familiennamen mit anderen Eigennamen zu einer neuen Einheit: *Müller-Beyer* (Familienname + Familienname), *Schmidt-Rottluff* (Familienname + Ortsname). Die Schreibweise mit Bindestrich ist in solchen Fällen verbindlich, ebenso bei den Zusammenziehungen von Familienname + Vorname: *Huber-Sepp*, *Hofer-Grete*.

Neue Vornamen entstehen aus der Zusammenfügung auch selbständig vorkommender Vornamen (*Karlpeter*, *Anne-Kathrin*) oder aus der Kombination von Vornamen oder Vornamenbestandteilen mit unselbständigen Namenelementen (*Karlfried*, *Hanfried* < *(Jo)hann+Fried(rich)*, *Mariehed*, *Ann(e)traud*). Im ersten Falle sind sowohl Zusammenschreibungen als auch Koppelungen mit Bindestrich gebräuchlich, im zweiten Falle überwiegen die Zusammenschreibungen bei weitem.

Die Suffixe *-(i)n* und *-sche* (aus *-ische*), mit deren Hilfe weibliche Formen von Familiennamen gebildet werden (sog. Motion oder Movierung), kommen heute nur noch umgangssprachlich und mundartlich vor und haben im allgemeinen abwertenden (pejorativen) Charakter: *die Müller(i)n*, *Webern*, *die Meiersche*. Im Unterschied zum Gebrauch von *-in* und *-isch* im appellativischen Wortschatz (*Rätin*, *Störchin*; *bübisch*, *höfisch*) bewirken die Suffixe hier keinen Umlaut mehr (*Scholzin*, *Scholzen*; *Paulsche*), sieht man von gelegentlichen scherzhaften Bildungen (*Hermännin*) ab.

Bei den Vornamen kommen *-ina*/*-ine*, *-a* und *-e* als Movierungssuffixe vor: *Wilhelm-a*, *Wilhelm-ine*, *Jakob-ina*, *Jakob-a*, *Adelbert-e*, *Winfried-e* usw. Sie werden darüber hinaus zur Erweiterung weiblicher Vornamen verwendet: *Elisabeth-a*, *Elisabeth-ina* (> *Bettina*), *Karola* > *Karoline*, niederdt. *Elske*, *Talke* > *Elskea*, *Talkea* (mit Übergang der Betonung auf die vorletzte Silbe), ähnlich auch *Jakob(a)* > *Jakobea*.

Die Bildung der Verkleinerungs- und Koseformen (Hypokoristika) geschieht wie in der Standardsprache mit Hilfe des Suffixes *-chen*:

Müllerchen, Schmidtchen; Hänschen, Hermännchen, Gretchen, Käthchen. Der Umlaut ist dabei nicht obligatorisch: *Karlchen, Ott(o)chen, Dorchen, Lottchen; Hoferchen, Bauerchen.* Koseformen auf *-lein* sind anscheinend selten geworden. Sehr verbreitet sind dagegen — vor allem bei den Vornamen — solche auf *-el* oder *-l*: *Hänsel, Hansel, Seppl, Stoffel, Gret(e)l, Christ(e)l, Res(e)l*, auf *-le*: *Dorle, Mariele, Rösle, Heinerle, Peterle*, und auf *-i*: *Rudi, Hansi, Sigi, Michi, Anni, Steffi.* Gelegentlich trifft man auf die Suffixkombination *-elchen*: *Bärbelchen, Gretelchen, Hänselchen.* Dialektbedingt sind die Koseformen auf *-ele*: *Bärbele, Hansele;* *-li* (schwäb.-alemann.): *Dorli, Peterli;* *-erl* (bair.-österreich.): *Annerl, Roserl, Peperl;* *-eken* (niederdt., mit vielen lautlichen Varianten): *Hänseken, Elseken;* *-tje* (fries.-niederdt.): *Antje, Trientje, Ottje;* *-ing* (mecklenburg.): *Lising.* Die meisten niederdeutschen Bildungen auf *-ke (Eike, Heike, Renke, Hiske, Fokke* usw.) werden heute nicht mehr als Koseformen empfunden. — Die in zahlreichen entlehnten Vornamen vorhandenen fremdsprachigen Diminutivsuffixe — wie frz. *-ette,* span. *-ita* — sind im Deutschen nicht produktiv geworden; Neubildungen wie *Johannette, Heinriette* sind Ausnahmen. — Diminutivsuffixe werden auch zur Bildung von Übernamen aus Appellativen herangezogen: *Schöni, Dicki.* Andere Möglichkeiten zur regelhaften Ableitung von Personennamen aus Appellativen scheint es nicht zu geben.

Wie schon aus vielen der oben genannten Beispiele zu ersehen ist, werden die hypokoristischen Namenformen großenteils nicht einfach durch Anhängen des Suffixes gebildet, wie das bei den Appellativen geschieht, vielmehr werden die Namen zuvor oder gleichzeitig stark verkürzt, und zwar meist auf eine einsilbige Basis. So bleibt etwa von *Barbara* in den Koseformen *Bärbel(chen), Bärbele, Barbi, Bärbli, Barbli* nur noch *Barb* übrig. Die Umgestaltung der Basis kann sogar noch weiter gehen, vgl. *Bäbi* mit *r*-Ausfall (in *Annebäbi* < *Anna Barbara*), *Babsi* mit Einfügung eines *s*.

Übrigens setzt sich bei den Hypokoristika häufig das natürliche Geschlecht gegen das grammatisch korrekte Neutrum durch: *der Ottchen, die Dorle, die Annerl.* Die Suffixe *-(e)l* und *-i* haben überhaupt keinen Einfluß auf das grammatische Geschlecht (Genus): *die Christ(e)l, der Franz(e)l, der/die Toni, der/die Sigi*.

Die Kollektivsuffixe -*ing* und -*ung* (*Merowinger, Karolinger, Nibelungen, Amelungen* usw.), mit denen einstmals Angehörige einer Sippe zusammenfassend bezeichnet werden konnten, sind als produktive Wortbildungsmittel untergegangen.

2.6.2. Ableitungen von Personennamen (deonymische Derivationen)

Den größten Anteil unter den von Personennamen abgeleiteten Substantiven haben die Ableitungen auf -*ismus* und -*ist*. Bildungen mit -*ismus* benennen eine Lehre, Religion, Weltanschauung, geistige Haltung o. ä. nach ihrem Begründer: *Calvinismus, Darwinismus, Marxismus, Stalinismus*. Das Suffix -*ist* führt zu entsprechenden Personenbezeichnungen (‚Anhänger, Verfechter der Lehre usw. von X'): *Calvinist, Darwinist, Marxist, Stalinist*. Andere Personenbezeichnungen mit vergleichbarer Bedeutung werden mit Hilfe des Suffixes -*ianer* gebildet: *Freudianer, Kantianer, Hegelianer, Wagnerianer*; eine lautliche Variante dazu ist -*aner*: *Mohammedaner, Lutheraner* ([65] Dt. Wortbildung II 405 f.).

Zu erwähnen ist weiterhin die kleine Gruppe der Ableitungen auf -*iade* (nach *Ilias, Iliade*, dem Titel von Homers Epos über den Kampf um Ilion = Troja): *Jeremiade* (‚Klagelied'; nach dem Propheten Jeremias), *Henriade* (Preisgedicht Voltaires auf den französischen König Henri IV.), *Jobsiade* (komisches Epos von K. A. Kortum über „Leben, Meynungen und Thaten von Hieronymus Jobs, dem Kandidaten" 1784, unter dem Titel „Die Jobsiade" ab 1799), *Münchhausiade* (Sammlung von Lügengeschichten nach Art der Erzählung des „Lügenbarons" von Münchhausen), *Hanswurstiade, Harlekin(i)ade*. In der DDR wird -*iade*, nach dem Vorbild von *Olympiade*, auch zur Bildung von Bezeichnungen für Veranstaltungen benutzt: *Spartakiade* ‚Wettkampfveranstaltung der sozialistischen Sportbewegung' (zu lat. *Spartacus*; die Bildung entstand im Russischen und ist von dort übernommen worden), *Schubertiade* ‚Musikwettbewerb mit Werken Franz Schuberts' ([64] Fleischer, 190). – Humanistische Tradition lebt in den latinisierten Benennungen von Schulen und verwandten Einrichtungen fort: *Johann-eum, Mozart-eum, Goethe-an(e)um*.

2. Der Gesamtname im heutigen Deutsch

Adjektive werden in der Regel mit *-(i)sch* gebildet: *Brechtsche Stükke*, *Grimmsche Märchen*, *mit einer fast mozartischen Heiterkeit*; *brechtisch, kantisch*. Der Name bleibt dabei nach Möglichkeit unverändert: *Hessesche Gedichte* (Gedichte von Hermann Hesse), *heinesche Lieder* (nach Art der Lieder Heines), aber: *goethisch*. Es tritt kein Umlaut ein (*Bauersche Regel*). Die beiden Suffixvarianten verteilen sich syntaktisch so, daß in attributiver Funktion meist *-sch*, in prädikativer und adverbieller Funktion nur *-isch* vorkommt:

attributiv: *Kantsche Maxime* (seltener: *Kantische Philosophie*);
prädikativ: *Die Aufführung war meist mehr schillerisch als brechtisch*;
adverbiell: *eine mozartisch anmutende Musik*.

Außerdem geht mit dieser Verteilung eine, wenn auch nicht streng durchgeführte, Bedeutungsdifferenzierung einher. *-isch* in nicht-attributiver Stellung drückt einen Vergleich oder eine Entsprechung, Übereinstimmung aus: „Diese musikalische Wendung ist ganz mozartisch" kann heißen: ‚ähnlich wie bei M.' oder ‚wie andere Wendungen M.s'. Attributiv wird *-(i)sch* häufiger zur Angabe des Urhebers verwendet: *Schubertsche Lieder* kann mit ‚Lieder Schuberts/von Schubert' umschrieben werden. Doch kann unter Umständen auch in dieser Position ein Vergleich, eine Ähnlichkeit zum Ausdruck gebracht werden; die Rechtschreibnorm verlangt dann Kleinschreibung des Adjektivs: *eine hegelsche Ausdrucksweise*; *mit schiller(i)schem Pathos*.

Neben *-isch* kommen noch einige erweiterte Ableitungssuffixe vor, die vom Lateinischen beeinflußt sind. Sie sind auf relativ wenige Beispiele beschränkt und kaum noch produktiv:

-nisch: *otto-nisch, theresia-nisch, viktoria-nisch*;

-anisch: *elisabeth-anisch, cartesi-anisch, gregori-anisch*;
-inisch: *rudolf-inisch, joseph-inisch, wilhelm-inisch*;
-ëisch: *epikur-eisch, johann-eisch, august-eisch*;

-itisch: *adam-itisch, raphael-itisch*;

ganz vereinzelt stehen: *friderizianisch* (zur latinisierten Form *Fridericus*), *ciceronianisch, mosaisch*.

In jüngster Vergangenheit sind Adjektivableitungen auf *-esk* in Mode gekommen: *dantesk, kafkaesk, chaplinesk* usw. (s. [64] Fleischer 285; [65] Dt. Wortbildung III 338f.; [67] Carstensen 102f.).

Verben werden von Personennamen entweder unmittelbar, d.h. durch Anhängen der Infinitivendung, abgeleitet: *beckmesser-n, lumbeck-en, morse-n, kneipp-en,* oder mit Hilfe der Suffixe *-ier-* und *-isier-*: *boykottieren, silhouettieren, guillotinieren, pasteurisieren, galvanisieren, macadamisieren.* Einen Sonderfall stellt *röntgen* dar, weil hier die letzten Laute des Namens als Infinitivendung uminterpretiert wurden, so daß die Basis jetzt *röntg-* [roentç] ist: *ich röntg-e, röntg-te, habe geröntg-t.* Ableitungen mit Präfixen sind selten: *einwecken, verdieseln, verballhornen.* Zwei semantische Haupttypen lassen sich unterscheiden:

(a) ‚nach dem Verfahren von X vorgehen; das Verfahren von X anwenden; etwas nach dem von X entwickelten Verfahren behandeln' (*morsen, pasteurisieren*). Dieser Typ ist in den modernen naturwissenschaftlichen, technischen und medizinischen Fachsprachen besonders ausgeprägt (s. [256] VDI-Richtlinie).

(b) ‚handeln, sich verhalten (sprechen/schreiben/denken usw.) wie X' (*heideggern, rilken, furtwänglern, mangern, verballhornen*; s. z.B. [67] Carstensen 110f.). Ableitungen dieser Art haben meist spöttischen Charakter.

[64] Fleischer, Wolfgang: Wortbildung der deutschen Gegenwartssprache. Tübingen ⁴1975
[65] Deutsche Wortbildung. Typen und Tendenzen in der Gegenwartssprache. I. Hauptteil: Das Verb, von I. Kühnhold und H. Wellmann, Düsseldorf 1973 (= Sprache der Gegenwart 29); II. Hauptteil: Das Substantiv, von H. Wellmann, Düsseldorf 1975 (= Sprache der Gegenwart 32); III. Hauptteil: Das Adjektiv, von I. Kühnhold, O. Putzer, H. Wellmann u.a., Düsseldorf 1978 (= Sprache der Gegenwart 43)
[66] Bruderer, H.: Von Personennamen abgeleitete Verben; in: Folia Linguistica 9, 1976, S. 349–365
[67] Carstensen, Broder: SPIEGEL-Wörter, SPIEGEL-Worte. Zur Sprache eines deutschen Nachrichtenmagazins. München 1971
[68] Fleischer, W.: Deonymische Derivation; in: Studia Onomastica I (= [21] NI, Beih. 2), Leipzig 1980, S. 15–24
S.a. Kap. 6. und [8] Wimmer, S. 135–137

2.6.3. Wortmischungen

Im journalistischen Sprachgebrauch haben sich in letzter Zeit Wortmischungen oder -kreuzungen ausgebreitet, in die auch Personennamen einbezogen sind. Populär gemacht hat diese Bildung vermutlich die SPIEGEL-Redaktion; sie ist auch besonders erfinderisch auf diesem Gebiet (s. [67] Carstensen 95 ff.). Die meisten Wortmischungen entstehen dadurch, daß lautlich übereinstimmende Teile am Anfang des ersten und am Ende des zweiten Wortes „übereinanderkopiert" werden:

$$\frac{\begin{array}{r}Strindberg\\ +\quad Bergwerk\end{array}}{= Strindbergwerk}$$

Weitere Beispiele:

Hitchcock	+ Koketterie	= *Hitchcocketterie,*
Musik	+ Casanova	= *Musicasanova,*
Ionesco	+ komisch	= *ionescomisch,*
Neurosen	+ Rosendahl	= *Neurosen-Dahl,*
Lübecker Tor	+ Torheiten	= *Lübecker Torheiten.*

Das Schriftbild ist dabei dem Laut-Gleichklang untergeordnet (vgl. *-cock* und *Kok-*, *-k* und *C-* sowie *-co* und *ko-*); die Schreibweise wird vom Namen bestimmt. Wo nach allgemeinen Wortbildungsregeln die Ableitungssilben Umlaut verlangen oder wenigstens zulassen, kann dieser auch in die Wortmischung übernommen werden:

Mozart + zärtlich = mozärtlich.

Inhaltlich lassen sich solche ad-hoc-Bildungen kaum nach festen Regeln beschreiben. Was in ihnen an Aussagen vermengt und verdichtet ist, ist gewöhnlich erst aus dem Kontext erschließbar. Mit Geschick gehandhabt, können sie Scherz, Ironie und tiefere Bedeutung vereinigen wie in dem Zitat:

„Ingmar Bergman... steigt ... wieder ins Strindbergwerk der Ängste."

Hinter dem schlichten Kompositum *Strindberg-Werk*, als das man das Wort zunächst interpretieren kann und das in dem vorliegenden Satzzusammenhang durchaus sinnvoll ist und eine Teilbedeutung des Ganzen ausmacht, stecken Anspielungen auf ein literarisches

Werk, aus dessen Tiefe man Schätze heben, das man ausbeuten kann, sowie Anspielungen auf die tiefenpsychologische Dimension des Strindbergschen Werkes und der Bergmanschen Interpretation. Die Mehrzahl der Wortmischungen freilich lebt vom Überraschungseffekt des Wortspiels und zielt auf die Belustigung des Lesers oder Hörers. Leicht abschätzig sind diese Bildungen allemal, und die Grenze zum eindeutigen Spott, zur Verhöhnung oder Beleidigung der darin erwähnten Person ist schnell überschritten.

Über weitere Spiele mit Namen wird in Kap. 2.8. (S.81f.) berichtet.

2.7. Zur Grammatik der Personennamen

2.7.1. Der bestimmte Artikel

Nach der normativen Grammatik und Stilistik ist es nicht korrekt, vor einen Personennamen den bestimmten Artikel zu setzen: *der Hans*, *die Irene*; *der (Hans) Moser*, *die (Elisabeth) Bergner*. Tatsächlich benötigen Namen den bestimmten Artikel nicht. Doch bei der Verwendung von Namen in der dritten Person kann man, vor allem in Gesprächen, immer wieder Verstöße gegen die Normvorschrift beobachten. Hier werden Personennamen grundsätzlich genauso behandelt wie alle anderen Substantive:

Das wird { der Assistent / der Schubert / der Hans (Schubert) } erledigen.

Kann ich { die Kassiererin / die Neumann / die Inge (Neumann) } mal sprechen?

Der Artikel steht auch regelmäßig, sobald ein Attribut zum Personennamen hinzutritt:

der junge Goethe,
der Adenauer der fünfziger Jahre,
der Meier von nebenan.

(Im letzten Falle ist allerdings auch *Meier von nebenan* möglich.)

Auch wenn Personennamen als nachgestellte Attribute auftreten, wird gewöhnlich der Artikel davorgesetzt:

Die Rolle des Götz / der Julia / des Schinderhannes / der Minna von Barnhelm spielte...;

und der bestimmte Artikel ist außerdem austauschbar gegen andere Wörter in gleicher syntaktischer Funktion, z. B. Possessivpronomina:

$$\left.\begin{array}{l}\text{Der}\\\text{Unser}\end{array}\right\} \text{Hans liebt} \left\{\begin{array}{l}\text{die}\\\text{eure}\end{array}\right\} \text{Grete.}$$

Der Artikel dient dabei häufig der Kasus- oder Genus- (besser: Sexus-)Verdeutlichung:

(a) Die Romane Anna Sehers'   (b) Die Romane der Anna Seghers

Hans liebt Grete.   Der Hans liebt die Grete.
                                   Den Hans liebt die Grete.

Hans ist das zuzutrauen.   Dem Hans ist das zuzutrauen.

Der Brief – hätte ich den   Der Brief – hätte ich den dem
Michael mitgeben sollen?   Michael mitgeben sollen?
Wo ist denn Toni?   Wo ist denn der/die Toni?

Interessant ist nun, daß Artikelgebrauch und Weglassung des Artikels bei Vornamen und bei Familiennamen unterschiedlich bewertet werden. Bei Vornamen scheint der bestimmte Artikel allgemein üblich und stilistisch neutral zu sein. Bei Familiennamen dagegen gilt diese Redeweise als unhöflich, herablassend, zumindest als salopp. Daraus darf aber nicht geschlossen werden, daß der bestimmte Artikel hier einfach weggelassen werden dürfte; denn in der 3. Person wird der Gebrauch des Namens ohne Artikel als ebenso unhöflich empfunden wie der Gebrauch des Namens mit dem bestimmten Artikel:

Haben Sie (den) Schulze noch nicht gesehen? – Nein, aber (der) Krüger wartet schon auf Sie.

(die negative Wirkung wird etwas gemildert, wenn der Vorname hinzugefügt wird:

2.7. Zur Grammatik der Personennamen

> Haben Sie Lothar Schulze noch nicht gesehen? – Nein, aber Herbert Krüger wartet schon auf Sie.);

und gar die direkte Anrede mit dem Familiennamen allein wirkt heute vielfach verletzend:

> Huber, reichen Sie bitte mal die Mappe da herüber.

Die Alternative zum artikellosen Namengebrauch ist hier nicht die Hinzufügung des Artikels, sondern die Einschaltung eines besonderen Anredewortes oder eines Titels: *Herr*, *Frau*, *Fräulein*, (*Herr/Frau*) *Professor* o. ä.:

> Frau Wehner, haben Sie schon an Herrn Schulze geschrieben?

Die Abneigung gegen den „nackten" Familiennamen in der Anrede ist leicht zu erklären: Wo Anredewörter und Titel zur höflichen Rede gegenüber Gleich- oder Höhergestellten gehören, ist die Unterlassung dieser sprachlichen Geste ein Anzeichen dafür, daß man auf den so Angesprochenen herabsieht und ihn als Untergebenen behandelt. Deshalb ist diese Form der Anrede vor allem in streng hierarchischen, autoritären Gesellschaftsstrukturen anzutreffen, in denen es dem so Angeredeten nicht erlaubt ist, in gleicher Weise zu antworten. So wurden (und werden manchmal noch heute) Angeklagte vor Gericht, einfache Soldaten oder Schüler nur mit dem Familiennamen angeredet. Die Veränderungen innerhalb der Gesellschaft haben dazu geführt, daß eine derartige Ausdrucksweise heute als Verletzung der Würde der Persönlichkeit angesehen wird und daß die gleichen Höflichkeitsformen für alle Mitglieder der Gesellschaft gefordert werden. Natürlich werden Unterschiede im sozialen Rang dadurch nicht aufgehoben, aber der Achtung vor dem Mitmenschen – gleich welcher sozialer Stellung – wird durch die wechselseitig gleiche Anredeform Ausdruck gegeben. Nur vor diesem entwicklungsgeschichtlichen Hintergrund ist die Abwehr der Anrede mit dem bloßen Familiennamen zu verstehen; denn unter Gleichgestellten, z. B. Arbeitskameraden, ist die Anrede untereinander mit dem Familiennamen + *du* (oder – seltener – *Sie*) nicht ungewöhnlich. Weil sie hier aber gegenseitig ist, liegt darin nichts Abwertendes. Übrigens sprachen Frauen früher von bzw. zu ihren Ehemännern, indem sie den Familiennamen benutzten:

> Kramer ist noch nicht zu Hause.
> Kommst du zum Essen, Neumann?

Dabei spielten zweifellos Abhängigkeitsverhältnisse eine Rolle. Dies soll nur ein Hinweis darauf sein, daß in den Wandlungen der Anredeformen noch reichlich Stoff für sprachlich-sozialgeschichtliche Untersuchungen liegt.

Die bisherigen Bemerkungen bezogen sich auf Anrede und Erwähnung von Personen, mit denen man im täglichen Leben zu tun hat. In wissenschaftlichen Abhandlungen ist es üblich, Personennamen ohne Anredewort und ohne Titel zu gebrauchen:

> (P.) Hartmann wendet dagegen ein:...;
> In der Theorie (N.) Chomskys...

Ebenso verfährt man in Berichten und Gesprächen über Personen, die im öffentlichen Leben eine Rolle spielen:

> Brandt bei Kreisky
> In der Rede, die (F. J.) Strauß gestern gehalten hat...
> Schmidt besuchte am Nachmittag Mitterand und sprach mit ihm über Reagan.

In diesem Zusammenhang ist wohl auch die bemerkenswerte Gewohnheit zu sehen, bei der Erwähnung von Frauennamen den Artikel davorzusetzen: *die Garbo, die Meysel, die Brühne* usw. Es ist nicht zu leugnen, daß darin eine Abwertung liegen kann, aber allein aus solcher Haltung ist die Erscheinung kaum zureichend zu erklären, da ja gerade auch von populären, bewunderten und geachteten Frauen so gesprochen wird, so daß der Artikel hier von manchen als Betonung der Einzigartigkeit (*die Duse* meint eben nicht irgendeine Frau Duse) interpretiert wird, obwohl es für Namen berühmter Männer kaum eine Entsprechung gibt. Zu erinnern ist auch an die Tatsache, daß die Frauen bis vor kurzem ihren Familiennamen ausnahmslos von männlichen Personen übernahmen: den Geburtsnamen vom Vater, den Ehenamen vom Ehemann. In der von Männern bestimmten Gesellschaft ist der Familienname wohl nicht zuletzt deswegen als „männlich" empfunden worden, zumal die Familiennamen im Deutschen nicht sexusdifferenziert sind (anders dagegen im Russischen: *Tschaikowskaja* vs. *Tschaikowskij*, oder im Tschechischen: *Drozdová* vs. *Drozd*), so daß man bei der Erwähnung etwa der *Werke Seidels* automatisch an die *Werke Heinrich Seidels* und nicht an die *Ina Seidels* denkt. So bot sich für Frauen, die sich einen berühmten Namen erworben hatten, die Geschlechtskennzeichnung mit Hilfe des Artikels an, ohne daß damit notwendig eine Herabsetzung beabsichtigt war. Bis ins frühe 19. Jahrhundert hinein wurden die Namen verheirateter Frauen sogar noch ausdrücklich durch eine feminine Ableitungssilbe gekennzeichnet, und zwar zusammen mit dem Artikel: *die Gottschedin, die Neuberin, die Millerin* usw. im Sinne von ‚die Frau des Gottsched/Gottscheds' usw. Im verallgemeinerten Artikelgebrauch lebt dies heute noch fort. Doch regen sich mehr und mehr Kräfte, diesen „alten Zopf" abzuschneiden.

[69] Götze, A.: Frau und Mann in der Sprache; in: Nachrichten der Gießener Hochschulgesellschaft, Bd. 9, Gießen 1932/33, S. 6–11
[70] Naumann, H.: Diskussion zum Thema „Drei Preise für die Thoess"; in: Sprachpflege 28, Leipzig 1979, S. 100–103
S.a. [31] Fleischer, S. 92 (zur Anrede im 18./19. Jh.).

2.7.2. *der unbestimmte Artikel*

Der unbestimmte Artikel *ein(e)* vor einem Personennamen hat mehrere Funktionen. Er steht
a) für ‚ein Mann/eine Frau, wie X. einer/eine ist oder war':
   Einen Marx ließ das Gezänk der bürgerlichen Eiferer kalt.
   Wer wird nicht einen Klopstock loben? (Lessing)
   Ein (neuer) Lessing müßte kommen.
   Sie ist eine (zweite) Sappho.
In den ersten beiden Beispielen ist *ein Marx, ein Klopstock* referenzidentisch mit *Marx, Klopstock*; in den beiden folgenden Beispielen liegt ein Vergleich vor. Die verbreitete Ansicht, die Personennamen würden hier – vor allem in den beiden letzten Beispielen – als Gattungsbezeichnungen verwendet, halte ich für unzutreffend.
b) für ‚einer aus der Familie, die den Namen X. trägt':
   Ich bin auch eine (von) Hohenheim.
   Hans ist ein echter Wollschläger. (Er entspricht dem, was man von einem Angehörigen dieser Familie erwartet.)
   In meiner Klasse ist auch ein Hetmann.

c) für ‚eine Person namens X.‘:
>Einen Schimank kenne ich nicht.
>Eine Petra Müller wohnt hier nicht.
>Ich habe auch einen Michael in der Klasse.

Mit *Schimank*, *Petra Müller* und *Michael* wird hier auf die Namen als sprachliche Zeichen, nicht auf die Personen, die sie bezeichnen, Bezug genommen.

d) für ‚ein Produkt von X.‘ (bei Werken bedeutender Künstler und Handwerker):
>ein Picasso; ein echter Rembrandt; eine Stradivari; ein neuer Grass ist eben erschienen.

In diesen Fällen ist auch der bestimmte Artikel möglich. Ich bin mir nicht sicher, ob man auch von *einer Kollwitz*, *einer Sintenis*, *einer neuen Wohmann* im gleichen Sinne wie in den obigen Beispielen spricht.

e) vor Namen in appellativischer Verwendung:
>ein Don Juan (= Frauenheld); eine Venus (= schöne Frau) usw.

2.7.3. Kasus

Mit einem Kasusmorphem wird bei Personennamen nur noch der Genitiv Singular gekennzeichnet. Bis ins 19. Jahrhundert gab es auch flektierte Dativ- und Akkusativformen: *Goethen*, *Schillern*; *Amalien*, *Greten*. Die nebenstehende Tabelle gibt einen Überblick über die Bildung und Verwendung von Genitiven in verschiedenen syntaktischen Positionen. Sie basiert im wesentlichen auf der Prüfung meines eigenen Sprachgebrauchs und auf zufälligen Beobachtungen. Als Testmuster dienten Wendungen (Syntagmen) der Art:

>Mit (X) Hilfe...,
>In des/der (X) Wohnung...,
>Des/der jungen (X) Biographie...,
>Die Geburt (X)...,
>Das erste Buch des/der kranken (X)...,

in die an die Stelle von (X) jeweils eines der Namenbeispiele 1. bis 10. einzusetzen war. Die Angaben in den Grammatiken sind natürlich ebenfalls herangezogen worden, aber sie sind leider manchmal unsystematisch, stimmen nicht immer überein und sind zum Teil

2.7. Zur Grammatik der Personennamen

Die Bildung des Genitivs Singular von Personennamen (Zeichenerklärung S. 68 oben)

	m.		w.		m.		m.		w.	
	Peter 1.	Fritz 2.	Irene 3.	Iris 4.	Goethe 5.	(Johann) Wolfgang Goethe 6.	Marx 7.	Karl Marx 8.	Seidel 9.	Ina Seidel 10.
vorangestellt: ohne Artikel	-s	(-ens; -es; 0)	-s (-ens)	(0)	-s	-s	(-ens; -es; 0)	(-ens; -es; 0)	–	-s
mit Art.:	(-s)	(0)	(0)	(0)	–	–	–	–	(0)	(0)
mit Art. + Attribut;	-s; 0	0	0	0	-s, 0	0	0	0	0	0
nachgestellt: ohne Art.:	-s	(-ens)	-s	–	-s	-s	(-ens; -es?)	(-ens; -es?)	–	-s
mit Art.:	0; (-s)	0	0	0	(0)	0	(0)	0	0	0
mit Art. + Attribut;	0; (-s)	0	0	0	(-0); (-s)	0; (-s)	0	0	0	0

von normativen Gesichtspunkten bestimmt. Genaue Untersuchungen stehen noch aus. In Klammern sind Formen angegeben, die kaum (noch) zu belegen sind. – bedeutet ‚kommt nicht vor', 0 ‚endungslos'.

Aus dieser Übersicht ergibt sich: Personennamen ohne Artikel werden in der Regel flektiert, und zwar mit Hilfe der Genitivendung –s. Namen, die auf [s] – schriftlich: (s)s, ß, z, tz, x – ausgehen, bereiten Schwierigkeiten bei der Bildung und Aussprache des Genitivs und werden deshalb in diesen Positionen gemieden. Vorangestellt, erscheinen sie gelegentlich endungslos; in der gesprochenen Sprache ist das vermutlich auf eine Assimilation der [s]-Laute – zum Beispiel bei [Fritz+s] – zurückzuführen, in schriftlichen Formulierungen muß dieser Genitiv durch ein Auslassungszeichen (*Fritz'*) markiert werden. Sonst bleibt nur der Rückgriff auf die erweiterte Genitivendung *-es* (*Fritzes; Scholzes* < *Scholz*), die aber kaum verbreitet ist, oder auf die veraltende Endung *-ens* (*Fritzens*). Die Endung *-ens* wurde früher häufig auch für weibliche Vornamen auf *-ia* oder *-ie* (*Juliens Tagebuch; der Besuch Amaliens*) verwendet. Der Familienname einer weiblichen Person wird nie ohne Artikel gebraucht.

In allen anderen Positionen herrscht Endungslosigkeit vor. Das Genitiv-*s* ist am ehesten noch bei Männernamen, die nicht auf [s] enden, anzutreffen, und zwar in der Kombination mit Artikel + Attribut in Voranstellung: *des kleinen Peters Geschichte*; *des jungen Goethes Briefe*. Die Beugung männlicher Familiennamen, wie sie noch zu Goethes Zeit üblich war (*Die Leiden des jungen Werthers*), ist vor geraumer Zeit aufgegeben worden. – Namen von Männern und Namen von Frauen unterscheiden sich deutlich in den Artikelformen: *des/der*.

An die Stelle des Genitivs tritt bei Nachstellung häufig die analytische Bildung mit *von*: *der Hut von/vom Fritz*; *das Ballkleid von (der) Inge*; *die Gemälde von (Albrecht) Dürer*; *die Holzschnitte von der (Käthe) Kollwitz*.

Unsicherheit besteht bei Herkunfts- und Adelsnamen mit *von, van* darüber, welcher Teil des gesamten Namens flektiert werden soll. Streng genommen, sollte in Namen aus der Zeit v o r dem Aufkommen der Familiennamen der Rufname das Kasusmorphem erhalten:

(des jungen) Wolframs von Eschenbach,

während in jüngeren Namen der Familienname das Kasuskennzeichen trägt:

> in Otto von Bismarcks Erinnerungen;
> in den Erinnerungen Otto von Bismarcks;
> in des alten Otto von Bismarcks Briefen;

bzw. die Flexion unterbleibt:

> in den Briefen des alten Otto von Bismarck.

Diese Flexionsweise wird nicht selten auch auf die älteren Namen übertragen, vor allem bei vorangestelltem Genitiv:

> in Wolfram von Eschenbachs Leben.

Als Ausnahmen sind noch die Reste der lateinischen Flexion in den Namen *Maria* und *Jesus Christus* zu erwähnen: Gen. *Mariä*, *Jesu Christi*, Akkus. *Jesum Christum*.

2.7.4. Pluralbildung

Mit dem Plural werden mehrere Träger des gleichen Vornamens bezeichnet. Die Pluralbildung ist abhängig vom Geschlecht und von der Lautgestalt der Namen.

Nach der Normgrammatik erhalten männliche Vornamen, die auf Konsonant enden, das Pluralmorphem *-e*: *die Heinriche*, mit Konsonantenverdoppelung: *die Jakobusse*. Endet der Name auf Vokal, lautet die Pluralendung *-s*: *die Ottos*. Offensichtlich breitet sich aber der *s*-Plural mehr und mehr aus: *die Heinrichs*, *zwei Michaels*. Auch der endungslose Plural kommt vor: *zwei Michael*. Die auf ein lateinisches Flexionsmuster zurückgehende Endung *-nen* bei *o*-Auslaut ist auf wenige historische Beispiele beschränkt (lat. *Ottones*: dt. *die Ottonen*).

Weibliche Vornamen auf Konsonant oder *–(i)e* erhalten gemäß der Normgrammatik die Pluralendung *–(e)n*: *die zwei Gertruden, Greten, Marien*. Daneben kommt auch Endungslosigkeit vor: *(ich kenne) zwei Adelheid*, und vor allem bei Namen, die auf Konsonant ausgehen, greift wie bei den männlichen Vornamen der *s*-Plural um sich: *die Adelheids*; vgl. aber auch schon: *die Brigittes, Renates*.

Diese Bildungsweise ist auch die Regel bei Vornamen auf *-a, -o, -i* oder *-y*: *die Annas* (älter: *Annen*), *die Marias* (älter: *Marien*), *die Ildikos*, *die Wallis/Wallys*. Ohne Endung bleiben Namen auf *-s*: *zwei Agnes, Iris, Ines*.

Der Plural von Familiennamen geht meist auf *-s* aus: *Schmidts, Bergers, die Rotschilds, die Brentanos*. Er bezeichnet ebenfalls Träger desselben Namens, und das heißt in diesem Falle gewöhnlich: Angehörige derselben Familie. Endet ein Familienname auf [s] muß man wie im Genitiv Singular die Endung *-ens* zu Hilfe nehmen: (*die*) *Glinz-ens, Heuß-ens, Laux-ens*. Für Namen auf *-z* steht außerdem noch *-es* zur Verfügung: *Schulz – Schulzes* (neben: *Schulzens*). Möglicherweise ist hier der regelmäßige *s*-Plural zu *Schulze : Schulzes*, auf die kürzere Namensform *Schulz* übertragen worden. Wegen dieser Unsicherheiten meidet man heute solche Konstruktionen lieber.

Endungslosen Pluralen von Familiennamen, nur durch den Artikel als Plural kenntlich gemacht (*die Dürer, Hutten, Schlegel*), begegnet man heute anscheinend kaum noch, höchstens in der speziellen Bedeutung ‚Leute wie...': *die kleinen Hitler*. Doch auch in diesem Falle kann der *s*-Plural stehen: *lauter kleine Napoleons, Casanovas*. Die Grenze zur Gattungsbezeichnung ist hier zumindest fließend. – An homonyme (gleichlautende) Appellativa knüpfen scherzhafte Pluralbildungen wie *Bach – Bäche* an.

2.7.5. Apposition oder kasusneutrales Attribut?

In den Grammatiken des Deutschen werden Vornamen in Verbindung mit dem Familiennamen (*Thomas Mann, Dagmar Lurz*) und Titel, Anredewörter und Verwandtschaftsbezeichnungen in Fügungen (Syntagmen) wie *Bundeskanzler Schmidt, Professor (Dr.) Schröder, Frau Neumann, Onkel Paul* gewöhnlich zu den Appositionen gestellt (z.B. [71] Duden-Grammatik § 1303). Die Apposition ist definiert als „ein substantivisches Attribut, das im gleichen Kasus steht wie das Substantiv oder Pronomen, zu dem es gehört" ([71] Duden-Grammatik § 1300). Gemeint ist damit, daß das attribuierte und das übergeordnete Substantiv dort, wo der Kasus durch besondere Formen gekennzeichnet wird, Flexionsmerkmale aufweisen, die im Kasus übereinstimmen. Zu den Appositionen gehören demnach die Beinamen mit Artikel:

2.7. Zur Grammatik der Personennamen

(die Politik) Karls des Großen; (der Erlaß) Katharinas der Ersten; Friedrichs des Weisen (Entschluß).

Die Definition trifft jedoch nicht auf die weiter oben aufgeführten Fügungen zu, sonst müßten auch die einem Namen vorangehenden Namen oder artikellosen Substantive gebeugt werden: *(das Buch) Hermanns Hirts; *Kaisers Karls (Sieg). Tatsächlich wird in den Nominalgruppen ‚Vorname(n) + Familienname‘, ‚artikelloses Substantiv + Personenname‘ und ‚artikellose Substantive + Personenname‘ lediglich der an letzter Stelle stehende Name flektiert. (Vgl. auch [71] Duden-Grammatik § 462, wo – im Widerspruch zur eigenen Definition – erklärt wird, daß in der Verbindung ‚artikelloses Substantiv + Name‘ „nur der Name dekliniert wird, weil die ganze Fügung als Einheit aufgefaßt wird".) Offenbar gehört alles, was in den folgenden Beispielen zwischen eckige Klammern gesetzt ist, jeweils derselben syntaktischen Position an:

Der Sieg [Kaiser Karl]s; die Mätresse [König Ludwig]s; [Professor Lehmann]s Sprechstunde; [Onkel Paul]s Hut; [Baumeister Neumann]s Entwurf; [Rainer Maria Rilke]s Geburtsort; [Regierungsrat Professor Dr. Hermann Pfeiffer]s Rede.

Man kann auch sagen, daß die artikellos gebrauchten Substantive (Titel, Anredewörter) wie Vornamen, also als Bestandteile des Gesamtnamens als einer syntaktisch-semantischen Einheit, behandelt werden.

Eine Ausnahme macht das Anredewort *Herr*, das auch in artikellosen Konstruktionen stets gebeugt wird: *Herrn Meiers Besuch*. Hier liegt unstreitig eine appositionelle Fügung vor, und zwar ist *Herr* Apposition zum Namen, weil *Herr* weggelassen werden kann, nicht aber der Name: *die Rede (Herrn) Meiers; (Herrn) Meiers Besuch*; **die Rede Herrn*; **Herrn Besuch*.

Steht vor Nominalgruppen wie den oben mitgeteilten der Artikel, so wird das folgende Substantiv als „normales" Appellativum behandelt und flektiert. Was sich daran anschließt, ist als Ganzes Attribut zu diesem Substantiv, allerdings ebenfalls nicht Apposition; denn es fehlt die Genitivendung.

der Sieg des Kaisers [Karl]; die Rede des Bundeskanzlers [Helmut Schmidt]; das Buch des Geheimrats [Professor Dr. Anton Müller].

[71] Grammatik der deutschen Gegenwartssprache. Mannheim, Wien, Zürich ³1973 = Der Große Duden, Bd. 4
[72] Hackel, W.: Personeneigennamen als kasusneutrale Apposition; in: Sprachpflege 17, Leipzig 1968, S. 113 ff.
[73] Hackel, W.: Zu einem jüngeren Typ des engen appositionellen Syntagmas; in: Deutsch als Fremdsprache 9, 1972, S. 341–348
[74] Helbig, Gerhard, und Joachim Buscha: Deutsche Grammatik. Ein Handbuch für den Ausländerunterricht. Leipzig 1972 [Abschn. 2.2.3.6. Apposition]
[75] Ljungerud, Ivar: Zur Nominalflexion in der deutschen Literatursprache nach 1900. Lund/Kopenhagen 1955 = Lunder Germanistische Forschungen, Bd. 31 [Kap. V+VI]
[76] Meyer, R. M.: Zur Syntax der Eigennamen; in: Beiträge zur Geschichte der deutschen Sprache und Literatur 40, 1914, S. 501–521
[77] Motsch, W.: Untersuchungen zur Apposition im Deutschen; in: Syntaktische Studien (= Studia Grammatica V), Berlin(-Ost) ²1966, S. 87–132

S. a. [8] Wimmer, Kap. 2.3. und 4.; zum Artikelgebrauch bei Vornamen jetzt auch Jürgen Eichhoff: der Jürgen, die Silke, in: Der Sprachdienst 25, 1981, S. 101–103.

2.8. Namengebrauch

Die Mehrteiligkeit des Gesamtnamens und dessen vielfältige Variationsmöglichkeiten sind im Kapitel 2.1. dargestellt worden. Nimmt man noch Kose- und Übernamen hinzu, so steht man vor einer recht großen Auswahl an Namen, mit denen in der Anrede oder im Gespräch über Dritte auf ein und dieselbe Person Bezug genommen werden kann. Die identifizierende und individualisierende Funktion des Eigennamens schließt also nicht aus, daß auf eine einzelne Person mehrere Anthroponyme mit jeweils der gleichen Referenzfunktion angewendet werden. Es ist aber keineswegs beliebig, wer wann wem gegenüber welchen Namen gebraucht. Vielmehr unterliegen die verschiedenen Arten der namentlichen Anrede und der Namenerwähnung Konventionen und Regeln. Im Folgenden werden einige von ihnen skizziert. Ihre Erforschung gehört zu den Aufgaben

2.8. Namengebrauch

der Sozio- und Pragmalinguistik, doch gibt es fließende Übergänge auch zur Psycholinguistik (Namenpsychologie, s. Kap. 2.9.). Zur Ergänzung der folgenden Bemerkungen vergleiche man auch das im Kap. 2.7.1. über den Gebrauch des bestimmten Artikels Gesagte.

Es gibt unendlich viele – einmalige oder auch wiederholte – flüchtige Begegnungen mit anderen Menschen, deren Namen wir nie erfahren; meist liegt uns auch gar nichts daran, ihn kennenzulernen. Die Personen bleiben für uns – wie wir für sie – anonym und verschwinden in der „großen Masse". Es fällt jedoch schwer, über längere Zeit hinweg mit jemandem im direkten Gegenüber, von Angesicht zu Angesicht „namenlos" zu kommunizieren. Einer der Kommunikationspartner wird dann den entscheidenden Schritt tun und sich vorstellen, und sein Gegenüber (seine Gegenüber) wird (werden) das gleiche tun, oder einer, der mit beiden in Namen-Kontakt steht, wird sie einander vorstellen. Dieses Heraustreten aus der Anonymität ist häufig mit gewissen Ritualen oder Zeremonien verbunden: Namennennung (in ziemlich festgelegten Wendungen: „Darf ich mich vorstellen...”; „Ich heiße...”; „Mein Name ist..."), Verbeugung oder Kopfnicken, Händeschütteln, Antwortformel („Angenehm" o.ä.) und dergleichen. Übrigens läuft dieses Ritual ganz ähnlich ab, wenn die Namen auf beiden Seiten schon bekannt sind; erst die Namenkundgabe und -entgegennahme macht förmlich miteinander bekannt. – Eine einseitige Namenkundgabe hat man überall dort eingeführt, wo derjenige, der eine Dienstleistung in Anspruch nehmen möchte, einer großen, für ihn unüberschaubaren Organisation oder Institution gegenübertritt, der er sich als einzelner hilflos ausgesetzt fühlen könnte. Namenschildchen an Post-, Bahn- und Bankschaltern, an der Kleidung von Stewardessen, Warenhausverkäufer(inne)n usw. sollen dem begegnen und ein persönlicheres, vertrauensvolleres Verhältnis herstellen; zugleich ist der mit Namen Gekennzeichnete exponierter, angreifbarer, weil er nicht mehr so leicht „untertauchen" kann, wodurch er zu einem größeren persönlichen Engagement bei der Ausübung seines Berufes herausgefordert wird. Umgekehrt bemühen sich zum Beispiel Geschäfts- und Wirtsleute, die Namen ihrer Kundschaft zu erfahren; denn mit Namen bekannt zu sein und angesprochen zu werden, bedeutet eine kleine Auszeichnung unter den namenlosen „Fremden" und bestätigt uns, daß wir nicht „irgendwer" sind. – Bei der mündlichen Kommunikation über größere Entfernungen, am Telefon, geht es ohne gegenseitige Namensnennung überhaupt nicht ab, doch geschieht dies hier ganz formlos: Der Angerufene meldet sich mit Namen (tut er das nicht, gibt er damit zu verstehen, daß er nur widerwillig den Kontakt aufnimmt), und der Anrufer nennt ebenfalls seinen Namen. Schriftliche Botschaften sind adressiert und tragen eine Absenderangabe und/oder eine Unterschrift. Beide Male – am Telefon wie im Brief – tritt man mit dem Namen aus der Anonymität heraus, auch wenn der Adressat mit ihm (noch) keine Vorstellung von der betreffenden Person verbindet.

Mit *Name* war im vorhergehenden Absatz in der Regel der Familienname gemeint. Bei der Kontaktaufnahme nimmt er – jedenfalls unter Erwachsenen – einen bevorzugten Platz ein. Auch sonst spielt er im öffentlichen Leben eine große Rolle. Er liefert die erste Orientierung in der Menge der Personen. Geburtslisten, Schülerverzeichnis, Telefon- und Adreßbücher, Namenregister und viele andere Sammlungen von Personaldaten sind alphabetisch nach den Familiennamen geordnet; er steht auf dem Türschild und auf anderen Besitz- oder Eigentumskennzeichnungen, und unter Erwachsenen, die nicht miteinander verwandt oder freundschaftlich verbunden sind, wird er in der höflichen Anrede genannt, zusammen mit einem Anredewort (*Herr*, *Frau*, *Fräulein*) und unter Umständen auch mit einem Titel. Die dazugehörige Pronominalform ist das *Sie*. (Auf dem Dorfe habe ich vor rund 25 Jahren hier und da noch *Ihr* gehört.) Ausnahmen von dieser Regel beziehen ihre besondere Wirkung – Zusammengehörigkeitsgefühl, Gruppensolidarität – gerade aus der bewußten Abweichung von der Norm. Das gilt zum Beispiel für die Verwendung des Familiennamens + *du* unter Genossen einer Partei, Gewerkschaft oder sonstigen Vereinigung. Die Pflicht zum *du* in einem solchen Verband zwingt manchen, seine gewohnte Distanzhaltung zu unterdrücken, was dann nicht selten zur Folge hat, daß man außerhalb des Verbandes, im alltäglichen Umgang, wieder zum *Sie* zurückkehrt. Übrigens begegnet man der Anrede mit Familiennamen + *du* auch unter Arbeitskollegen und Klassenkameraden. Früher war sie weiter verbreitet, sogar unter Eheleuten und unter Freunden (in ihrem Briefwechsel reden Marx und Engels einander oftmals mit *lieber Marx/Engels* + *du* an; s.a. Kap. 2.7.1.). Solange sie gegenseitig (symmetrisch) ist, ist sie ganz wertneutral; es bleibt indessen eine gewisse Distanz, die erst mit dem Übergang zum Vornamen überwunden wird. Asymmetrisch ist die Anrede mit Familiennamen bei gleichzeitigem *du* in der Schule; denn sie darf nur vom Lehrer gegenüber dem Schüler verwendet werden. Sie wirkt heute unpersönlich, ein wenig antiquiert und autoritär, auch wenn sie vielleicht gar nicht so gemeint ist. Beim Übergang zum *Sie* in der Schule kommt auch die – ebenfalls nur in einer Richtung mögliche – Anrede mit Vorname + *Sie* oder, bei einem etwas distanzierterem Verhältnis, mit Familienname (ohne Anredewort) + *Sie* vor. Formen symmetrischer Anrede zwischen Lehrern und Schülern trifft man gelegentlich auch an. – Der stärkste Bruch mit den Konventionen höflicher Anrede unter Erwachsenen hat im Gefolge der Studentenbewegung in den Jahren ab 1968 stattgefunden. Seitdem duzen sich Studentinnen und Studenten in der Bundesrepublik und reden einander mit Vornamen an. (In der DDR geht das Duzen unter Studenten eher auf die Mitgliedschaft in Organisationen wie der FDJ, dem FDGB, der SED usw. zurück.) Den Anstoß dazu gab ein starkes Gefühl der Verbundenheit, und natürlich hatte die bewußt andere Anrede auch Appellfunktion (Aufforderung zur Solidarisierung). Inzwischen hat sich diese Anrede unter jungen Leuten, zumindest in bestimmten Lebensbereichen fern vom Arbeitsplatz, anscheinend weiter ausgebreitet; aber so konsequent angewandt wie unter Student(inn)en findet man sie wahrscheinlich nirgendwo sonst; sie ist ein ausgesprochenes Gruppenmerkmal. Es wäre interessant zu erfahren, ob und inwieweit die Aufhebung der Trennung zwischen förmlicher und vertrauter Anrede zugunsten der letzteren den persönlichen, vertraulichen Charakter der Anrede mit Vorname + *du* im Bewußtsein oder Unterbewußtsein der Sprecher und Angesprochenen verändert und ob sich daraus eventuell neue Differenzierungen, Nuancierungen zur Unterscheidung von offizieller und privater (intimer, vertraulicher) Kommunikation ergeben.

Es ist bereits mehrmals von Distanz im Zusammenhang mit dem Familiennamen die Rede gewesen, obwohl doch über ihn erste persönliche Kontakte hergestellt werden. Es sind aber eben nur erste Kontakte. Familienname, Vorname (Rufname) und Kosename (Koseform des Rufnamens oder ein gleichwertiger Übername) sind gewissermaßen in drei konzentrischen Kreisen um unser Ich gelagert. Den äußeren Kreis bildet der Familienname. Da er überindividuell ist, steht er dem Zentrum unserer Persönlichkeit etwas ferner als der Vorname. (Man denke auch an den Wechsel des Familiennamens bei der Eheschließung.) Freilich erscheint auch der Vorname oft in der Öffentlichkeit, zum einen, um Personen mit gleichem Familiennamen zu unterscheiden, zum anderen als diejenige Komponente unseres Gesamtnamens, die im Deutschen gemeinhin Auskunft über das Geschlecht des Namensträgers gibt (s. Kap. 3.4). Die Angabe des Vornamens (Rufnamens) ist also noch längst kein Angebot, ihn in der Anrede zu verwenden. – Soweit Beivornamen vorhanden sind, erscheinen sie meist nur in amtlichen Texten mit Urkundencharakter. Man hat allerdings beobachtet, daß unter amerikanischem Einfluß der Namentyp *Walter F. Müller* – mit abgekürztem Beivornamen zwischen Ruf- und Familienname – an Beliebtheit gewonnen hat; er ist „in erster Linie einem gewissen literarisch (und manchmal sogar ein wenig snobistisch) ambitionierten Bereich vorbehalten und scheint daher auch seine mehr oder minder bestimmte Physiognomie zu bekommen" ([89] Betz, 189; s.a. [94] Eis 104 ff.).

Wenden wir uns nunmehr den „inneren Namenkreisen", Vor- und Kosenamen zu. In Kleingruppen, zwischen deren Mitgliedern verwandtschaftliche oder enge persönliche, emotionale Beziehungen bestehen und wo man aufeinander angewiesen ist, in engem Kontakt miteinander lebt (z.B. unter Freunden, Verliebten, in der Schulklasse, im Klub, in der Sportmannschaft usw.), steht die individuelle Komponente des Gesamtnamens, der Rufname, oder eine expressive Variante des Rufnamens (Rufform, Kurz- und/oder Koseform) bzw. ein Übername (Kosename, Spitzname) im Vordergrund; er ist verbunden mit der *du*-Anrede. Ausgenommen sind die Eltern und Großeltern, die von den Kindern, auch wenn sie längst erwachsen sind, meist mit einem Wort, das die Verwandtschaftsbeziehung ausdrückt, angeredet und bezeichnet werden (*Mutti, Papi, Oma, Großvater* usw.). Im 19. Jahrhundert war es sogar noch weithin üblich, die Eltern mit *Herr Vater/Frau Mutter* + *Sie* oder *Ihr* anzureden. In diesem Bereich sind bemerkenswerte Veränderungen vor sich gegangen. In manchen Familien werden heute auch die Eltern mit ih-

2.8. Namengebrauch

ren Vornamen angesprochen; allerdings ist diese Anredeform noch nicht sehr verbreitet. Die Asymmetrie in der Anrede – Vorname oder Kosename für das Kind, Verwandtschaftswort für die Eltern – ist nicht so groß, wie die Beschreibung sie auf den ersten Blick erscheinen läßt; denn die Anredewörter *Mutti*, *Papa* usw. haben ihrer Form nach stark expressiven Charakter und werden praktisch wie Namen (Kose- oder Übernamen) gebraucht. Bei den Großeltern tritt der Vorname öfter zur Unterscheidung hinzu (*Opa Rudolf* vs. *Opa Kurt*); die Kombination von verwandtschaftlichem Anredewort + Vorname ist die Regel bei Onkeln und Tanten (*Onkel Albert*, *Tante Bertha* usw.). – Über die Kleingruppe hinaus geht die Konvention, daß Kinder und Jugendliche von Erwachsenen allgemein mit Vorname + *du* angeredet werden und daß sie sich auch untereinander gewöhnlich so anreden. Die asymmetrische Anrede zwischen Kindern/Jugendlichen und Erwachsenen beruht sowohl auf dem Altersunterschied als auch auf einem sozialen Unterschied hinsichtlich der Rolle der Generationen in der Gesellschaft. In der *Sie*-Anrede der Eltern im vorigen Jahrhundert kam außerdem das Abhängigkeitsverhältnis der jüngeren Generation von der älteren noch deutlich zum Ausdruck; das gleiche Anredeverhältnis bestand nämlich auch zwischen Dienstpersonal und „Herrschaft", Lehrling und Meister usw. (*Sie*-Anrede „nach oben", *du*-Anrede „nach unten").

Das enge Zusammenleben in der Kleingruppe und die starken emotionalen Beziehungen, die zwischen ihren Angehörigen bestehen oder sich im Laufe der Zeit entwickeln, sind der Nährboden für Koseformen und Übernamen. Diese können die Rufnamen voll ersetzen; oft ist ihr Gebrauch jedoch bestimmten Situationen vorbehalten. Schon das Kleinkind lernt, daß bestimmte Abwandlungen in der Anrede mit unterschiedlichen Stimmungswerten verbunden sind, „so etwa, wenn das sonst brave Lieschen zur unartigen Elisabeth wird, wobei sich Tonfall, Mimik und Gestik in ganz bezeichnender Weise ändern. Häufig gibt dann das Kind selbst, wenn es etwas angestellt hat, seinem Schuldbewußtsein dadurch Ausdruck, daß es die strengere Namensform wählt und sagt: ‚Das hat die böse Elisabeth gemacht.'" (G. Mühle: *Rolle und Rollenbewußtsein als entwicklungspsychologisches Problem*; in: Archiv für die gesamte Psychologie, Bd. 116, 1964, S. 267–278; hier S. 270). In ähnlicher Weise sprechen auch späterhin die Namenvarianten verschiedene Aspekte sozialer und situativer Beziehungen zwischen den Gesprächspartnern sowie bestimmte „Rollen" an. – Da Kose- und Übernamen aus dem Gruppenleben hervorgehen, werden sie als gruppeninterne Namen, als Signale der Zusammengehörigkeit verstanden; und wenn ein Außenstehender sich anmaßt, solche Benennungen zu verwenden, muß er auf heftige Reaktionen gefaßt sein. Ganz bewußt werden deshalb unter verfeindeten Menschen gruppeninterne Kose- und Übernamen als Mittel der Provokation verwendet; im Munde „Unbefugter" wandeln sie sich zu Spottnamen. (Vgl. auch S. 205 f.)

Die deutliche Trennung zwischen den beiden Sphären, in denen der „intimere" Vorname bzw. der „distanzierendere" Familienname zugelassen sind, bringt es mit sich, daß der Übergang vom Familiennamen zum Vornamen in der Anrede (und damit zugleich vom *Sie* zum *du*) stark ritualisiert ist: Ausdrückliche Nennung des Vornamens, Handschlag, Verbrüderungskuß und/oder Umarmung u.ä. Zeremonien besiegeln die Duzfreundschaft. Sie ist nur äußerst schwer wieder rückgängig zu machen. Der Übergang vom *du* zum *Sie* im Umgang Erwachsener mit Heranwachsenden verläuft weniger markiert, und meist wird die Anrede mit dem Vornamen beibehalten.

Die Kombination ‚Vorname + *Sie*' ist darüberhinaus gesellschaftlich festgelegt als Anrede für Ordens- und Krankenschwestern (in Verbindung mit Anredewörtern wie *Schwester*, *Mutter*). Sie ist begründet in der Annahme eines „geistlichen" Namens bei der Aufnahme in den Orden. Dieser „geistliche" Name besteht bezeichnenderweise aus einem einzigen Rufnamen. Die christliche Kirche geht damit auf den einfachen individuellen Namen zurück, wie sie im religiösen Bereich auch bei der sozial nicht-differenzierenden, persönlichen *du*-Anrede geblieben ist (Kinder werden auf die Vornamen getauft, Brautleute bei der Trauung mit *du* bzw. *ihr*, Verstorbene bei der Trauerfeier ebenfalls mit *du*, die Gemeinde wird mit *Brüder und Schwestern* angesprochen). Die weltlichen Orden für Kranken-, Armen- und Altenpflege und ihre staatlichen und privaten Nachfolger haben die Benennung *Schwester* + *Sie* übernommen und bis heute beibehalten, sei es aus Gründen der Traditionsbewahrung, sei es aus der psychologischen Überlegung, daß in den Ausnahmesitua-

2.8. Namengebrauch

tionen, die eine solche Betreuung erfordern, eine persönlichere „Ansprache" dessen, dem der Pflegebedürftige seine Schwächen nicht verbergen kann, oftmals hilfreich ist.

Völlig anders ist die Situation, wenn der „Chef" seine Sekretärin oder eine andere Untergebene, mit der er eng zusammenarbeitet, mit ihrem Vornamen + *Sie* anredet. Nicht nur liegt hier eine eindeutige soziale Hierarchie vor (die Anrede ist nur von „oben" nach „unten" möglich), sondern es kommt noch hinzu, daß ein solches Verhalten noch weitgehend Männern gegenüber Frauen vorbehalten ist, entsprechend der Rollenverteilung der Geschlechter in der gegenwärtigen Gesellschaft. Es herrscht ja auch in verschiedenen Bereichen – zum Beispiel in der Presse, aber auch in der Literaturgeschichtsschreibung – noch immer die Tendenz, bei der Erwähnung von Frauen schnell zum Vornamen überzugehen, zumindest den Vornamen mitzunennen (s. [94] Eis 23).

Die größere Vertraulichkeit des Vornamens macht man sich im Show- und Schlagergeschäft zunutze, indem man ihn besonders herausstellt oder gleich einen Vornamen als Künstlernamen wählt (z.B. *Manuela*, *Heino*).

Die bisherigen Bemerkungen über einige allgemeingesellschaftliche Konventionen im Umgang mit Personennamen erheben keinen Anspruch auf Vollständigkeit, und sie beschreiben gewissermaßen nur Rahmenbedingungen oder Voraussetzungen für den Gebrauch bestimmter Namenformen. In jeder aktuellen Kommunikationsgemeinschaft formen die verschiedenen Gebrauchsweisen ein anderes „Muster", entsprechend den differenzierten sozialen Beziehungen zwischen den Teilhabern an der Kommunikation. Die Beobachtung des Namengebrauchs in der Anrede und beim Sprechen über Personen kann deshalb interessante Aufschlüsse über die Beziehungen in der Gemeinschaft liefern (s. [82] Hartmann). In einer bahnbrechenden Studie hat Karl Bertsche [80] die zu Beginn dieses Jahrhunderts in einer Kleinstadt gebrauchten Ruf-, Neck- und Schimpfnamen zusammengestellt. Es ergab sich ein überraschend dichtes und kompliziertes Geflecht von Benennungen, das demjenigen, der in der Gemeinde aufgewachsen war, eine Fülle von Informationen und Orientierungsmöglichkeiten bot: „über Verwandtschaftsverhältnisse, Berufe, persönliche Eigenheiten, Charakterfehler, soziale Beziehungen. Diese Informationen erreichen den einzelnen in seiner Kindheit und Jugend; später gehören sie zu den festen Bestandteilen seiner Kenntnisse. Er hat mithin kaum Gelegenheit, sich von ihnen zu distanzieren, und das bedeutet, daß sein Lernprozeß gleichzeitig ein Prozeß seiner Integration in die Gemeinde ist" und daß damit „die Stabilisierung der Struktur befördert" wird ([86] Schwedt 76). Solche relativ geschlossenen und über längere Zeiträume hinweg bestehenden „Namensysteme" wird man heute freilich – nach den gewaltigen Bevölkerungsbewegungen der Kriegs- und Nachkriegszeit und nach den, durch die modernen Lebensformen bedingten, tiefgreifenden Veränderungen in Stadt und Land – selbst in kleineren Ortschaften nur noch selten antreffen. Außerdem ist es sehr schwierig, an sie heranzukommen; denn begreiflicherweise sind solche Gemeinschaften Fremden gegenüber verschlossen, und wer darin aufgewachsen ist, wird sie – sofern sie ihm überhaupt bewußt sind – Außenstehenden nicht gern preisgeben.

Schließlich ist noch auf die pragmatischen und textlinguistischen Untersuchungsansätze hinzuweisen, die die Einführung von Namen in Texten, ihre Wiederaufnahme und den Übergang zu wechselnden Namenformen mit unterschiedlicher kommunikativer Intention und Funktion beschreiben. In Briefen zum Beispiel taucht der Name des Adressaten meist nur in der Anrede auf; kehrt er darüberhinuas auch im Brief wieder, geschieht dies gewöhnlich nicht von ungefähr; er steht an Stellen, die dem Schreiber als besonders wichtig erscheinen, und hat dann deutlich Appellfunktion. Im mündlichen Gespräch unter vier Augen gibt es ebenfalls lange Passagen ohne Namenanrede; wo und wie er aber wieder aufgenommen wird, ist durchaus von Belang für die Gesprächs„strategie". Bei Gesprächen in einem größeren Kreis werden Namen vermutlich öfter fallen, weil dadurch klargestellt wird, wer zu wem über wen spricht. Man achte auch einmal darauf, wie oft und an welchen Stellen der Name des Gesprächspartners in Telefongesprächen verwendet wird. Mir ist aufgefallen, daß nach der gegenseitigen Namenkundgabe und Begrüßung, etwa so:

„Groß."
„(Hier ist) Seibicke (, Heidelberg). Guten Tag (, Herr Groß)."
„Guten Tag (, Herr Seibicke)."

der Anrufer oft erneut den Namen erwähnt:

„Herr Groß, ich habe eine Frage..." oder
„Ich habe eine Frage, Herr Groß,..."

Anscheinend wird das Sich-Melden noch nicht – oder nicht ausreichend – als Gesprächseröffnung empfunden. Auf jeden Fall bieten Texte und Dialoge aller Art Stoff für interessante Beobachtungen zum Namengebrauch. (Erinnert sei an dieser Stelle an Otto Behaghels [79] Beobachtungen zur Stellung des Anrede-Vokativs am Beginn, am Ende oder innerhalb des Satzes und zum Vorkommen von wiederholter, verdoppelter Anrede in Schillers „Räubern".)

[78] Adler, Max K.: Naming and addressing. A sociolinguistic study. Hamburg 1978
[79] Behaghel, O.: Die Anredeform; in: Nachrichten der Gießener Hochschulgesellschaft, Bd. 9, Gießen 1932/33, S. 3–5
[80] Bertsche, Karl: Die volkstümlichen Personennamen einer oberbadischen Stadt [Möhringen a. d. Donau]. Ein Beitrag zur Geschichte der alemannischen Namengebung. Diss. Freiburg i. Br. 1905
[81] Blanař, V.: Gesellschaftliche Aspekte der Personennamen; in: [14], S. 129–134
[82] Hartmann, D.: Der Gebrauch von Namen und Personenbezeichnungen als Ausdruck sozialer Beziehungen in einer Kleingruppe; in: Linguistik 1971, hrsg. von K. Hyldgaard-Jensen, Frankfurt a. M. 1972 (= Athenäum-Skripten Linguistik 1), S. 285–306
[83] Harweg, R.: Zur Textologie des Vornamens. Perspektiven einer Großraumtextologie; in: Linguistics, H. 61, 1970, S. 12–28
[84] Kalverkämper, Hartwig: Textlinguistik der Eigennamen. Stuttgart 1978
[85] Naumann, H.: Normen bei Personennamen; in: [13] Beiträge zur Onomastik, II, S. 188–202
[86] Schwedt, H.: Zum informellen Namensystem einer württembergischen Landgemeinde [Hirrlingen, Landkreis Tübingen]; in: Forschungen und Berichte zur Volkskunde in Baden-Württemberg, Bd. 1, Stuttgart 1973, S. 75–79
S. a. [28] Walther, [29] Walther/Schultheis.

In diesem Kapitel über den Namengebrauch darf schließlich auch die Neigung zum Spiel mit Namen als Mittel der Polemik, des Spottes, der Ironie oder des Humors nicht unerwähnt bleiben. Es ist keine Erfindung der Neuzeit. Man denke nur an Martin Luther, der

Titel und Namen seines Gegners *Dr. Eck* zu *Dreck* zusammenzog und sich dafür die Verunstaltung seines Namens zu *Luder* gefallen lassen mußte. Im Zeitalter des Grobianismus (16./17. Jahrhundert) waren solche derben Namen „scherze" an der Tagesordnung. Doch auch in der Gegenwart wird – in der Öffentlichkeit und im Privatleben – mit Namen gespielt, indem sie entweder (a) willkürlich mit Appellativa in Beziehung gebracht werden oder (b) indem ihre „wörtliche Bedeutung" ins Gegenteil verkehrt wird. Ich zitiere nur einige Beispiele aus den Sammlungen Broder Carstensens ([67], 95 ff.) und Renate Bebermeyers [87], ohne auf die Zusammenhänge mit den realen Namen und den dahinterstehenden Personen (die meisten sind allgemein bekannt) einzugehen:

(a) *Wankel-Mut,*
Haydnarbeit,
über Stock und Steiner stolpern,
abgecartertes Spiel,
Herr Sonderbahr,
Neurosen-Dahl,
mit Marx- und Engelszungen,
Frei-Stil;
s. a. das Kapitel 2.6.3;
(b) *Wohlrabe > Übelkrähe,*
Heuer > Ungeheuer.

Daß solche Namenspiele sehr wirkungsvoll sein können, ist nicht zu bestreiten. Sie sind aber zugleich ausgesprochen unfair, weil der Betroffene dagegen schutz- und wehrlos ist. Die Grenze zur Beleidigung ist schnell überschritten, und es besteht immer die Gefahr, daß man jemanden auf diese Weise tief verletzt (s. a. Kap. 2.9., S. 83).

[87] Bebermeyer, R.: Alltägliche Namenspiele; in: Der Sprachspiegel 35, 1979, S. 9–15;
S. a. die Literatur über die stilistische Funktion von Eigennamen am Ende des Kapitels 2.10.

2.9. Namenpsychologie

Noch ehe das Ichbewußtsein erwacht, identifiziert sich das Kind mit dem Namen, mit dem es am häufigsten gerufen wird, mag es sein „richtiger" Vorname, eine Koseform oder ein Kosename sein. Die Selbstidentifikation mittels des Namens macht diesen zu einem Kristallisationspunkt für die Ichfindung, die Entwicklung des Selbst. Daraus erklärt sich, daß der eigene Name später als „ein Stück des Seins und der Seele" (Th. Mann) empfunden wird. In erster Linie gilt dies für den Rufnamen, der dem Zentrum unseres Ichs deshalb auch am nächsten steht, auch wenn, unserer neuzeitlichen gesellschaftlichen Konvention der Namensführung entsprechend, im Laufe der Sozialisation der Familienname hinzutritt und ebenfalls Bestandteil der engen Name-Ich-Beziehung wird. (Nach Meinung einiger Psychologen sollen aber die Schriftzüge bei Vor- und Familiennamen emotional unterschiedlich ausgeprägt sein.) Hier liegen die Wurzeln für die Verletzlichkeit des Menschen, wenn mit seinem Namen gespielt wird. „Der Eigenname eines Menschen ist nicht etwa wie ein Mantel, der bloß um ihn herumhängt und an dem man allenfalls noch zupfen und zerren kann, sondern ein vollkommen passendes Kleid, ja wie die Haut selbst, ihm über und über angewachsen, an der man nicht schaben und schinden darf" (Goethe).

Die psychische Bedeutung des Namens bei der Herausbildung der Persönlichkeit zeigt sich auch während der Pubertät. Immer wieder hat man beobachtet, daß in dieser Entwicklungsphase Perioden der Verliebtheit in den eigenen Namen mit solchen der Unzufriedenheit und des Wunsches nach einem anderen Namen – und das heißt, nicht nur in diesem Falle, letztlich: ein anderer Mensch zu werden, eine andere „Rolle" zu übernehmen – wechseln. Zweifellos hängt die Intensität solcher seelischen Kämpfe davon ab, wie auffällig oder unauffällig ein Name ist und wie die Umgebung des Heranwachsenden auf dessen Namen reagiert. Keinesfalls darf man aber so weit gehen – wie es amerikanische Psychologen getan haben –, einen direkten Zusammenhang zwischen außergewöhnlichen Namen (Vornamen) und Anfälligkeit für Neurosen herzustellen ([97] Krien 122f.; [172] Seibicke 5f.). Der Kern des Problems liegt offenbar nicht in der Rückwirkung außergewöhnlicher Namen auf ihre Träger, sondern in den Voraussetzungen, unter denen es zur Wahl extrem auffälliger Vornamen kommt; denn es ist anzunehmen, „daß Eltern mit pathologischen Tendenzen eher dazu neigen, ihren Kindern exzentrische Namen zu geben" ([97] Krien 123, Fußn. 3). Wenn dann nicht im Laufe der Entwicklung der Kinder genügend Gegenkräfte geweckt werden, können daraus Konflikte und Krisen entstehen, die unter ungünstigen Umständen womöglich zu persönlichen Katastrophen führen. Der Name kann dabei insofern eine Rolle spielen, als der Neurotiker seine Schwierigkeiten, Ängste usw. auf seinen Namen als eine Art zweites Ich oder Über-Ich abwälzt (projiziert), dem er sich hilflos ausgeliefert fühlt.

Das Gefühl, seinem Namen irgendwie verpflichtet zu sein, und den offen zugegebenen oder heimlichen Wunsch, Namenbedeutung und Wesensart in Einklang zu bringen, kennen freilich nicht nur Neurotiker. Es gibt Zeugnisse genug dafür, daß Menschen bemüht sind, dem Bilde, das der Name von ihnen entwirft (oder ihrer Meinung nach entwirft), zu entsprechen. Es ist dabei unwichtig, ob an die etymologische oder an die wörtliche (lexikalische) Bedeutung angeknüpft wird oder ob man dem Namen seine ganz private Deutung gibt. (Ich kenne jemanden, der seinen Vornamen *Erich* in *er* und *ich* zerlegte und daraus Leitgedanken für sein Verhältnis zu den Mitmenschen ableitete.) Auch die Pretiosität eines Namens oder die Bedeutsamkeit, die er für den Namensträger durch ein gleichnamiges Vorbild besitzt, können als Ansporn verstanden werden. Verbinden sich mit dem Namen weniger gute Bedeutungen oder Deutungen, wird dies häufig als Belastung empfunden, auch wenn die Umwelt sich völlig neutral zum Namen verhält, oder man entschuldigt Züge seines Wesens – oder gar sein Schicksal – damit, daß sie ja im Namen vorbestimmt seien. „Habt Nachsicht mit meinem kochenden Blut und meinen hämmernden Pulsen. Für was heiße ich Feuerbach? Ich habe Feuer in meinen Adern." (Aus einem Jugendbrief des Malers Anselm Feuerbach an seine Eltern; zitiert nach [88] Bergmann 80.) Auch diese Verhaltensweisen bestätigen, daß eine suggestive Wirkung vom Namen auf seinen Träger ausgehen kann.

Ähnliche Wirkungen gehen von einem Namen aber auch auf andere Menschen aus. Es gibt Namen, die wir als schön, sympathisch oder anziehend empfinden, und andere, die uns als häßlich, unsympathisch, lächerlich oder abstoßend erscheinen. Diese Einschätzungen

2.9. Namenpsychologie

hängen teils von subjektiven ästhetischen Maßstäben ab, teils von Erfahrungen, die wir mit Personen gleichen oder ähnlichen Namens im Leben gemacht haben, teils von unserer zustimmenden oder ablehnenden Haltung gegenüber dem, was als „zeitgemäß" oder „altmodisch" empfunden wird. Natürlich spielt auch die Namenbedeutung mit hinein; wir schließen aus dem Namen auf bestimmte Charakterzüge. Obwohl wir uns im allgemeinen darüber im klaren sind, daß solche Voreingenommenheit sachlich nicht zu begründen ist, beeinflußt sie unser Verhalten, indem wir dem einen aufgeschlossener, dem anderen zurückhaltender gegenübertreten. Oft gehen unsere Vor-Urteile sogar so weit, daß wir uns ein ganz bestimmtes Bild vom Aussehen und Auftreten einer Person machen. Werden wir dann mit der realen Person oder einer naturgetreuen Abbildung konfrontiert, stehen wir der Verkörperung einer fiktionalen Gestalt auf der Bühne oder in einer Verfilmung gegenüber, dann finden wir tatsächlich oftmals unsere Erwartungen bestätigt (und unsere Irritation ist groß, wenn dies nicht der Fall ist). Bei solchen Beobachtungen darf freilich nicht übersehen werden, daß es fast nie der Name allein ist, der unsere Vorstellungen von einer unbekannten Person bestimmt, sondern daß noch andere Informationen über den Namensträger – seine Stimme, sein Rede- oder Schreibstil, der Zusammenhang, in dem der Name fällt, u. a. m. – das Bild mitgestalten. Da es sich bei solchen Vor-Urteilen um Hypothesen handelt, können sie durch die Wirklichkeit korrigiert werden, und es geschieht immer wieder, daß die wachsende Zuneigung zu einer Person einen zuvor wenig geschätzten Namen in einen „schönen" verwandelt.

Bemerkenswert ist nun, daß die Wirkungen, die von Namen ausgehen, nicht in jedem Falle subjektiv-willkürlich sind und folglich von Mensch zu Mensch variieren, sondern daß es Namen oder Namentypen gibt, die bei vielen Angehörigen einer Sprachgemeinschaft weitgehend übereinstimmende Vorstellungen hervorrufen. Diese gleichartige „Suggestion", die ein Name auf viele Menschen ausübt und die man auch seine Physiognomie nennt, läßt sich oftmals aus dem Wissen über seine Herkunft, kulturgeschichtliche Tradition und Verbreitung erklären. Wenn etwa bei *Carmen* Merkmale einer „typischen" Spanierin, bei *Brünhilde* dagegen solche einer „typischen" Germanin assoziiert werden, dann ist daran zweifellos einerseits die Kenntnis der Herkunft der Namen beteiligt, andererseits die Erinnerung an gewisse „Prototypen" (die Titelheldin in Georges Bizets Oper „Carmen", die Brünhilde im Nibelungenlied und bei Richard Wagner). Selbst die Bekanntschaft mit mehreren großen, blonden Carmen und kleinen, dunkelhaarigen und braunäugigen Brünhilden vermag diese Namensphysiognomien kaum zu erschüttern, eher fühlt man sich stets von neuem veranlaßt, die Diskrepanz zwischen Name und Erscheinung hervorzuheben. Die Einschätzung der Namen *Fridolin*, *Ketterle*, *Bienzle* als schwäbisch-alemannisch, *Jupp Hussels* als rheinländisch, *Momme Mommsen* als nordniederdeutsch usw. beruht auf Erfahrungen mit charakteristischen „Namenlandschaften" im Deutschen (s. Kap. 4.4); mit diesen Namen verbinden sich sodann Stereotype oder Klischees vom südwestdeutschen, rheinländischen, friesischen Menschenschlag und prägen und festigen die Physiognomie des jeweiligen Namens. Darüber hinaus haben die Tests von G. Eis und R. Krien ergeben, daß auch Name und Personenmerkmale wie Beruf, gesellschaftliche Stellung, Charakter, Aussehen in einem erstaunlich hohem Maße richtig einander zugeordnet werden. Bei fiktionalen Namen und Personen ist dies nicht sonderlich überraschend; denn der Autor hat ja bewußt Name und Persönlichkeit aufeinander abgestimmt, indem er redende oder klassifizierende Namen (s. Kap. 2.10.) wählte und dabei auch an das vorhin erwähnte namenkundlich-kulturgeschichtliche Wissen anknüpfen konnte. Deshalb kommt zum Beispiel in dem Test, über den [93] Eis, S. 15f., berichtet, unter den fünf vorgegebenen Namen und Rollen für den ‚Rittergutsbesitzer und Hauptmann a. D.' nur der Name *Joachim von Prackwitz* in Betracht (und damit erhöht sich die Chance, auch die übrigen vier Namen und Rollen richtig zuzuordnen). Bei Namen und Personen, die nach einem Zufallsprinzip aus der Realität herausgegriffen sind – wie etwa bei dem Porträttest Kriens ([97], 129ff.) – verblüffen die hohen Trefferquoten der Probanden schon eher. Doch ist bei der Interpretation der Ergebnisse größte Behutsamkeit geboten. Meines Erachtens sind auf diesem Gebiet noch viele Fragen – auch solche, die die Methodik betreffen – offen. Den von Eis und Krien geleisteten Vorarbeiten sollten weitere wissenschaftliche Untersuchungen folgen, die das Problem von allen Seiten beleuchten.

Ethnologen, Anthropologen, Religionshistoriker, Volkskundler

2.9. Namenpsychologie

und andere Forscher haben reichhaltiges Material zusammengetragen, aus dem eindeutig hervorgeht, welche magischen Kräfte dem Namen in der Vergangenheit und bei manchen sogenannten Naturvölkern noch in jüngster Zeit zugeschrieben wurden. Den Namen eines Wesens kennen bedeutete Gewalt über es haben; das bekannte Märchen von Rumpelstilzchen führt dies eindringlich vor Augen. Zugleich aber glaubte man, den Teufel, Dämonen und andere böse Geister und Kräfte herbeizurufen, wenn man ihren Namen aussprach. Aus derartigen Vorstellungen erwuchs eine Unzahl von Bräuchen und besonderen sprachlichen Formen und Verhaltensweisen wie Namenscheu (bei der Verehrung Gottes oder eines göttlichen Wesens) und Namentabu und dessen Kehrseite, die Ersetzung des Namens durch euphemistische (beschönigende, verhüllende) oder antiphrastische (das „Gegenteil" ausdrückende) Benennungen. Magische Vorstellungen liegen in der Namengebung auch den Wunschnamen und der Nachbenennung zugrunde. Im ersten Fall erhofft man sich von dem im Namen ausgesprochenen Wunsch, daß er das Geschick des Namensträgers bestimmen oder wenigstens beeinflussen werde; im zweiten Fall sollen Eigenschaften des Vorbildes auf den Nachfolger übergehen, und das kann gleichzeitig als Glaube an ein Weiterleben im Nachgeborenen verstanden werden. Ich bin der Meinung, daß ein Rest Namenmagie in den meisten von uns, wenn auch stark abgeschwächt, weiterlebt.

Mit den vorstehenden Bemerkungen sind die Möglichkeiten namenpsychologischer Betrachtung natürlich keineswegs erschöpft. Zur weiteren Vertiefung wird auf die unten angegebene Literatur verwiesen.

[88] Bergmann, K.: Familien- und Vornamen in ihrer Wirkung auf Geist und Seele des Menschen, zugleich ein Beitrag zur Familienkunde; in: Zeitschrift für Deutschkunde 1934 (= Zeitschrift für den deutschen Unterricht 48, 1934), S. 75–80 und 115–119

[89] Betz, W.: Zur Namenphysiognomik; in: Namenforschung, Festschrift für Adolf Bach, hrsg. von R. Schützeichel und M. Zender, Heidelberg 1965, S. 184–189

[90] Boesch, B.: Die Eigennamen in ihrer geistigen und seelischen Bedeutung für den Menschen; in: Der Deutschunterricht 9, 1957, Heft 5, S. 32–50

[91] Brachfeld, O.: Name und Charakter. Problemstellung einer anthropo-

nymischen Charakterologie; in: Zeitschrift für Menschenkunde 6, Wien 1930, S. 336–342

[92] Eis, G.: Zur Diskussion über die Namenphysiognomien; in: [94] Eis, S. 93–111

[93] Eis, G.: Tests über suggestive Personennamen in der modernen Literatur und im Alltag; in: [94] Eis, S. 9–28

[94] Eis, Gerhard: Vom Zauber der Namen. Vier Essays. Berlin 1970

[95] Handwörterbuch des deutschen Aberglaubens, hrsg. von Hanns Bächtold-Stäubli, Bd. VI, Berlin/Leipzig 1934/35, Artikel *Name*, *namenlos*, *Namensänderung*, *Namensorakel*, *Namenstag*, *Namenstausch*, Sp. 950 ff.

[96] Katz, Rosa: Psychologie des Vornamens. Bern/Stuttgart 1964 = Schweizer Zeitschrift für Psychologie und ihre Anwendungen, Beiheft 48

[97] Krien, Reinhard: Namenphysiognomik. Untersuchungen zur sprachlichen Expressivität am Beispiel von Personennamen, Appellativen und Phonemen des Deutschen. Tübingen 1973

[97/1] Ris, R.: Nameneinschätzung und Namenwirklichkeit. Ein Beitrag zur empirischen Sozioonomastik; in: [23] Onoma 21, 1977, S. 559–576

S. a. [30] Bach §§ 480–526; [84] Kalverkämper S. 107–116

Über die Namenauslegung im Mittelalter berichten ausführlich die folgenden Arbeiten:

[97/2] Haubrichs, W.: *Veriloquium nominis*. Zur Namensexegese im frühen Mittelalter (nebst einer Hypothese über die Identität des ‚Heliand'-Autors). In: Verbum et signum, Festschrift für Friedrich Ohly, hrsg. von H. Fromm, W. Harms, U. Ruberg, Bd. 1, München 1975, S. 231–266

[97/3] Schleusener-Eichholz, G.: Biblische Namen und ihre Etymologien in ihrer Beziehung zur Allegorese in lateinischen und mittelhochdeutschen Texten. In: Verbum et signum (s. Nr. 97/2), S. 267–293

2.10. Namen in der Literatur

Wenn mir in der Bahn ein zufälliger Reisegefährte eine Geschichte von seinem Freund Fritz Müller erzählt, steht es mir frei zu glauben, daß er einen Freund namens *Fritz Müller* hat, der die Geschichte tatsächlich erlebte, oder das ganze für eine Erfindung (Fiktion) zu halten. In beiden Fällen kann ich mich mit ihm über Fritz Müller unterhalten, und selbst wenn mein Gesprächspartner früher oder später

2.10. Namen in der Literatur

gesteht – und ich es ihm glaube –, daß er Person und Namen erfunden hat, können wir weiterhin über die mit dem einmal eingeführten, zwischen uns gleichsam verabredeten Namen benannte fiktive Gestalt miteinander sprechen. Der Name fungiert in jedem Fall in unserem Gespräch als „fester Designator" (s. S. 8), indem wir uns mit ihm immer auf ein und denselben „Gegenstand" beziehen, gehöre er nun der Realität oder einer fiktiven Welt an. In dieser Hinsicht – nämlich in der Funktion der Eigennamen als feste Designatoren – unterscheiden sich auch literarische Texte (Erzählungen, Novellen, Romane, Dramen usw.) nicht von den Erzählungen eines beliebigen Gesprächspartners. Wir setzen allerdings bei literarischen Texten, die als eindeutig belletristisch verstanden werden wollen, aufgrund kultureller Traditionen gewöhnlich voraus, daß sie fiktional sind, d. h. keine Berichte über reale Personen und Geschehnisse, sondern über solche, die so, wie sie dem Leser oder Hörer dargestellt werden, in der Phantasie des Autors entstanden, also fiktiv sind. Insofern sind alle Personennamen in einem fiktionalen Text zunächst nichts weiter als Namen für die Gestalten dieser fiktiven Erzählwelt. Das heißt nun nicht, daß diese Namen – als sprachliche Gebilde – durchweg fiktiv seien in dem Sinne, daß sie nirgendwo in der Realität aufgefunden werden könnten. Solche Namen gibt es in fiktionalen Texten auch, z. B. *Horribilicribifax*, *Dornröschen*; aber das ist eher die Ausnahme. Die meisten fiktionalen Personennamen könnte man auch in Urkunden, Adreßbüchern oder Einwohnerverzeichnissen finden: *Nathan* (Lessing), *Werther*, *Wilhelm Meister* (Goethe), *Wutz* (Jean Paul), *Mathilde Möhring* (Fontane), *Rath* (in Heinrich Manns „Professor Unrat"), *Felix Krull*, *Peperkorn* (Th. Mann), *Henrik Höfgen* (Klaus Mann), *Oskar Matzerath* (G. Grass) usw. Ob die Autoren sie vorgefunden oder sich ausgedacht haben, ist dabei unerheblich. Nun kommen allerdings auch Namen bekannter historischer Persönlichkeiten in fiktionalen Texten vor, z. B. *Napoleon*, *Kutusow* (in Tolstois „Krieg und Frieden"), *Wallenstein* (Schiller, Döblin), *Galileo Galilei* (Brecht), *Götz von Berlichingen* (Goethe), *Florian Geyer* (G. Hauptmann) u. a. m. Auch sie sind als Namen der Gestalten in den Texten zu verstehen, die mit denen der realen historischen Personen nur äußerlich, lautlich übereinstimmen, wenngleich diese Übereinstimmung natürlich nicht zufällig ist; denn unbestreitbar besteht hier ein Zusammenhang zwischen den realen und den fiktionalen Namen und Personen. Etwas anders ist die Lage, wenn der Erzähler reale Personen und Ereignisse in eine erdachte Handlung am Rande einbezieht und damit die Illusion nährt, daß sich die erzählte Geschichte tatsächlich dann und dort zugetragen habe. In diesem Falle referiert der Autor mit den Namen auf die so benannten realen Personen und verknüpft auf diese Weise – unter anderem – die Fiktion mit der Realität, „Dichtung" mit „Wahrheit". Eine andere Möglichkeit, Elemente der Realität in die Dichtung einzubringen, besteht darin, daß der Autor reale Personen, in mehr oder weniger leicht durchschaubarer Weise, unter einem von ihm ausgewählten falschen Namen in seinem fiktionalen Text schildert – ein Verfahren, das beispielsweise Thomas Mann gern anwandte, erinnert sei etwa an *Naphta* für Georg Lukács oder *Mijnheer Peperkorn* für Gerhart Hauptmann im „Zauberberg". Solche Beziehungen zwischen Realität und Fiktion sind manchmal nur Eingeweihten bekannt und sind auch für das vordergründige Verständnis des Werks nicht unbedingt nötig. Es ist auch hier zu betonen, daß die Gestalten der fiktionalen Texte nicht einfach mit ihren Vorbildern in der Realität gleichgesetzt werden dürfen: *Peperkorn* ist in erster Linie der Name der Romanfigur und erst in zweiter Linie eine verschleiernde Bezeichnung für Gerhart Hauptmann. In der sogenannten Schlüsselliteratur, zum Beispiel in Brechts „Der aufhaltsame Aufstieg des Arturo Ui", ist die Beziehung direkter; sie ist darauf angelegt, daß der Rezipient die vom Autor „gemeinten" Personen hinter den geänderten Namen wiedererkennt. Die Verschlüsselung wird gern gewählt, wenn es um Kritik, Polemik geht (vgl. *Henrik Höfgen* für Gustaf Gründgens in Klaus Manns „Mephisto").

Für die Betrachtung der Personennamen in der schönen Literatur ist nun nicht nur ihr Verhältnis zu realen Personen und zur realen Namenwelt von Belang. Die Personennamen in fiktionalen Texten werden – sieht man einmal von den Namen historischer Persönlichkeiten ab – vom Autor als Namengeber in einem Namengebungsakt festgelegt. Damit hat er es in der Hand, Namen zu suchen oder zu bilden, die seinen künstlerischen Absichten möglichst genau entsprechen. Insofern kann man mit den russischen Formalisten behaupten: „Im Kunstwerk gibt es keine nichtssagenden Namen" (Tynjanov, zit. nach [98] Birus 34). Ob auffällig oder alltäglich – sie tragen allemal zur Charakteristik der Personen und zur „Atmosphäre" des Kunstwerks bei. Eine große Rolle spielen dabei die redenden (transparenten) Namen. Darunter werden solche Namen verstanden, die lexikalisch motiviert sind oder, mit anderen Worten, „bei denen die Bedeutung homonymer Appellativa – sei es allein schon durch die Auffälligkeit der Namensform, sei es durch Wortspiele oder ähnliche spezielle Kontextbildung – aktualisiert erscheint" ([98] Birus 34). Diesen Kunstgriff wenden schon die Autoren der antiken Typenkomödie an (*Thraso* ‚der Kühne' heißt der Soldat, *Thais* ‚die Holde' die Hetäre, *Parmeno* ‚der Treue' eine Sklave usf.), und er zieht sich seitdem durch die gesamte Literaturgeschichte bis in die Gegenwart. Ihrer „rationalen Durchsichtigkeit" und „drastischen Charakterisierungsfähigkeit" wegen ([98] Birus 39) sind sie besonders in der didaktischen, satirischen und humoristischen Literatur beliebt. Zu dieser Gruppe gehören aber auch alle nicht-typologisierenden Namen, deren etymologische Deutung auf besondere Eigenschaften, die Erscheinung oder das künftige Schicksal des Namensträgers hinweisen (z.B. *Marina* „born at sea", *Miranda* „the top of admiration", *Perdita* „counted lost for ever", alle bei Shakespeare; *Wumshäter* = *Woman's hater* ‚Frauenhasser' in Lessings „Misogyn"). Bei diesem Spiel mit dem Namen können zur Erzielung einer komischen Wirkung Namen-Bedeutung und Personencharakteristik auch bewußt in Opposition zueinander gebracht werden, so etwa, wenn Musil einem pazifistischen Lyriker den Familiennamen *Feuermaul* gibt. – Eine zweite Gruppe bilden die sogenannten verkörperten Namen, „die ihre eigentliche Bedeutung durch den Verweis auf einen außerhalb des Kunstwerks existierenden Träger dieses Namens gewinnen", z.B. „*Hippocrates* als Quacksalbername im Schauspiel des Mittelalters" ([98] Birus 35). Die Anspielung kann auch in verdeckter Weise geschehen, indem die Namen abgewandelt, verschlüsselt werden; vgl. etwa *Roma*, *Givola* und *Giri* für die Nazi-Größen Röhm, Goebbels und Göring in Brechts schon erwähntem „Aufhaltsamen Aufstieg des Arturo Ui". – Als dritte Gruppe sind die klangsymbolischen (lautmalenden, lautsemantischen) Namen zu nennen, deren Lautgestalt gewisse Assoziationen hervorruft. So läßt etwa Jean Pauls Schulmeisterlein *Wutz* schon vom Namen her an einen kleinen, unbedeutenden Menschen denken. Aber nicht immer geht das, was die Lautgestalt ausdrücken soll, schon eindeutig aus dem isolierten Namen hervor; seine volle Wirkung entfaltet er manchmal erst im Zusammenspiel mit den übrigen Namen des Werkes. Am ausgeprägtesten ist der klangsymbolische Charakter eines Namens bei den zum Teil grotesken Phantasiebildungen, wie z.B. *Horribilicribifax*, *Daradiridatumtarides* (Gryphius), *Dilldapp*, *Wellewatz*, *Murxa* (Brentano). – Endlich sind noch die klassifizierenden Namen zu erwähnen, die „ihre Träger aufgrund von religiös, national, sozial oder aber einfach literarisch bedingten Namengebungskonventionen einer bestimmten Gruppe zuordnen" ([98] Birus 37), z.B. *Johann* für einen Diener, *Itzig* für einen Juden, *Permaneder* für einen Bayern, *Lisette* für Dienstmädchen und Kammerzofen in der französischen Charakterkomödie und ihr verwandten Stücken.

Es sind andere Einteilungen denkbar – und auch schon vorgenommen worden – als die hier im Anschluß an H. Birus vorgestellte. Die vier genannten Typen dürften jedoch in irgendeiner Weise in jeder Einteilung wiederkehren. Im Einzelfall wird es freilich nicht immer einfach sein, einen bestimmten Namen einzuordnen, weil die Merkmale der vier Namentypen einander nicht ausschließen müssen. Die auffällige Form eines redenden Namens zum Beispiel kann zugleich klangästhetische Wirkung haben, und umgekehrt kann die Lautgestalt eines Namens einen Fingerzeig zur regionalen, sozialen usw. Einschätzung des Namensträgers geben.

Ein Sonderfall ist der Gebrauch von Namenkürzeln: *Die schwedische Gräfin G**** (Gellert), *Die Marquise von O...* (Kleist), *Josef K.* (Kafka), „wobei die ‚kaschierende' Abkürzung des Namens diesen Figuren den Stempel des Authentischen aufdrückt" ([98] Birus 37, Fußn. 36); denn solche Abkürzungen gebraucht man sonst, wenn man vermeiden will, daß jemand bloßgestellt wird.

Insgesamt zeigen die Untersuchungen über literarische Namengebung, daß die Autoren, bei aller Freiheit und Subjektivität in der Namenwahl, doch letztlich an kollektive Erfahrungen im Umgang mit Namen anknüpfen. Bestätigt wird dies unter anderem durch die erstaunlich übereinstimmenden Ergebnisse von „Tests über suggestive Personennamen" ([93] Eis, [97] Krien; s. Kap. 2.9.): Ohne Kenntnis des Werks vermochten die Probanden die ihnen getrennt vorgelegten Namen und Kurzcharakteristiken der Personen mit

2.10. Namen in der Literatur

ziemlicher Sicherheit richtig zuzuordnen. In fiktionalen Texten sind Namen mehr als bloße Orientierungshilfen (Referenzfixierungen). Ihre charakterisierende Funktion macht sie von vornherein „bedeutungsvoll" und bewirkt eine besondere Sensibilität für die Ausstrahlung, die „Aura" eines Namens. Stärker als anderswo schlagen daher gerade in der Literatur tiefwurzelnde Vorstellungen vom magischen Zusammenhang zwischen Name und Benanntem – „nomen atque omen"! – durch. (In diesem Zusammenhang sei auch an die Rolle von Namentausch und Namenverwechslung in der Literatur erinnert.) Deshalb sind literarische Werke ihrerseits eine ergiebige Quelle für namenpsychologische Beobachtungen.

Die wissenschaftliche Untersuchung von Namen in der Literatur kann infolgedessen auch nicht dabei stehen bleiben, die Namen im Gesamtwerk eines Autors zu sammeln, zu klassifizieren und nach der Herkunft, etymologischen Bedeutung, Bildungsweise und ähnlichen formalen Gesichtspunkten zu beschreiben. Vielmehr kommt es darauf an, im einzelnen Werk das Beziehungsgeflecht der Namen untereinander in seiner Bedeutung für den Aufbau des Werks und die künstlerischen Absichten des Autors aufzudecken. Die „alltäglichen" Namen sind in dieser Hinsicht nicht weniger interessant als die auffälligen Phantasiebildungen. Zu beachten ist ferner, in welchen Namengebungskonventionen und -traditionen ein literarisches Werk steht; denn nicht nur zeichnen sich in der Literaturgeschichte zeitbedingte Vorlieben für bestimmte Namentypen ab, es gibt auch innerhalb einzelner Gattungen gewisse „Regeln" oder Namengebungsgewohnheiten (so im Schäferspiel, in der Commedia dell' arte und in der französischen Charakterkomödie und ihren Nachfolgern, im humoristischen Roman usw.).

Bislang galten die wissenschaftlichen Arbeiten über die Namengebung in der Literatur vorzugsweise der epischen und dramatischen Dichtung und den Werken bedeutender Schriftsteller. Über die Personennamen in der Lyrik (echte, verschlüsselte und fingierte Widmungen und Anreden, Namenstereotype z. B. in der Anakreontik; namenpsychologische Deutungen und Anspielungen im Gedicht u. ä.) liegen meines Wissens keine speziellen Untersuchungen vor. Die Personennamen im Märchen behandelt – noch sehr allgemein – W. Funcke [104]. Auch die Unterhaltungs- und die Trivialliteratur ist namenkundlich noch sehr wenig erforscht. Von den zwei unten genannten Aufsätzen über die Namen im Kriminalroman ([102] Eis, [107] Gutschmidt) abgesehen, finden sich in dem recht umfangreichen Sekundärschrifttum über die Trivialliteratur im eigentlichen Sinne (vor allem Heftromane, Zeitungs- und Zeitschriftenromane) nur verstreut einzelne Bemerkungen über Art und Funktion der darin verwendete Namen, obwohl nicht zu übersehen ist, daß auch und gerade hier mit „suggestiven" und „klassifizierenden" Namen gearbeitet wird, die die Personen sehr deutlich entsprechend ihrer sozialen Stellung und ihrer Rolle im Roman charakterisieren, und daß man sich in den Romanserien gängigen Namenmoden anschließt. Nach einer Mitteilung in der *Münchener Statistik* (Nr. 7–8/1965, S. 164) erkundigen sich unter anderem „Verlage, wenn sie für ihre Romanserien attraktive Frauennamen suchen", bei den Statistischen Ämtern – und wohl auch bei den Standesämtern – nach den derzeit beliebtesten Vornamen. Da die Heft- und Zeitschriftenromane sehr verbreitet sind, tragen sie möglicherweise zur Verbreitung klischeehafter Vorstellungen über „Namenphysiognomien" (s. Kap. 2.9.) und zur Verstärkung bestehender Tendenzen in der Vornamengebung bei. (Übrigens sollen Adelsnamen in dieser Branche manchmal den Stammbäumen von Rassehunden entnommen sein.) – Grundsätzlich bieten alle fiktionalen „Textsorten" – bis hin zur Kleinform des Witzes – Ansatzpunkte für namenkundliche Beobachtungen.

[98] Birus, Henrik: Poetische Namengebung. Zur Bedeutung der Namen in Lessings „Nathan der Weise". Göttingen 1978 = Palaestra, Bd. 270 [Kap. A. III.: Zur Poetik der Eigennamen]

[99] Boesch, B.: Über die Namengebung mittelhochdeutscher Dichter; in: Deutsche Vierteljahrsschrift für Literaturwissenschaft und Geistesgeschichte 32, 1958, S. 241–262

[100] Daniels, Karlheinz (Hrsg.): Über die Sprache. Erfahrungen und Erkenntnisse deutscher Dichter und Schriftsteller des 20. Jahrhunderts. Eine Anthologie. Bremen 1966 = Sammlung Dieterich, Bd. 311 [S. 159–178: „Zauber der Namen"]

[101] Dornseiff, F.: Redende Namen; in: [26] ZNF 16, 1940, S. 24–38 und 215–218

[102] Eis, G.: Über die Namen im Kriminalroman der Gegenwart; in: [94] Eis, S. 59–92

[103] Fleischer, W.: Onomastik und Stilistik; in: [21] NI, Nr. 22, 1973, S.

5–12 [auch in: Actes du XIe Congrès International des Sciences Onomastiques, Bd. 1, Sofia 1974, S. 309–314]
[104] Funcke, E. W.: Die Namen im Märchen; in: Acta Germanica (Jahrbuch des südafrikan. Germanistenverbandes) 8, Kapstadt 1973 [1976], S. 19–42
[105] Gillespie, George T.: A catalogue of persons named in German heroic literature (700–1600), including named animals and objects and ethnic names. Oxford 1973 (Diss. London 1971)
[106] Gutschmidt, K.: Bemerkungen zum Gegenstand und zu den Aufgaben der poetischen (literarischen) Onomastik; in: [13] Beiträge zur Onomastik I, S. 110–116
[107] Gutschmidt, K.: Namen in Kriminalromanen von DDR-Schriftstellern; in: Studia Onomastica II (= [21] NI, Beih. 3), Leipzig 1981, S. 39–52
[108] Hellfritzsch, V.: Zum Problem der stilistischen Funktion von Namen; in: [15], S. 64–73
[109] Hellfritzsch, V.: Namen als stilistisches Mittel des Humors und der Satire; in: Sprachpflege 17, Leipzig 1978, S. 207–210
[110] Rajec, Elizabeth M.: The Study of Names in Literature: A Bibliography. New York 1978 [Korrekturen und Ergänzungen dazu in der Rezension von H. Birus in [20] BNF, N.F., 14, 1979, S. 325–350]
[111] Rathei, Rudolf: Der Ausdruckswert des Eigennamens in der Dichtung. Diss. Wien 1951 (maschinenschriftl.)
[112] Schneider, Georg: Die Schlüsselliteratur. 3 Bde., Stuttgart 1951–53
[113] Thies, Henning: Namen im Kontext von Dramen. Studien zur Funktion von Personennamen im englischen, amerikanischen und deutschen Drama. Frankfurt a. M./Bern/Las Vegas 1978 = Sprache und Literatur, Regensburger Arbeiten zur Anglistik und Amerikanistik, Bd. 13 [Kap. II und III]

S. a. [37] Debus, [93] Eis.

3. Die Vornamen

3.1. Bildungsweise

Hinsichtlich ihrer Bildungsweise werden die Vornamen gewöhnlich eingeteilt in (a) Vollformen, (b) Doppelvornamen, (c) Kurzformen, (d) Koseformen und (e) Lallformen (vgl. auch Kap. 3.7.1.).

(a) Als *Vollformen* bezeichnet man Namen, die nicht durch Kürzung aus einer längeren Ursprungsform entstanden und nicht durch Suffixe erweitert sind. Hierzu gehören Namen wie *Karl, Augustus, Margaret(h)e*, aber auch – und in erster Linie – die aus alter indoeuropäischer Tradition ererbten Kombinationen aus zwei Namengliedern: *Adel-bert, Irm-gard, Thor-björn, Niko-laus, Stani-slaw*. Für die durch Suffixe erweiterten Namen (z.B. *Augustinus < Augustus; Elisabeth-ina < Elisabeth; Maximilianus*, ursprünglich *Maximinianus, < Maximus*) fehlt ein Terminus. Häufig behilft man sich mit *Weiterbildung* oder *Erweiterung*. Als Basis für Kürzungen (z.B. *Elisabethina > Bettina*) gehören auch diese erweiterten Formen zu den Vollformen.

(b) Der Ausdruck *Doppelvorname* wird nicht einheitlich verwendet (s. [12] Witkowski 23; [164] Seibicke 149). In diesem Buch werden darunter Zusammenfügungen aus zwei auch selbständig vorkommenden Vornamen, Voll- oder Kurzformen, verstanden, gleichgültig, ob sie in einem Wort oder mit Bindestrich geschrieben werden: *Karlheinz/Karl-Heinz, Hansjürgen/Hans-Jürgen, Anneliese/Anna-Lisa, Marieluise/Marie-Luise*. An anderer Stelle habe ich dafür – analog zu *Vollform,, Kurzform* usw. – die Bezeichnung *Doppelform* verwendet ([169] Seibicke). Da auch Mehrfachzusammensetzungen begegnen, wären für diesen Typ die Bezeichnungen *Namenkopplung* oder *Koppelname (Koppelform)* vielleicht angemessener.

(c) Zu den *Kurzformen* zählen alle Arten der Kürzung von Vollformen, auch solche mit zusätzlichen Wortbildungsmitteln: *Kurt* aus *Konrad*, *Gerd* aus *Gerhard*, *Klaus* aus *Nikolaus*, *Max* aus *Maximilian*, *Bert* aus *Berthold*, *Heinz* aus *Heinrich*, *Fritz* aus *Friedrich*, *Otto* aus Vollformen, die mit *Ot-/Od-* gebildet waren. (Zur Entstehung und weiteren Unterteilung der Kurzformen s. S. 127 ff.)

(d) *Koseformen* (*Hypokoristika*) nennt man die mit Hilfe sogenannter Verkleinerungs- oder Diminutivsuffixe gebildeten Namen: *Rudi*, *Susi*, *Gretel*, *Karlchen* usw. Eine klare Scheidung zwischen Kurzformen und Koseformen ist freilich nicht möglich, weil einerseits die Bildung von Koseformen sehr oft mit der Kürzung des zugrunde liegenden Namens einhergeht, andererseits Kurzformen auch ohne Diminutivsuffixe als Koseformen gebraucht und verstanden werden.

(e) *Lallformen* (*Lallnamen*) schließlich sind aus dem „Sprechen der Kinder (vor allem der ganz kleinen), aber auch der Mütter und anderer im kosenden Umgang mit Kindern" ([8] Witkowski, 43) hervorgegangene ‚expressive Namensformen', die außer der Verkürzung noch mehr oder weniger starke lautliche Umgestaltungen erfahren haben, z.B. *Pepi* für *Seppi* (*Joseph*), *Pim* für *Willem* (*Wilhelm*), *Lale* für *Liselotte*, engl. *Bob* für *Robert*, *Dick* für *Richard*. Ihrer Funktion nach gehören sie ebenfalls zu den Koseformen.

Eine besondere Art der Namenneubildung ist die Kombination aus Bruchstücken von Namen. Als ältestes Beispiel führt Bach ([25], § 320) *Ca-Ba-Me* aus dem mittelalterlichen Epos vom „Jüngeren Titurel" an; in diesem Namen stecken die Anfangsbuchstaben der Namen der Heiligen Drei Könige Caspar, Balthasar und Melchior. *Auwi* für den Prinzen August Wilhelm von Preußen und *Jo Ho* für den ehemaligen saarländischen Politiker Johannes Hoffmann (Bach [25], a.a.O.) sind auf die gleiche Weise zustande gekommen, doch handelt es sich hier um Übernamen, nicht um eingetragene Vornamen. Tatsächlich beurkundet worden sind dagegen *Ancla* aus *An(na)* + *Cla(us)*, *Helmela* aus *Helm(ut)* + *(Gis)ela*, *Inja* aus *In(geborg)* + *Ja(kob)*, *Jama* aus *Ja(kob)* + *Ma(ria)*, *Hajo* aus *Ha(ns)* + *Jo(achim)*. Auf den ersten Blick ähnelt dieses Verfahren der germanisch-altdeutschen Kombination aus Bestandteilen der Rufnamen des Vaters und der Mutter (s. S. 125 f.). Der wesentliche Unterschied indessen besteht darin, daß in den modernen Bildungen willkürlich abgetrennte Buchstabenfolgen zusammengefügt und nicht etymologisch sinnhafte Namenglieder neu zusammengestellt werden. Ähnliche Erscheinungen findet man auch im Wortschatz, vgl. *Motor + Hotel > Motel*, *Kur + Urlaub > Kurlaub*. Die Anstöße dazu kamen vermutlich aus dem Angloamerikanischen, vgl. engl. *smoke* ‚Rauch' + *fog* ‚Nebel' > *smog*.

In diese Einteilung sind, wie leicht zu erkennen ist, historisch-diachronische Gesichtspunkte eingegangen. Eine streng synchronische, auf das gegenwärtige Namensystem bezogene strukturelle Analyse hätte von der Unterscheidung in zerlegbare (segmentierbare) und nicht-zerlegbare Vornamen auszugehen. Dieser Versuch soll hier aber nicht unternommen werden. (Am konsequentesten hat dies bisher Volker Kohlheim [118] für seine Untersuchung der Regensburger Rufnamen des 13. und 14. Jahrhunderts getan; für die neuzeitliche Namenanalyse sind auch die Arbeiten von [119] Horst Naumann und [117] Rainer Frank sehr aufschlußreich.) Eine Analyse, die sich ausschließlich an den segmentierbaren Einheiten orientierte und nicht auch das allgemeine Wissen über Zusammenhänge zwischen verschiedenen Namensformen einbezöge, ginge überdies an wichtigen Bestandteilen unserer Sprach- bzw. Namenkompetenz vorbei. *Kurt*, *Kunz* und *Fritz* beispielsweise würden in die Kategorie der nicht zerlegbaren und auch nicht aus dem übrigen Namenbestand ableitbaren Namen fallen; bei *Kunz* und *Kurt* wäre das auch vollauf gerechtfertigt; denn daß diese beiden Formen aus *Konrad* hervorgegangen sind, ist im Gedächtnis der Sprachgemeinschaft in Vergessenheit geraten. *Fritz* dagegen wird noch heute als Kurz- und Koseform für *Friedrich* gebraucht, und obwohl die Kurzform nicht nach einer in der Gegenwartssprache geltenden Regel aus der Vollform abgeleitet werden kann, weiß jedermann, daß *Fritz* zu *Friedrich* gehört. Solche und andere Beziehungen kann eine Analyse, die sich streng an die Ausdrucksseite hält, nicht aufdecken und in die Beschreibung einbeziehen.

3.2. *Umfang des Vornamenbestandes*

Wie groß das Repertoire ist, das bei der Suche nach einem Vornamen heute zur Verfügung steht, läßt sich nicht einmal schätzungs-

3.2. Umfang des Vornamenbestandes

weise angeben; denn theoretisch kommt jeder irgendwann irgendwo als Vor- oder Rufname belegte Name germanischen oder nichtgermanischen Ursprungs dafür in Betracht. Es können außerdem Namen oder Namenglieder zu einem neuen Namen zusammengefügt sowie neue Kurz- und Koseformen gebildet werden, und schließlich ist auch die Erfindung ganz neuer Vornamen möglich.

Aber auch über die Menge der in einem bestimmten Zeitabschnitt (etwa in den letzten fünf, zehn, zwanzig oder fünfzig Jahren) im deutschen Sprachgebiet für Kinder deutscher Eltern vergebenen oder der an einem bestimmten Stichtag von Menschen deutscher Nationalität getragenen Vornamen lassen sich keine genaueren Angaben machen, weil es eine solche Bestandsaufnahme nicht gibt, nicht einmal in einer repräsentativen – regionale, konfessionelle, soziale und Stadt-Land-Differenzen berücksichtigenden – Stichprobe. Das ist nicht verwunderlich, wenn man den dafür erforderlichen Aufwand bedenkt. Es ist andererseits bedauerlich, weil ohne eine solche Datenbasis eine exakte wissenschaftliche Untersuchung und Beschreibung des deutschen Vornamenbestandes und seiner Struktur – und folglich auch die sprachwissenschaftliche Absicherung der Rechtsprechung in strittigen Fällen – von vornherein blockiert ist. Bisher liegen nur lokale oder begrenzt regionale Einzeluntersuchungen vor, deren Wert freilich keineswegs unterschätzt werden soll.

Mit einer vollständigen oder auch nur annähernd repräsentativen Namensammlung allein ist die Frage, wieviele Vornamen zu einer bestimmten Zeit in Gebrauch sind, noch längst nicht beantwortet. Auf die Schwierigkeiten der Datenbeschaffung und -ordnung folgen die Probleme der Auswertung; denn man kann nach verschiedenen Prinzipien verfahren, die zu ganz unterschiedlichen Ergebnissen führen.

(1) Geht man vom Schriftbild aus (graphisches Prinzip), ist jeder Namenseintrag, der sich von anderen in einem einzigen Buchstaben unterscheidet, als eigener Name zu zählen. Danach sind z.B. *Helmut*, *Hellmut*, *Hellmuth*, *Helmuth* vier verschiedene Namen. Mit welchen Größenordnungen wir nach diesem Zählverfahren zu rechnen haben, lehrt ein vor kurzem erschienener Bericht aus Schweden ([114] Allén/Wåhlin). Am Göteborger Institut für

sprachwissenschaftliche Datenforschung wurden sämtliche Vornamen aller am 1.1.1973 in Schweden registrierten Einwohner (rd. acht Millionen) erfaßt, geordnet und ausgezählt. Diese Erhebung erbrachte die erstaunlich hohe Anzahl von rd. 80 000 verschiedenen Namensformen (bei insgesamt rd. 17,6 Millionen Namenbelegen). Darin sind allerdings auch die Vornamen von Einwanderern aus dem Ausland enthalten; sie machen sicherlich einen nicht geringen Teil der annähernd 40 000 nur einmal vorkommenden Vornamen aus. Aber selbst wenn man nur die Namenformen zählt, die zehnmal und öfter belegt sind, kommt man noch immer auf gut 10 500 graphisch voneinander unterschiedene Formen. Dieses Ergebnis läßt sich wahrscheinlich im großen und ganzen auf die Verhältnisse im deutschen Sprachgebiet übertragen; denn obgleich die Zahl der Einwohner allein in der Bundesrepublik mehr als siebenmal so groß ist, darf man nicht annehmen, daß die Anzahl der unterschiedlichen Formen im gleichen Maße steigt. Von einem bestimmten statistischen Niveau an wächst die Anzahl der neu hinzukommenden Formen nur noch sehr langsam. Man wird also damit rechnen können, daß im gesamten deutschen Sprachgebiet, wenn man die Vornamen der nicht-deutschen Einwohner abzieht, etwa 10 000–12 000 im Schriftbild voneinander abweichende Namensformen im Gebrauch sind. Eine von der Schweizerischen Lebensversicherungs- und Rentenanstalt erarbeitete Statistik allein der im Zeitraum von etwa 1950 bis 1975 beliebtesten Vornamen in der Schweiz ([115]; wie die Erhebung vonstatten ging, wird leider nicht mitgeteilt) kommt schon auf über 3000 verschiedene Formen.

[114] Allén, Sture, und Staffan Wåhlin: Förnamnsboken. Stockholm 1979
[115] Kennen Sie die seit 25 Jahren in der Schweiz beliebtesten Vornamen von Mädchen und Knaben? Hrsg. von der Schweizerischen Lebensversicherungs- und Rentenanstalt, Zürich o. J. (ca. 1975).

(2) Die Menge der verschiedenen Namen verringert sich, wenn man nach dem phonischen Prinzip vorgeht, das heißt, Namen, die sich im Schriftbild voneinander unterscheiden, aber in der Aussprache übereinstimmen, als graphische Varianten eines Namens behandelt. *Helmut*, *Hellmut*, *Hellmuth*, *Helmuth* sind demnach vier Schreibvarianten des einen Namens ['hɛlmut]. Eine solche Zählweise ist nicht zuletzt dadurch gerechtfertigt, daß solche Varianten

nicht nebeneinander für ein und dasselbe Kind eingetragen werden dürfen. Das gleiche gilt folglich auch für [maik] mit den graphischen Realisationen *Maik*, *Meik* und *Mike*, auch wenn möglicherweise dt. *Meik* und engl. *Mike* (Kurzform zu *Michael*) etymologisch nicht zusammengehören (s. [116] Seibicke). Als „Normalform" für die alphabetische Ordnung empfiehlt sich entweder die der phonetischen Umschrift am nächsten kommende oder die am häufigsten anzutreffende Schreibweise (z.B. *Maik*, *Helmut*). Homographe Namen – solche also, die sich zwar in der Aussprache, aber nicht im Schriftbild voneinander abheben – müssen nach diesem Prinzip des „idem sonans" konsequenterweise als verschiedene Namen(muster) getrennt aufgeführt werden, z.B. bei deutscher versus englischer Aussprache eines Namens: [paˈtriːtsi̯a] vs. [pɛˈtriʃə] *Patricia*, [ˈziːmɔn] vs. [ˈsaimən] *Simon*; vgl. auch *Beatrice*: ital. [beaˈtriːtšə] vs. frz. [beaˈtri·s]. Weiterhin ist nicht geklärt, wie man bei unterschiedlicher Betonung homographer Namenformen – z.B. [ˈhɛlənə] oder [hɛˈleːna] für *Helena*, [naˈtaːli̯ə] oder [nataˈliː] oder [ˈnatali·] für *Nat(h)alie* – vorgehen soll und ob auch [siˈmoːn] und [ziˈmoːnə] *Simone* oder [iˈvɔn] und [iˈvɔnə] *Yvonne/Ivonne* als verschiedene Namen eingestuft und gezählt werden sollen. Die strikte Anwendung des phonischen Prinzips scheitert gewöhnlich daran, daß nur schriftliche Quellen für die Analyse zur Verfügung stehen, die die Aussprachedifferenzen nicht erkennen lassen. In der Praxis wird man bei Untersuchungen der Struktur eines synchronen Namenrepertoires einen Kompromiß zwischen diesen beiden Prinzipien schließen müssen, indem man einerseits Schreibvarianten zusammenfaßt, wenn sie keine Ausspracheunterschiede anzeigen, andererseits Ausspracheunterschiede, die sich nicht im Schriftbild spiegeln, unbeachtet läßt.

[116] Seibicke, W.: Die Vornamen *Mike* und *Maik* (*Meik*); in: Das Standesamt 1968, S. 81–83

(3) Beobachtungen am Namenmaterial führen zu der Einsicht, daß bestimmte Namenbildungselemente regelmäßig austauschbar sind, also offenbar keine namenunterscheidende (distinktive) Funktion haben. So gilt zum Beispiel für die Gegenwartssprache, a) daß alle weiblichen Vornamen, die auf Konsonant + *a* ausgehen, auch auf Konsonant + *e* enden können und umgekehrt (*Inge–Inga*, *Ute–*

Uta, *Margarete* − *Margareta* usw.), auch wenn nicht immer beide Varianten belegt sind, b) daß viele weibliche Vornamen durch *-a* und *-e* und unter bestimmten Bedingungen auch durch *-is* erweitert werden können (z. B. *Karin* − *Karina*, *Gertrud* − *Gertrude* − *Gertruda* − *Gertrudis*, *Hildegard* − *Hildegardis*) und c) daß oftmals das *-a* oder *-e* einer Vollform abgestoßen werden kann (vgl. *Isabella* − *Isabelle* − *Isabel(l)*, *Carolina* − *Caroline* − *Carolin/Carolyn*, *Susanna* − *Susanne* − *Susan(n)*, *Marlene* − *Marle(e)n* u. a. m.). Wie sehr gerade die Austauschbarkeit von *-a* und *-e* bei Mädchennamen das Sprachgefühl beeinflußt, zeigt die gelegentliche Verwendung von *Helge*, einem aus dem Nordischen entlehnten männlichen Vornamen, als Frauenvorname; anscheinend ist *Helge* als Variante von *Helga* verstanden worden (s. auch S. 109). Eine ähnlich regelhafte Beziehung besteht bei Männervornamen zwischen Formen mit *−(i)us* und solchen ohne diese Endung, gleichgültig, ob die lateinische maskuline Endung originär ist oder erst nachträglich an Namen anderer Ursprungs angehängt wurde: *Aurelius* − *Aurel*, *Paulus* − *Paul*, *Antonius* − *Anton*, *Augustinus* − *Augustin*, *Hubertus* − *Hubert* usw. (Ausgenommen sind wenige männliche Vornamen, die mit Hilfe der lateinischen Endung *-us* aus nicht-lateinischen Mädchennamen abgeleitet wurden: *Gesinus, Gretus*.) Vermutlich würden die Standesämter die Eintragung zweier solcher Namensformen für ein Kind ebenso verweigern wie die zweier Schreibvarianten (s. o.). − Zu den systematischen Möglichkeiten, eine Grund- oder Basisform abzuwandeln, gehören auch die Diminutivbildungen mit *-chen* (*Gretchen*, *Hänschen*), *-el* (*Gretel*, *Hänsel*) und *-i* (*Greti*, *Hansi*), während zum Beispiel solche mit *-ing* (*Henning*) oder *-(t)z* (*Heinz*, *Kunz*, *Fritz*) in der Gegenwartssprache nicht mehr produktiv sind. Mit Hilfe dieses morphematischen Namenvariationsprinzips läßt sich die Vielfalt der graphisch und lautlich verschiedenen Namensformen noch weiter auf bestimmte Grundmuster reduzieren. Für historische Untersuchungen ist diese Rückführung der Spielarten (Allonome) auf bestimmte Muster (Nomeme; die Terminologie nach [118] Kohlheim) wichtig, weil davon unter anderem die Entscheidung abhängt, ob wechselnde Namensformen in den Urkunden − z. B. *Stepfan*, *Stepfel*, *Steffan* − sich auf ein und dieselbe Person beziehen (können) oder auf verschiedene Personen schließen lassen. Geht man über die Differenzierung in männliche und weibliche

3.2. Umfang des Vornamenbestandes 103

Vornamen hinaus, kann man auch *Jakob*, *Jakobus*, *Jakoba*, *Jakobea*, *Jakobine* oder *Heiko*, *Heike*, *Heikea* usw. als Varianten jeweils eines Namenmusters (Archinomems) JAKOB bzw. HEIK- auffassen und beschreiben.

(4) Als letzte Möglichkeit, das Namenrepertoire eines bestimmten Zeitabschnittes ohne Zuhilfenahme sprachgeschichtlicher Kenntnisse zu erfassen und zu ordnen, sei das synchron-etymologische Prinzip erwähnt. Hierbei werden diejenigen Namen zusammengefaßt, die nach Meinung und/oder Wissensstand der sprachhistorisch nicht „gebildeten" Sprachteilhaber als zusammengehörig, also als Varianten einer Grundform empfunden werden. Nachweislich ist das bei *Rainer* und *René* der Fall, die in manchen Statistiken zusammengefaßt werden, und mir scheint, daß auch der zur Zeit beliebte Mädchenname *Sabrina* von vielen Eltern als moderne Abwandlung des bekannten Namens *Sabina* aufgefaßt wird. Weil aber die Bestimmung der Namenmuster nach diesem Prinzip aufwendige Befragungen erfordern würde, die viele methodologische Probleme aufwerfen, und die Ergebnisse möglicherweise von Individuum zu Individuum differieren, wird man dieses Verfahren praktisch nicht anwenden.

(5) Schließlich gibt es noch das diachron-etymologische Prinzip, nach dem alle Namen, die sich auf eine gemeinsame Ursprungsform zurückführen lassen, als Varianten eines Namenmusters behandelt werden. *Johannes*, *Hannes*, *Johann*, *Hans*, *Jan*, *Jens*, *Jean*, *John*, *Jack*, *Iwan*, *János*, *Giovanni*, *Johanna*, *Hanna*, *Hanne*, *Hanni*, *Jeanne*, *Jean(n)ette*, *Jean(n)ine*, *Jana*, *Jenny* usw. oder *Gertrud*, *Gertrude*, *Gertraud(e)*, *Gerta*, *Gerti*, *Trude*, *Traude(l)*, *Traute* usw. erscheinen dann jeweils als Verzweigungen aus einer Wurzel. (Doppelformen wie *Hans-Jürgen* und *Annerose* müßten dabei wieder in ihre Bestandteile zerlegt werden.) Auf diese Weise gelangt man zu schätzungsweise 2000 bis 2500 Namenfamilien (ich verwende das Wort *Namenfamilie* analog zu *Wortfamilie*), in die sich alle heute im Deutschen vorkommenden Vornamenformen einordnen lassen. Diese Ordnung ist freilich völlig unhistorisch, weil sie überhaupt nicht berücksichtigt, wann und wo eine Form entstand und woher sie entlehnt wurde (s. a. Kap. 3.5.); und für die Beschreibung eines synchronen Namenbestandes ist dieses Verfahren insofern ungeeig-

net, als es von etymologischen Kenntnissen ausgeht, die die Sprachteilhaber entweder gar nicht besitzen oder die für ihre Nameneinschätzung und -wahl unwichtig sind. Deshalb dürfen etymologisch verwandte Namen als selbständige Vornamen nebeneinander eingetragen werden (z. B. *Heinz Henning Heinrich*, *Christine Christel*, *Marianne Annemarie*; die Beispiele sind nicht erfunden). Dennoch wird man auf eine etymologische Betrachtungsweise auch bei synchronischen Untersuchungen nicht ganz verzichten wollen; denn es ist nicht zu übersehen, daß zu gewissen Zeiten einzelne Namenfamilien bevorzugt werden und besonders reichhaltig vertreten sind (s. S. 144). In solchen Fällen deckt sich das diachron-etymologische Prinzip teilweise mit dem synchron-etymologischen (4).

In wechselnder Mischung kann man alle diese Verfahren in den zur Zeit vorliegenden Vornamenuntersuchungen und -statistiken antreffen. Die Ergebnisse der Einzelarbeiten sind demzufolge oft gar nicht oder nur bedingt miteinander vergleichbar. Es wäre zu wünschen, daß künftig jeweils ein Ordnungsprinzip konsequent durchgehalten und darüber hinaus das Namenmaterial so aufgeschlüsselt dargeboten würde, daß es nach einem der anderen Prinzipien umgeordnet werden kann.

Beispiele für Strukturanalysen liefern:

[117] Frank, Rainer: Zur Frage einer schichtenspezifischen Personennamengebung. Neumünster 1977 = Kieler Beiträge zur deutschen Sprachgeschichte, Bd. 1
[118] Kohlheim, Volker: Regensburger Rufnamen des 13. und 14. Jahrhunderts, Linguistische und sozio-onomastische Untersuchungen zu Struktur und Motivik spätmittelalterlicher Anthroponyme. Wiesbaden 1977 = Zeitschrift f. Dialektologie u. Linguistik, Beih. 19
[119] Naumann, H.: Entwicklungstendenzen in der Rufnamengebung der Deutschen Demokratischen Republik; in: [15], S. 147–191

3.3. Lautstruktur

Eine Überschlagsrechnung am Material meines Vornamenbuches ([172] Seibicke) ergab, daß zwei- und dreisilbige Vornamen am häufigsten sind; sie machen zusammen fast 80% des gesamten Bestandes aus (Bindestrichkoppelungen nicht mitgerechnet):

3.3. Lautstruktur

	männl.	weibl.
einsilbig	17%	1 %
zweisilbig	37%	40 %
dreisilbig	38%	40,5%
viersilbig	7%	17 %
fünfsilbig	1%	1,5%
	100%	100%

Die Prozentzahlen sind natürlich nur als grobe Annäherungswerte zu betrachten. Schon bei der Festlegung der Silbenzahl stellen sich große Probleme ein, zum Beispiel: Werden *Nadine* und *Yvonne* zwei- oder dreisilbig gesprochen? Welche Namen sind doppelt zu zählen (z.B. *Beatrice*: dreisilbig nach französischer Aussprache, viersilbig nach italienischer Aussprache)? Wie soll bei Differenzen zwischen Schreib- und Sprechsilben (*Chri-sti-a-ne* oder [kris-tja-ne]) verfahren werden? Trotz allen Unsicherheiten bei der Zählung ist ein deutlicher Unterschied zwischen männlichen und weiblichen Vornamen bei den Einsilbern und bei den Viersilbern feststellbar: Einsilbige Mädchennamen sind selten, und zwar deshalb, weil es in dieser Gruppe keine Kurzformen wie *Kurt, Fritz, Hans, Fried, Bert* usw. unter den Jungennamen gibt und weil viele weibliche Namen Genus- oder Movierungssuffixe wie *-a, -e, -ea, -ina* aufweisen. Viersilber dagegen kommen häufiger bei den weiblichen Vornamen vor, und auch das erklärt sich zum Teil aus den Movierungssuffixen (vgl. z.B. *Jakob: Jacobea, Jacobine*).

Unter den zweisilbigen Namen überwiegen solche vom Betonungstyp Xx (Akzent auf der ersten Silbe): *Thomas, Stefan, Wilhelm; Tanja, Birgit, Gerda*, doch ist bei den Mädchennamen auch der Typ xX vor allem durch die aus dem Französischen entlehnten Namen (*Annett, Babette, Nicole, Yvonne*) recht gut vertreten. Bei den Dreisilbern kann man drei Betonungstypen unterscheiden: Xxx (*Michael, Konradin, Eduard; Hildegard, Melanie*), xXx (*Matthias, Roberto, Leander, Jakobus; Sabine, Brigitte*) und xxX (*Alexej*; frz. *Beatrice, Désirée*). Von ihnen ist der erste Typ bei den Jungennamen, der zweite Typ bei den Mädchennamen zahlreicher vertreten; der dritte Typ ist in beiden Gruppen ziemlich selten. Viersilbige Jungennamen gehören hauptsächlich dem Typ xXxx (*Sebastian*), in geringerer Zahl dem Typ xxXx (*Amadeus*) an; bei den Mädchennamen ist es umgekehrt, hier rangiert der Typ xxXx (*Margarete*, *Josefine*, *Marianne*) vor xXxx (*Elisabeth*, *Viktoria*); andere Betonungstypen bleiben Ausnahmen. Fünfsilber unter den Jungennamen sind am ehesten dem Typ xxXxx (*Maximilian*) zuzurechnen, unter den Mädchennamen ist der Typ xxxXx bzw. – mit Nebenton auf der ersten Silbe – x̀xxXx (*Adelaide*, *Eberhardine*, *Annaluise*) verbreiteter als xxXxx (*Aloisia*, *Annabarbara*). Die Beispiele deuten bereits an, daß eine Reihe der mehrsilbigen Namen auf Zusammensetzung ursprünglich selbständiger Namen zurückgeht. Auch Einflüsse fremdsprachiger Namenbildung auf die Ausprägung bestimmter Betonungstypen sind erkennbar.

Die eben beschriebene Verteilung beruht auf Sammlungen des gegenwärtigen Vornamenrepertoires. Zu anderen Zeiten war der Namenbestand zweifellos anders strukturiert. Das ist bei historischen Analysen zu berücksichtigen. Außerdem wird von den vorhandenen Mustern zu verschiedenen Zeiten unterschiedlich oft Gebrauch gemacht; einmal werden kürzere, ein andermal längere Namen bevorzugt. Nach Beobachtungen an der Vornamengebung in Heidelberg in den 70er Jahren sind zur Zeit bei den Jungennamen die Zweisilber über- und die Zwei- und Dreisilber unterrepräsentiert, wie die folgende Gegenüberstellung der Relationen im Namenbestand (types) und der Verhältnisse im tatsächlichen Namengebrauch (tokens) zeigt (in %):

	Jungennamen								
	Ein-silber		Zwei-silber		Drei-silber		Vier-silber		Fünf-silber
types	17	:	37	:	38	:	6	:	1
tokens	20	:	52	:	24	:	4	:	0

	Mädchennamen								
	Ein-silber		Zwei-silber		Drei-silber		Vier-silber		Fünf-silber
types	1	:	40	:	40	:	17	:	2
tokens	1	:	40	:	43	:	16	:	0

Die meisten weiblichen Vornamen in dem probeweise zugrunde gelegten Material beginnen mit *A*, *M*, *E*, *S*, *L*, *G*, *H*, *R*, *B* oder *I*, die

3.4. Geschlechtsspezifik

meisten männlichen Vornamen mit den Buchstaben A, H, E, G, R, B, F, W, L, M, T oder S. Wie dieser Vorrat heute ausgenutzt wird, zeigt der Vergleich mit den 1972–1976 tatsächlich in Heidelberg vergebenen Vornamen (Erst- und Einzelvornamen), die mindestens fünfmal in der Gesamtmenge vorkamen (jeder Namenbeleg ist einzeln gezählt):

	männliche Vornamen		(Heidelberg 1972–76)		weibliche Vornamen		(Heidelberg 1972–76)
	types %	token %			types %	token %	
A	9	8		A	10	11	
B	6	2		B	5	5	
C	4	8		C	4	11	
D	4	4		D	4	4	
E	7	1		E	7	3	
F	5	5		F	4	3	
G	7	2		G	6	1	
H	9	4		H	6	2	
I	2	–		I	5	2	
J	4	9		J	4	5	
K	3	3		K	4	8	
L	5	1		L	6	–	
M	5	19		M	9	11	
N	2	1		N	2	7	
O	3	2		O	2	–	
P	2	3		P	2	2	
Q	–	–		Q	–	–	
R	7	5		R	6	1	
S	5	10		S	6	19	
T	5	10		T	4	6	
U	1	1		U	1	2	
V	2	1		V	2	1	
W	5	–		W	3	–	
X	–	–		X	–	–	
Y	–	–		Y	–	1	
Z	–	–		Z	1	–	
	102	99			103	102	

(– bedeutet: weniger als 1%; wegen der Auf- und Abrundungen liegen die Endsummen nicht genau bei 100%.)

Veränderungen in der Häufigkeitsverteilung können Aufschluß geben über Wandlungen in der sogenannten Vornamenmode, im Geschmack; es hat ja sicherlich auch etwas mit dem Gefühl für Schönheit und Modernität der Vornamen zu tun, wenn bestimmte Lautformen zu einer Zeit bevorzugt und zu einer anderen gemieden werden. Als erster hat B. Link ([120], 64−84) den Versuch unternommen, die Unterschiede in der Lautstruktur der Lieblingsnamen aufeinander folgender Namen„generationen" herauszuarbeiten.

[120] Link, Bernhard: Die Rufnamengebung in Honnef und Wermelskirchen von 1900 bis 1956. Phil. Diss. Köln 1966

3.4. *Geschlechtsspezifik*

Die meisten der im Deutschen vorkommenden Vornamen sind geschlechtsspezifisch, können also ohne Schwierigkeiten in ‚männliche' und ‚weibliche' Vornamen aufgeteilt werden. Erkennungsmerkmale sind, wie ein rückläufig geordnetes Namenverzeichnis zeigt ([172] Seibicke 332 ff.), entweder (a) reihenbildende Namenglieder oder (b) bestimmte Endungen.

(a) Namen beispielsweise, die auf *-bald, -bert, -bold, -bod, -brand, -brecht, -fred, -fried, -hart/-hart, -helm, -(h)old, -(h)er, -gar, -ger, lieb, -mann, -mar, -mund, -nand, -rad/-rat, -ram, -rand, -rich, -slaw, -wald, -ward/-wart, -(w)olf, -(w)ulf, -win* ausgehen, sind stets maskulin (einzige Ausnahme: *Dagmar*); Namen, die auf *-borg, -burg, -gard, -gund, -hild, -lind, -run, -tr(a)ud/-traut* enden, sind stets feminin;

(b) *-o* kennzeichnet in der Regel, *-(i)us* immer männliche Vornamen; *-a* und *-e* kennzeichnen überwiegend, *-ina/-ine* und *-ette* ausnahmslos weibliche Vornamen (s. auch Kap. 2.6.1.); *-is*, an bekannte Namenformen, die auf *-d* ausgehen, angehängt, kommt ebenfalls nur bei weiblichen Namen vor.

Ist keines der beiden Merkmale vorhanden (z.B. bei *Margret, Marion*; *Max, Dennis*) oder tritt das reihenbildende End-Element in Namen sowohl für das eine wie das andere Geschlecht auf (vgl. *-mut* in *Almut, Fro(h)mut, Hildemut* w. − *Helmut, Freimut, Hartmut* m; oder *-wig* in *Hadwig, Hedwig, Heilwig* w. − *Ludwig, Hartwig,*

Herwig m.), kann davon ausgegangen werden, daß „man weiß", auf welches Geschlecht der betreffende Name anwendbar ist. Ein solcher Name ist aufgrund seiner durchschaubaren Beziehung zu verwandten Namensformen und/oder einfach durch Gebrauch (Konvention) fest als männlicher oder als weiblicher Vornamen im Sprachbesitz deutscher Sprecher verankert. Bekannt ist auch, daß Pflanzenbezeichnungen – vor allem Blumennamen – nur für weibliche Personen verwendet werden; deshalb werden z. B. *Iris, Jasmin, Amaryllis, Akelei, Viola* mit der gleichen Selbstverständlichkeit den weiblichen Namen zugeschlagen wie *Erika, Heide, Linde, Birke* (mögen auch die vier letztgenannten Vornamen etymologisch nichts mit den gleichlautenden Pflanzenbezeichnungen zu tun haben).

Die Wirksamkeit der geschlechtsspezifischen Merkmale im Namengebrauch und -verständnis offenbart sich darin, daß Namen, die dieser Einteilung widersprechen, „falsch" verstanden oder mißdeutet werden. Beispiele hierfür sind *Helge* (nord.), *Wanja* (russ.), *Indra* (ind.), die nicht zuletzt ihres Endvokals wegen verschiedentlich schon als Mädchennamen eingetragen worden sind; und es soll auch schon vorgekommen sein, daß eine *Inger* zur Musterung bei der Bundeswehr vorgeladen wurde.

Die Aufteilung der Namen nach dem Geschlecht geht allerdings nicht vollständig auf. Es bleibt ein Rest von Namen, die sowohl von männlichen wie auch von weiblichen Personen getragen werden können. Dies sind einmal geschlechtsindifferente Kurz- und Koseformen wie *Toni, Maxi, Sigi, Christel* (in den vierziger Jahren kam *Christel* im Oberdeutschen auch noch als Jungenname vor), *Friedel, Gustl* und – aus dem Englischen übernommen – *Conny, Ronny, Sandy*. Zum anderen fallen hierunter zahlreiche niederdeutsche Formen auf *-ke*, die ihrer Entstehung nach (nd. *-ke* entspricht hd. *-chen*) Kosenamen für beide Geschlechter bilden, es sei denn, die Ausgangsform ist ein reiner Mädchenname (z.B. *Anke* zu *Anna*, *Silke* zu *Cäcilie*, *Maike* zu *Maria*). Zum dritten sind Namen entlehnt worden, die schon im Ausland nicht eindeutig sind, wie *Kim, Kai, Kevin, Dominique* und die schon erwähnten englischen Koseformen. Ein weiterer Störfaktor ist die Entlehnung von Namen oder Namensformen, deren Bildungsweise formal gegen die oben genannten Regeln verstößt, z.B. *Sascha, Ilja, Grischa, Mischa, Kolja,*

Kostja, Wanja, Aljoscha (russ.), *Joscha* (ungar., russ., hebr.), *Micha, Jephtha* (hebr.), *Attila, Béla* (ungar.), *Jorma* (finn.), *Gösta* (schwed.), *Aranya, Krishna* (ind.) für Jungen und *Ildiko* (ungar. < ostgerman. *Hildiko* = ‚Hildchen'), *Pirkko* (finn.), *Yuriko, Mariko* (japan.) für Mädchen.

3.5. Deutsche und ausländische Vornamen

Im Aufbau unseres Vornamenbestandes können wir unterscheiden zwischen einheimischen – sog. deutschen – Namen und Lehnnamen.

Als deutsch werden solche Namen bezeichnet, die sich auf bezeugte oder erschlossene Vorformen (west)germanischen Ursprungs in frühdeutscher Zeit (etwa 750–1150) zurückführen lassen oder ihnen nachgebildet sind. Außerdem gehören zu dieser Gruppe die im 17./18. Jahrhundert neu geschaffenen Satznamen: *Fürchtegott, Thurecht* usw.

Lehnnamen sind in anderen – germanischen wie nicht-germanischen – Sprachen entstanden und von dort hereingeholt worden. Die Gründe für solche Anleihen beim Ausland können liegen: im Zusammenleben gemischtsprachiger Bevölkerung (z.B. im deutsch-dänischen oder im deutsch-französischen Grenzgebiet), in familiären oder freundschaftlichen Bindungen an Menschen anderer Muttersprache, in der Liebe zur Sprache und Kultur eines anderen Volkes, in religiösen oder weltanschaulichen Überzeugungen (etwa bei der Wahl von Namen aus der Bibel oder dem Heiligenkalender, aus den Zentralgebieten des Buddhismus oder des Islams; bei der Wahl von Namen ausländischer Freiheitskämpfer usw.), in ästhetischen Maßstäben (der fremdsprachige Name wird als besonders klangvoll und schön empfunden) und in der Freude am Neuen, Ungewohnten und Ungewöhnlichen. Zum Ausbau unseres Vornamenschatzes haben vor allem das Hebräische, das Lateinische, das Griechische, das Französische, das Russische, das Englische, die nordischen Sprachen, das Italienische und das Spanische beigetragen.

In den modernen deutschen Vornamenbüchern nehmen die deutschen Vornamen immer noch einen großen Raum ein, und auch in manchen örtlichen oder regionalen Bestandsaufnahmen aller ge-

3.5. Deutsche und ausländische Vornamen

bräuchlicher Vornamen sind sie recht zahlreich vertreten, doch darf man dabei zum einen nicht übersehen, daß die Bücher eine ganze Reihe altdeutscher Namen enthalten, die zwar noch „im Angebot" sind, aber schon vor langer Zeit aus der Mode kamen, und zum anderen, daß diese Namen oft nur jeweils ein- oder zweimal belegt sind und auch dies nicht selten nur als Beivornamen, während Lehnnamen viel häufiger vergeben werden – für Mädchen noch mehr als für Jungen – und die Masse der Rufnamen ausmachen. Seit einiger Zeit sind in der Bundesrepublik, neben einem Grundstock biblischer und antiker (griech.-lat.) Namen, hauptsächlich solche französischer, slawischer, nordischer und englischer Herkunft gefragt. Das ist fast die gleiche Sprachenliste wie oben, doch werden jetzt andere Namen als früher ausgewählt. In der DDR scheinen sich nach den vorliegenden Meldungen englische Namen (auch und gerade solche, die in der Bundesrepublik keine große Nachfrage finden, wie *Mandy*, *Peggy*, *Ronny*) noch größerer Beliebtheit zu erfreuen als bei uns, während russische Namen in geringerer Zahl vertreten sind.

Viele der entlehnten Namen haben sich im Laufe der Zeit so fest eingebürgert und sind auch in den Mundarten so umgestaltet und den heimischen Namen angepaßt worden, daß sie nicht mehr als fremd empfunden werden und daß oft nur noch der Sprachwissenschaftler ihre Herkunft anzugeben vermag. Theoretisch könnte man, wie im Wortschatz zwischen Fremd- und Lehnwörtern, hier zwischen Lehnnamen (einverleibten Namen nicht-deutscher Herkunft) und Fremdnamen (noch als fremd kenntliche oder als fremd empfundene Namen) unterscheiden ([30] Bach § 321), stünde dann aber vor den gleichen Abgrenzungsschwierigkeiten wie in der Fremd- und Lehnwortforschung. Manchem von uns werden deutsche Namen wie *Arbogast*, *Erkenbald*, *Swidger*, *Roswitha*, *Kunigunde*, *Aleit* fremdartiger anmuten als *Hans*, *Paul*, *Peter*, *Grete*, *Bärbel*, *Marei*, *Stefan*, *Thomas* und *Christine*. Etymologisch „erklären" können die meisten ja selbst Namen wie *Gisela*, *Hildegard*, *Hildegunde*, *Brunhilde*, *Konrad*, *Bertold*, *Dietmar* nur mit Hilfe von Vornamenbüchern, weil die Bestandteile, aus denen sie zusammengesetzt sind, in der Gegenwartssprache selbständig nicht mehr existieren. Deshalb kann es auch geschehen, daß über das Ausland – als Fremdnamen – Namen hereingeholt werden, die eigentlich gar nicht fremd sind, sondern einstmals dem Deutschen entlehnt wurden, z. B. *Wencke* (ursprünglich eine nd. Kurz- und Koseform von Zusammensetzungen mit *Wern-*, zum germanischen Stammesnamen der Warnen).

Für die sprachliche Klassifizierung eines entlehnten Namens ist nicht die Sprache maßgebend, in der sein etymologischer Ursprung zu suchen ist, sondern diejenige, aus der er übernommen wurde, bildlich gesprochen: die jeweils vorletzte Station auf seinem Wanderweg. *Patrick* ist infolgedessen bei uns ein Lehnname aus dem Englischen, *Pascal* ein Lehnname aus dem Französischen, obgleich der erste etymologisch auf lat. *Patricius* und der zweite auf hebr.-griech. *paschalis* zurückgeht. Ebenso werden ja auch *Iwan* als russisch, *Jean* als französisch, *János* als ungarisch, *Jack* als englisch eingestuft, obwohl sie alle aus hebr.-griech. *Johannes* hervorgegangen sind; denn entstanden sind die Formen nicht im Hebräischen oder Griechischen, sondern erst in den anderen genannten Sprachen, und von dort gelangten sie dann zu uns. Aus den gleichen Überlegungen dürfen *Johann*, *Hannes*, *Hans* und *Jan* nicht zu den Lehnnamen gestellt werden. Entlehnt worden ist *Johannes*; die anderen genannten Formen sind deutsch insofern, als sie erst im Deutschen zustande kamen. Eine Klassifikation der Namen nach der Sprache ihrer etymologischen Urbilder bringt deshalb wenig oder nichts ein. Entlehnungsvorgänge gibt es überdies auch innerhalb einer Nationalsprache. Solche „innere Entlehnung" liegt vor, wenn sich Namen, die aus sprachlichen oder sonstigen Gründen einer bestimmten Landschaft bzw. deren Bevölkerung angehören, über diese Kreise hinaus im übrigen deutschen Sprachgebiet verbreiten. Musterbeispiel dafür aus der jüngsten Vergangenheit ist die Weitergabe niederdeutscher Namenformen bis tief nach Süddeutschland hinein, sogar bis in die Schweiz, nach Österreich und zu den Siebenbürgendeutschen. Umgekehrt kann man Namen wie *Florian*, *Tobias*, *Markus* im niederdeutschen Sprachraum als Entlehnungen aus Oberdeutschland ansprechen.

Schließlich ist noch daran zu erinnern, daß die wenigsten ausländischen Vornamen, die heute in Mode sind, unmittelbar den Fremdsprachen entlehnt sind. Ist ein fremdsprachiger Name erst einmal eingeführt, verbreitet er sich, wenn man Geschmack an ihm findet, im Lande, ohne daß jedesmal auf das ausländische Vorbild zurückgegriffen werden müßte. „Die Angabe, aus welcher Sprache ein Name übernommen worden ist, betrifft also lediglich das Namenmuster (type) und nicht den konkreten Einzelfall (token)" ([172] Seibicke 115). Auch die Wiederbelebung der in den Vornamenbüchern als hebräisch, griechisch, lateinisch bezeichneten Vornamen *Michael, Thomas, Christian, Andreas, Alexander, Gabriele, Sabine, Susanne* usw. nach 1945 ist deshalb eher als eine Anleihe bei der eigenen Vergangenheit zu verstehen.

Aus Fremdsprachen übernommene Vornamen werden in der Aussprache und Betonung den Regeln des Deutschen angepaßt und auf diese Weise sprachlich integriert. Aus ungar. *Ilona* mit dem Akzent auf der ersten Silbe wird bei uns beispielsweise [i'lo:na], aus russ. *Iwan* mit Betonung auf der zweiten Silbe dagegen ['iva:n]. Stimmloses *s* im Anlaut vor Vokal wird im Deutschen stimmhaft, vgl. frz. [si'mɔ·n], dt. [zi'mo:nə] für *Simone;* vor [t] geht [s] im Anlaut gewöhnlich in [š] über, beispielsweise in *Stana, Stanislav* oder in *Stella*. Gelegentlich wird von den Eltern eine noch weiter gehende Assimilation fremdsprachiger Vornamen gewünscht: sie sollen der Aussprache gemäß ins Deutsche übertragen werden, also z.B. *Saimen, Maikel/Meikel, Claif, Pätrische, Fränk, Sändy* statt engl. *Simon, Michael, Clive, Patricia, Frank, Sandy* oder *Robe(e)r, S(c)haklin, Rönne, Nadin* statt frz. *Robert, Jacqueline, René, Nadine* (s. [122] Schlimpert 130; [172] Seibicke 80, Fußn. 94). Solche Eindeutschungsversuche kommen einerseits dadurch zustande, daß die Namen nur vom Hörensagen bekannt sind und entsprechende Fremdsprachenkenntnisse fehlen; in anderen Fällen möchten die Eltern verhindern, daß der Name ihres Kindes wie der homographe deutsche Vorname (z.B. ['michae:l] statt [maikl]) oder „falsch", nämlich buchstabengetreu, ausgesprochen wird (z.B. [na'dine] statt [na'di·n]). Nach der geltenden Rechtschreibnorm (Duden-Rechtschreibung) müssen fremde Vornamen jedoch in der fremden Schreibweise wiedergegeben werden. Demzufolge werden Eindeutschungsversuche wie die eben genannten von den Standesämtern zurückgewiesen – vorausgesetzt natürlich, diese eindeutschenden Schreibweisen werden als solche erkannt! Die Normvorschrift mag als bloße Erschwernis der Integration fremder Vornamen erscheinen, doch kann man zu ihrer Verteidigung ins Feld führen:

(a) Von der Originalform abweichende Schreibweisen können dem Ansehen der Namengeber und des Namenträgers schaden, weil sie fast immer als Unkenntnis der richtigen Schreibweise, also als Mangel an Bildung ausgelegt und deshalb belächelt oder gar verspottet werden; (b) bei Reisen oder Übersiedlung ins Ausland ist zu befürchten, daß eingedeutschte Namen Schwierigkeiten hervorrufen; (c) durch die Aufhebung der Normvorschrift würden die Unterschiede zwischen männlichen und weiblichen Vornamen verwischt; *Simon, Nadin, Yvon* − anstelle von *Simone, Nadine, Yvonne* − könnten als männliche Namensformen verstanden werden (s. [123] Seibicke).

Soziolinguistisch interessant ist die Beobachtung, daß Vornamen von Gastarbeitern, vor allem von Türken, Griechen und Jugoslawen, nur ganz selten für Kinder deutscher Eltern gewählt werden. Unmittelbarer Kontakt allein reicht offenbar nicht aus, um zur Namenanleihe anzureizen. Die sprachliche und vor allem die soziale Isolierung dieser Menschen, ihr geringes gesellschaftliches Ansehen − obwohl ungerechtfertigt − bewirken, daß ihre Namen gleichsam tabu sind. Wenn dennoch hier und da italienische und spanische Vornamen gewählt werden, geht das eher auf Urlaubserlebnisse zurück als auf Bekanntschaft mit Gastarbeitern am Arbeitsplatz. − Ob einige der von Aussiedlern aus Polen mitgebrachten polnischen Vornamen (z. B. *Biruta, Danuta*) einmal in den Grundstock unseres Vornamenvorrates eingehen werden, läßt sich nicht voraussagen.

[121] Gläser, R.: Sprachliche Probleme bei der Beurkundung englischer Vornamen im Deutschen; in: [21] NI, Nr. 25, 1974, S. 14−21
[122] Schlimpert, G.: Zum Gebrauch von Vornamen fremder Herkunft; in: Sprachpflege 28, Leipzig 1979, S. 129−131
[123] Seibicke, W.: Rechtschreibprobleme bei der Beurkundung französischer Vornamen; in: Das Standesamt (demnächst).

3.6. *Motive der Vornamenwahl*

Bei der Auswahl eines Vornamens aus der Fülle des Vornamenangebotes lassen sich die Eltern von bestimmten Selektionsprinzipien (Motiven, Affekten, Zielvorstellungen) leiten. Was für Überlegungen dabei eine Rolle spielen können, ist kaum absehbar. Sicherlich

3.6. Motive der Vornamenwahl

greifen in jedem Einzelfall mehrere Motive ineinander, von denen eines aber letztlich dominierend ist.

R.F. Arnold [142] hatte um die Jahrhundertwende eine Liste von zehn „Hilfen" (nach seinen Worten stammt der Ausdruck aus der Psychologie) bei der Wahl eines Vornamens zusammengestellt:

> die Hilfe der Tradition (Rückgriff auf Vornamen, die in der Familie üblich sind; landschaftsgebundene Vornamen),
> die ethische Hilfe (der Name soll einen Heilswunsch ausdrücken, ein „gutes Omen" sein),
> die religiöse Hilfe (z.B. Heiligennamen – das Kind wird dem Schutz eines Heiligen anvertraut – oder Patennamen),
> die dynastische Hilfe (das Vorbild wird in Namen gesucht, die in Herrscherhäusern gebräuchlich sind),
> die politische Hilfe (Namen nach republikanischen Staatsmännern, nach Politikern, Revolutionären usw.)
> die literarische Hilfe (Namen von Dichtern und Schriftstellern und Namen aus ihren Werken),
> die euphonische Hilfe (Streben nach besonders klangvollen Namen, worunter vor allem solche mit vollen Vokalen – besonders a, o, u – und wenigen, „weichen" Konsonanten sowie mehrsilbige Namen verstanden werden),
> die Hilfe der Nachbarschaft (gemeint ist damit die Entlehnung von Namen aus anderen Sprachen),
> die Hilfe der Originalität (Suche nach dem Ungewöhnlichen, Auffälligen),
> die Hilfe der Unauffälligkeit (Bevorzugung seit langem bekannter Namen, bewußte Vermeidung modischer Namen).

In dieser Aufzählung sind allerdings eher Richtungen angegeben, in denen man auf die Suche nach einem geeigneten Vornamen gehen kann, als Beweggründe im eigentlichen Sinne. Einerseits lassen sich z.B. mehrere „Hilfen" unter dem Gesichtspunkt „Umschau nach einem Vorbild" vereinigen, zum andern kann etwa die Wahl eines Namens aus der Literatur bei mehreren Namengebern sehr unterschiedlich motiviert sein (als Vorbild, als Wunsch, aufgrund des schönen Klangs usw.). Für die Erforschung der Namengebungsmotivationen liefert die Liste immerhin einige Anhaltspunkte. Teils differenziert, teils ergänzt (ergänzt z. B. um die Frage nach der Rolle von Zeitungsanzeigen, Vornamenbüchern und anderen gedruckten Quellen), diente sie mehreren Befragungen als Grundlage. Solche Befragungen stellen den fragenden Wissenschaftler vor große methodische Probleme, und die Antworten müssen sehr vorsichtig interpretiert werden. Oftmals sind die Befragten nicht in der Lage oder nicht willens, das echte, entscheidende Motiv anzugeben; es ist weiter vorn (S. 23) bereits darauf hingewiesen worden, daß im Namengebrauch die primäre Motivation allmählich durch eine neue verdrängt werden kann. Vielleicht würde die verstärkte Zusammenarbeit mit Psychologen zur Verbesserung der theoretischen Vorüberlegungen und der Untersuchungsmethodik beitragen. Es wäre immerhin interessant zu erfahren, in welchen gesellschaftlichen Personenkreisen welche Motivationen überwiegen, wie die Unterschiede zu erklären sind, inwiefern Wandlungen in der Vornamengebung auf Veränderungen der Selektionsprinzipien zurückzuführen sind und wie solche Veränderungen entstehen und sich ausbreiten. Man darf andererseits nicht zu viel von solchen Untersuchungen erwarten. Zwar sind aus der Geschichte der Vornamen im Deutschen tiefe Umbrüche in den Auswahlprinzipien bekannt [s. Kap. 3.7.2.] aber seit mehr als zweihundert Jahren steht der Grundsatz „Der Name soll schön, klangvoll sein" an oberster Stelle, und es ist nicht zu erwarten, daß er in absehbarer Zeit zugunsten irgendeines anderen Prinzips – es könnte ja nur eines sein, das die Freiheit der individuellen Namenwahl einschränkt – aufgegeben wird.

Die vorangegangenen Überlegungen führen zu der Einsicht, daß wir unterscheiden müssen zwischen freier und nicht-freier (gebundener) Namenwahl. Im zweiten Fall, um damit zu beginnen, unterwirft man sich einem Verfahren, das von extraonomastischen Faktoren gesteuert wird, also gar nicht vom Namen selbst ausgeht. Hierher gehört erstens die Namengebung nach den Paten. Gewählt werden die Paten, also Personen, nicht die Namen; diese ergeben sich von selbst aus der Wahl der Paten. Als zweite Möglichkeit kommt die Namengebung nach dem Kalenderheiligen des Geburts- oder Tauftages in Betracht. Wer sich für eines dieser Prinzipien entscheidet, ist jeder weiteren „Qual der Wahl" enthoben; er unterstellt sich einem höheren Ratschluß. Beide Arten, zu einem Namen für das Kind zu gelangen, sind aber nicht eigentlich Motive, sondern Verfahren, die sich erst aus einer bestimmten Motivation ergeben. Als Motive würde ich in solchen Fällen ansehen: daß das Kind in die Obhut und Mitverantwortlichkeit älterer Mitmenschen gestellt wird; daß es dem Schutz des Namenspatrons empfohlen wird; aber auch – und jetzt tritt an die Stelle des ursprünglichen Motivs ein neues, ganz anders geartetes –, daß man einem in der Familie oder in der Nachbarschaft geübten Brauch folgt, sei es, um die Tradition nicht abreißen zu lassen, sei es, um nicht aufzufallen und als Außenseiter zu gelten oder aus welchen Gründen auch immer.

Die Nachbenennung, d. h. die Wahl des Namens nach einem direkten Vorfahren – dem Vater, der Mutter oder, im Generationensprung, der Großmutter, des Großvaters usw. – steht zwischen freier und gebundener Namenwahl, je nachdem, ob die Nachbenennung als verbindliche Regel gehandhabt wird oder nur ausnahmsweise und aus freiem Entschluß vollzogen wird. Mit diesem Selektionsprinzip, das im Deutschen schon seit frühester Zeit bekannt ist, verbinden sich tiefwurzelnde Vorstellungen vom Weiterleben nach dem Tode in den Nachkommen. Es kann damit aber auch nur beabsichtigt sein, die familiäre Bindung zum Ausdruck zu bringen und zugleich zu festigen, oder man möchte, daß ein Geschäft oder Betrieb, eine Firma unverändert unter einem inzwischen bekannten und geschätzten Namen fortbesteht. Angewandt wird das Prinzip der Nachbenennung hauptsächlich bei männlichen Nachkommen und bei Erst- und Zweitgeburten. Selten wird es in einer Familie ganz konsequent, d. h. ohne Unterbrechung, befolgt. Doch man kann immer wieder beobachten, daß ein bestimmter Vorname als Leitname innerhalb eines Geschlechts weitergegeben wird. In diesem Zusammenhang ist auch die Tradition zu sehen, einen besonderen Beivornamen, der nicht einmal ein Vorname zu sein braucht (s. das Beispiel *Leisler*, S. 25), im Gedenken an einen Vorfahren zu vererben.

Nach den Befragungen von G. Koß in Weiden/Oberpfalz 1969 und 1970 ([125] Koß) haben rund 28% der Kinder (41,5% der Jungen, 15,2% der Mädchen) einen Vornamen nach den Eltern, nach den Großeltern oder aus Familientradition erhalten. In Heidelberg 1972–1975 bekamen 15,8% der Jungen und 8,1% der Mädchen einen Vornamen vom Vater oder der Mutter mit. Eine Untersuchung von F. Debus u. a. führte zu folgenden Ergebnissen ([124], 391 ff.):

(a) Unter Flüchtlingen und Heimatvertriebenen wird „relativ häufig... an die Namen der Vorfahren angeknüpft oder an Namen, die auf irgendeine Weise die Bindung zur alten Heimat zum Ausdruck bringen" (a. a. O., 389).

(b) Nachbenennungen treten vor allem in Familien mit mehreren Kindern auf; sie betreffen die Jungen stärker als die Mädchen und unter ihnen wiederum zumeist die Erstgeborenen.

(c) Wir treffen Nachbenennungen desto öfter an, je höher wir in der „Gesellschaftspyramide" steigen: Von den Kindern un- und angelernter Arbeiter erhielten nur 25% einen Namen aus der Familie; Eltern mit Abitur oder Fachhochschulabschluß gaben 32% ihrer Kinder einen solchen Namen; unter den Kindern, deren Eltern einen Universitäts- oder Hochschulabschluß haben, betrug ihr Anteil indessen 46%.

(d) Am häufigsten kehren die Namen der Eltern und die der Großeltern bei den Kindern wieder (seltener die anderer Verwandter), und zwar meistens als zusätzliche Vornamen zum Rufnamen der Kinder. Dabei zeigt sich, daß in der Schicht der Arbeiter die Namen der Eltern bevorzugt werden, während unter den Akademikerkindern die Namen der Großeltern mit 55% überwiegen. Es geschieht auch am ehesten bei Arbeitersöhnen, daß sie denselben Rufnamen wie der Vater führen.

(e) In den letzten 25 Jahren scheint sich ein allmählicher Rückgang der Nachbenennung abzuzeichnen; „allein die Gruppe der Akademiker scheint eher geneigt, am Herkommen und an überkommenen Namengebungsprinzipien festzuhalten" (a. a. O. 395).

Diese Ergebnisse dürfen nicht vorschnell verallgemeinert werden. Es gibt regionale Unterschiede in der Vergabe von Namen aus der Familie. In Gegenden, wo die Kinder heute in der Mehrzahl nur noch *einen* Vornamen erhalten, hat die Nachbenennung wesentlich geringere Chancen als dort, wo zwei und drei Vornamen die Regel sind. Außerdem sind nicht alle der weitergegebenen Vornamen echte Erbnamen, d. h. seit Generationen festgelegt. Viele verschwinden schon in der nächsten Generation wieder; in solchen Fällen liegt gar keine gebundene Namenwahl vor.

3.6. Motive der Vornamenwahl

Eine Sonderform der Nachbenennung ist die Namenbindung zwischen Familienmitgliedern durch Alliteration (so schon im althochdeutschen „Hildebrandslied", s. S. 126) und Variation (Bildung des Vornamens aus Bestandteilen der Vornamen der Eltern: *Friedger + Hildegund → Friedhild, Gerhild, Hildger, Gundfried*, s. S. 125 f., neuerdings wieder aufgegriffen in Bildungen wie *Jama* aus *Jakob + Maria*, s. S. 97). Auch bestimmte Namenglieder können über Generationen hinweg tradiert werden, z. B. *-wart* in *Siegwart - Dankwart - Herwart* usw.

Bei der freien Namenwahl leitet kein übergeordneter, vom Namen unabhängiger Gesichtspunkt die Suche nach dem geeignetsten Vornamen. Hierunter fallen, wie gesagt, auch die Nachbenennungen, soweit sie nicht aus der Verpflichtung gegenüber einer Familienüberlieferung erwachsen. Die Vornamen erscheinen dann manchmal auch in modernisierter Form (z. B. *Erik/Eric* statt *Erich*, *Christine* statt *Christa*, *Kathrin* statt *Katharina*). Als Motive lassen sich anführen: Familienbindung, Gefallen am eigenen Namen, Liebe zum Partner (das Kind als Abbild der geliebten Person). Eine große Unterabteilung innerhalb der frei gewählten Vornamen bilden diejenigen, die von irgendwelchen Vorbildern übernommen werden: von Verwandten, Freunden und Bekannten, Gefallenen und Verstorbenen, von Persönlichkeiten der Kultur- und Geistesgeschichte, von literarischen Gestalten – sowohl aus der ernstzunehmenden Literatur wie aus Trivialromanen –, von Herrschern, Politikern und Freiheitskämpfern, von Schlagersänger(inne)n, Fußballspielern usw. Hieran sind viele verschiedene Motive beteiligt: Ehrung dessen, der das Namenvorbild abgibt; Ausdruck der Zuneigung; der Wunsch, daß sich das Kind an dem Vorbild orientiere, daß etwas von diesem – von seinem Charakter, seiner Schönheit, seiner Begabung, seinem Ruhm und Wohlergehen – auf jenes übergehe. Die Wahl von Namen aus der Literatur wie auch aus Kino- und Fernsehfilmen ist oft ausgelöst durch die starken Emotionen, die die fiktionalen Gestalten im Leser bzw. Zuschauer erregt haben – auch und gerade wegen ihres schweren Schicksals. Entscheidend ist bei der Vergabe eines solchen Namens sein hoher Gefühlswert; denn natürlich wünscht man seinem Kind nicht ein ähnliches Geschick. (Übrigens ist der Einfluß der Medien und des Show-Geschäftes auf die

Vornamengebung keineswegs so groß, wie oft behauptet wird; s. dazu [172] Seibicke 53 und 157ff.) Eine große Rolle spielen klangästhetische Vorstellungen, wobei der Rufname des öfteren auch auf seine klanglich-rhythmische Übereinstimmung mit dem Familiennamen geprüft wird. Geachtet wird weiterhin auf die zeitgenössische Einschätzung eines Namens als „modern" oder „altmodisch" sowie auf seine Resistenz gegenüber der Ableitung von „Stummelformen" (Kurz- oder Koseformen). Ob man den idealen Vornamen in Zeitungsanzeigen, Büchern, Vornamenverzeichnissen, durch systematische Suche oder durch Zufall entdeckt, ist dabei belanglos. – Soll der Name einen Wunsch für die Zukunft des Kindes ausdrükken, muß man seine etymologische Bedeutung kennen (oder ihm einen Sinn unterstellen). Dieses Wissen und die Kenntnis, wie man dazu gelangt, überhaupt das Interesse dafür, lassen erwarten, daß dieses Selektionsprinzip eher in oberen und mittleren Gesellschaftskreisen anzutreffen ist. Viele kennen die „Bedeutung" ihres Namens nicht und kümmern sich auch nicht darum; aus Anfragen geht hervor, daß oft erst lange nach der Namengebung gefragt wird – vom Namengeber oder vom Namenträger –, was der gewählte Name denn „eigentlich" bedeute.

Nicht nur verschiedene Generationen, sondern auch Geschwister werden manchmal im Namen als zusammengehörig gekennzeichnet, sei es durch Stabreim (so schon *Gunther*, *Gernot* und *Giselher* im „Nibelungenlied"), durch gemeinsame Namenglieder (z.B. *Berhard*, *Eberhard*, *Diethard* oder *Bernhard – Hartwig – Wigbald* usw.), oder durch Varianten eines Namens (z.B. *Martin* und *Martina*, *Andreas* und *Andrea*). Die Annahme liegt nahe, daß Namenpaare der letztgenannten Art besonders gern Zwillingen gegeben würden, tatsächlich aber kommen sie nur selten vor (wahrscheinlich wegen ihrer schlechten Unterscheidbarkeit). Von über 300 in den siebziger Jahren in Heidelberg und Wiesbaden geborenen Zwillingen erhielt nur ein Pärchen solche Vornamen, und zwar als Beivornamen (*Friedrich* und *Friederike*). Gleiche Anfangsbuchstaben sind in dem Material weit häufiger anzutreffen: sechsmal für Pärchen, zwölfmal für Mädchen, zehnmal für Jungen.

Für den Namensträger ist die Motivation, die die Wahl der Namengeber bestimmt hat, völlig unverbindlich. Er k a n n sie übernehmen, aber er kann seinen Vornamen auch völlig anders motivieren. Das gleiche gilt auch für seine Mitwelt, die über die Beweggründe für die Wahl eines Namens gewöhnlich nicht unterrichtet ist. Die Freiheit, die primäre Motivation anzunehmen oder nicht, besteht allerdings dort nicht, wo die Eltern ihre Weltanschauung oder irgendeine Vorliebe in einem ausgefallenen Vornamen allzu deutlich zur Schau gestellt haben. Für den Namensträger kann dies sehr belastend sein.

Gegenwärtig kommen alle Arten freier und gebundener Namenwahl vor, wenngleich die freie Namenwahl vorherrscht. Mit dem Aufkommen von zwei und mehr Vornamen wurde es auch möglich, mehrere Motive und Auswahlprinzipien miteinander zu verbinden: Rufname und Beivorname(n) werden nach verschiedenen Gesichtspunkten ausgewählt.

[124] Debus/Hartig/Menke/Schmitz: Namengebung und soziale Schicht. Bericht über ein Projekt zur Personennamenkunde; in: Naamkunde 5, Leuven 1973, S. 368–400
[125] Koß, G.: Motivationen bei der Wahl von Rufnamen; in: [20] BNF, N.F., 7, 1972, S. 159–175
[126] Masser, A.: Der Einfluß der Paten auf die Namengebung in Südtirol; in: Sprache und Name in Österreich (Festschrift für W. Steinhauser, hrsg. von P. Wiesinger), Wien 1980, S. 325–338
S.a. [172] Seibicke, Kap. 3: „Zur Wahl der Vornamen", sowie die Literatur am Schluß des Kapitels 3.7.

3.7. Zur Geschichte der Vornamen

3.7.1. Die altdeutschen Rufnamen

Das Wort *forenamo* kommt zwar schon im Althochdeutschen (um 1000 bei Notker von St. Gallen) vor, doch da es damals noch keine Nach- oder Familiennamen gab, kann man es nicht mit *Vorname* übersetzen. Wahrscheinlich bezeichnete es den besonderen Namen, den Beinamen. Umgekehrt ist aus dem gleichen Grunde *Vorname* nicht für die ältere Zeit brauchbar. Deshalb ist es üblich, die germanischen und altdeutschen Personennamen, soweit sie nicht Bei- oder Übernamen sind, mindestens bis zum Aufkommen der Familiennamen als *Rufnamen* zu bezeichnen, obgleich *Rufname* später eine andere Bedeutung annahm (s. S. 28).

Unsere Vorfahren trugen also in der Regel nur einen Namen (ein Anthroponym). Verbreitet war ein Namentyp, der aus zwei Namengliedern bestand (zweistämmige oder dithematische Namen) – ein Typ, der bis in die indogermanische Vorzeit zurückreicht, wie man an vergleichbaren Bildungen im Altindischen, Griechischen, Keltischen und in den slawischen Sprachen feststellen kann (altind. *Vásu-dattáḥ* ‚gut' + ‚gegeben', griech. *Thrasyboulos* ‚kühn' + ‚Rat(geber)' vgl. altdeutsch *Kuon-rāt*, kelt. *Caturīx* ‚Kampf' + ‚Herrscher, mächtig', slaw. (russ.) *Miro-slaw* ‚Friede' + ‚Ruhm'). Wie es zu dieser besonderen Art der Namenbildung kam, ist ungeklärt. Für die Bildung der Namen wurden hauptsächlich Substantive und Adjektive verwendet. Bei Verbindungen mit einem Substantiv im zweiten Glied unterschieden sich männliche und weibliche Namen im Germanischen dadurch, daß für eine männliche Person ein maskulines Wort (Lexem), für eine weibliche Person ein feminines Wort an die zweite Stelle gesetzt wurde. Im Erstglied spielte das grammatische Geschlecht des Substantivs keine Rolle für die Differenzierung in männliche und weibliche Namen (vgl. *Siegfried*, *Sieghild*, *Hildeger*, *Hildegard*); hier konnten auch Neutra auftreten (z. B. *ragin-* ‚Rat(geber), Ratschluß, Beratung', *magin-* ‚Kraft, Macht, Vermögen'). Geschlechtsspezifische Unterschiede zeigen sich allerdings darin, daß bestimmte Erstglieder häufiger in Männernamen (z. B. *Eber-*), andere überwiegend in Frauennamen (z. B. *Swan-*) vorkommen. Substantive mit schwankendem Geschlecht (ahd. *muot*, *rāt*) erscheinen in beiden Gruppen als Zweitglieder (vgl. noch neuhochdeutsch *der Mut*, *die Demut*: *Helmut* m., *Almut* w.; *der Vorrat*, *die Heirat*: *Dankrad* m., *Herrad* w. und m.). Adjektive im zweiten Glied sind lexikalisch verteilt: *-bald* ‚kühn', *-bert* ‚glänzend, berühmt', *-hart* ‚stark, fest', *-hōh* ‚hoch', *-mār* ‚berühmt' stehen in Männernamen, *-flāt* ‚schön' und *-swind* ‚stark, recht' in Frauennamen. Diese Verteilung hat sich großenteils bis heute erhalten (s. Kap. 3.4.).

Die geschlechtsspezifische Verteilung nach den Namenwörtern im Zweitglied wird variiert durch die Möglichkeit, mit Hilfe eines femininen Suffixes (*-a*) Ableitungen von männlichen Namen zu bilden (sog. Movierung oder Motion; z.B. *Adalbert-a*), und vielleicht ist bei Frauennamen dieser Bildungstyp sogar der ältere ([138] Schramm 122ff.). Auch diese Art der Namenbildung hat sich bis heute erhalten, erweitert um das Movierungssuffix *-ina/-ine*. Übrigens können die femininen Endungen auch weiblichen Namen zusätzlich angehängt werden (vgl. *Amalaswinth-a*).

Aus den Namen, die uns überliefert sind, kann geschlossen werden, daß man vermied, stabreimende (alliterierende; z.B. **Gund-ger*) oder endreimende Namenglieder (z.B. **Rāt-flāt*) miteinander zu verbinden, und daß man Namenwörter mit vokalischem Anlaut nur als Erstglieder verwendete.

Obwohl die Quellen desto spärlicher fließen, je weiter wir in die Vergangenheit zurückgehen, hat sich der Bestand an lexikalischen Elementen (Lexemen), die im Germanischen zur Bildung von Personennamen verwendet werden konnten, als sehr reichhaltig erwiesen. Genauere Angaben über die Anzahl der verschiedenen Namenwörter liegen meines Wissens nicht vor. Doch kann man sagen, daß für die Erstglieder mehr Lexeme zur Verfügung standen als für die Zweitglieder. Das hängt offenbar mit den Prinzipien der Namenbildung (s.o.) zusammen. Im Laufe der Geschichte ist auch so manches Namenwort neu hinzugekommen (z.T. durch Entlehnung wie z.B. *-rīch* aus dem Keltischen), andere sind untergegangen oder leben nur noch in einzelnen, isolierten Kombinationen weiter. Es läßt sich auch beobachten, daß einige Namenglieder und Kombinationen zu verschiedenen Zeiten bei den einzelnen Völkern und Stammesverbänden in unterschiedlicher Häufigkeit vertreten sind (z.B. *-werk*, *-dag*, *Halag-* im Altsächsischen; [33] G. Müller 200, s.a. [129] Friedrich, [130] Göschel). Hier liegen Aufgaben der historischen Namengeographie. Inhaltlich gesehen, stammen die Namenwörter vor allem aus den folgenden Bereichen: kriegerische Tugenden, Kampf und Ruhm, (Grund)besitz, Herrschaft und Schutz, Dienst und (Kriegs-)gefolgschaft, Abstammung und Herkunft, Kult und Mythologie. Die unter den Namenwörtern auffallend stark vertretenen Tierbezeichnungen (Adler, Bär, Eber, Rabe, Schwan, Wolf; sog. theriophore Personennamen) hängen wahrscheinlich ebenfalls mit mythologischen Vorstellungen der Germanen zusammen; sie stehen für Eigenschaften, die den Tieren in der Mythologie oder in der Realität zugeschrieben werden, und rücken damit vielfach in die Nähe von Bezeichnungen für kriegerische Tugenden. Es ist ja bekannt, daß Tierzeichen, Tierköpfe und -felle zur Ausrüstung von Kriegern gehörten. Insgesamt gewähren die Namenwörter einen Einblick in die Lebens- und Vorstellungswelt der Germanen, und daß dabei Begriffe, die mit kämpferischem, kriegerischem Verhalten zu tun haben, eine große Rolle spielen, läßt sich aus den Lebensbedingungen zur Zeit der Völkerwanderung gut verstehen.

Wie die zweigliedrigen Namen zu deuten sind, war lange umstritten. Heute herrscht die Überzeugung vor, daß sie nicht als Zusammensetzungen (Komposita) wie bei der Wortbildung der Appellativa interpretiert werden dürfen, obgleich sie sich formal zunächst nicht von ihnen unterscheiden. Die historischen Vorformen von *Friedrich*, *Dietrich*, *Bernhard*, *Sigmar* sind also nicht mit ‚Friedensherrscher', ‚Volksherrscher' oder ‚Herrscher über das (Kriegs)volk', ‚bärenstark, stark wie ein Bär', ‚siegberühmt, durch Siege berühmt' o. ä. „übersetzbar". Ganz abgesehen davon, daß wir mit solchen „Übersetzungen" unser heutiges Wortverständnis in die germanischen Wörter für ‚Friede', ‚Volk' usw. hineinlegen, hätten diese Bildungen, wenn sie sich nicht grundsätzlich von den appellativischen Komposita unterschieden, auch sonst in appellativischer Verwendung vorkommen müssen; das ist aber nicht der Fall. Außerdem gibt es nicht wenige Namenwort-Kombinationen, die sich nicht zwanglos nach Art einer appellativischen Zusammensetzung sinnvoll auflösen lassen. Vor allem aber widerspricht es den Bedingungen für den Gebrauch von Wörtern, wenn ein Neugeborenes ‚Volksherrscher' oder ‚bärenstark' benannt wird, weil ja die sachlichen Voraussetzungen für eine solche Benennung fehlen. Eine solche Benennung kann also höchstens im Sinne eines Wunsches für die Entwicklung und das künftige Geschick des Namensträgers gemeint sein, etwa (so): „Werde ein Herrscher über das Volk!", „Werde/erweise dich als stark wie ein Bär!", und zu einem solchen Bildungstyp gibt es nichts Vergleichbares in der Wortbildung der Appellativa. Auch diese Deutungsversuche stoßen übrigens an Grenzen. Gewiß läßt sich mancher Name als derartiger Wunschname interpretieren. Es bleiben jedoch zu viele Namen übrig, die nicht zwanglos auf diese Weise gedeutet werden können. Möglicherweise sind die Erklärungsschwie-

3.7. Zur Geschichte der Vornamen

rigkeiten u. a. darauf zurückzuführen, daß wir die ursprünglichen, primären Namenbildungen nicht säuberlich von den jüngeren, sekundären scheiden können, die einem anderen Namengebungsprinzip folgen, nämlich dem, im Namen der Familienbindung Ausdruck zu geben (s. u.). Auf jeden Fall ist größte Vorsicht bei der Deutung der Namenwortkombinationen als in sich geschlossener, sinnvoller syntaktisch-semantischer Gebilde geboten. Im Grunde kennen wir ja weder die Motive, die die Namenwahl in der germanischen Zeit bestimmten, noch wissen wir, auf welche Weise die Entscheidung über das einzelne Namenglied herbeigeführt wurde.

Es ist ferner zu beachten, daß in den Namen in althochdeutscher Zeit und darüber hinaus eine Reihe von Wörtern fortbesteht, die im sonstigen Sprachgebrauch untergegangen sind oder nur noch in feierlicher Dichtersprache eine Zeitlang weiterlebten (z.B. *gund*, *hadu*, *nand*, *hruod*, *badu*, *ragan*, *magan*). Überhaupt machen sich schon früh Tendenzen zur Absonderung der Namen vom appellativischen Wortschatz bemerkbar. Hierzu gehört etwa auch, daß sich die Namenbestandteile den lautlichen und den inhaltlichen Veränderungen im Appellativbereich mehr oder weniger entziehen und daß sie sich durch Besonderheiten in der Schreibung und in der Flexion auszeichnen (ein deutliches Merkmal ist z.B. die Tilgung des auslautenden Vokals von *-frid(u)*, *-rīch(i)*, *-mār(i)* usw. im Namenzweitglied; man vergleiche auch ahd. *sigowalto* ‚Sieger' als appellativisches Kompositum mit dem gleichzeitigen Personennamen *Sigiwald* und seinen Varianten).

Die Isolierung der Namenwörter vom übrigen Wortschatz geht zweifellos auch zusammen mit dem Übergang zur Nachbenennung und den anderen Verfahren, im Namen familiäre Beziehungen und Bindungen zum Ausdruck zu bringen (Namenvariation). Dies war eine einschneidende Neuerung in der Motivation der Namengebung. Die Übertragung des Namens vom Großvater auf den Enkel bewahrte manchen Namen und dessen Bestandteile vor dem Aussterben, und vermutlich legte man dabei auch Wert auf Beibehaltung der überlieferten Namensform. Wo gar die Namen der Kinder mechanisch aus je einem Bestandteil des väterlichen und des mütterlichen Rufnamens zusammengefügt wurden – aus den Elternnamen *Hildebrand* und *Gertrud* konnten so für die Söhne die Namen *Ger-*

brand, Trudbrand, Hildger, Brandger und *Trudger* und für die Töchter *Hildtrud, Brandtrud, Gerhild, Brandhild* und *Trudhild* gebildet werden (nach [34] Edw. Schröder) –, trat die „wörtliche" Bedeutung der Elemente notgedrungen in den Hintergrund. Adolf Bach geht sicherlich zu weit, wenn er solche Kombinationen als Kopulativkomposita (wie nhd. *Hemdhose* ‚Hemd und Hose zugleich') deutet: „Der Name des Sohnes *Gerbrand* von *Hildebrand* und *Gertrud* hat doch wohl den Sinn von ‚*Hildebrand* und *Gertrud* zugleich'" ([30] Bach § 80, 2, S. 86); denn echte Kopulativkomposita werden nie aus Wortteilen, sondern immer aus vollständigen Bezeichnungen (und zwar Simplicia) zusammengefügt. Wahrscheinlicher ist, daß solche Bildungen symbolisieren sollen, daß etwas vom Vater und etwas von der Mutter auf das Kind übergeht und in ihm weiterlebt. – Die familiäre Zusammengehörigkeit konnte auch noch auf andere Weise betont werden, zum Beispiel durch Konstanthalten eines Namengliedes und Variation des anderen (Variation des Erstgliedes: *Heribrant – Hiltibrant – Hadubrant*; Variation des Zweitgliedes: *Theuderich – Theudebert*) oder durch stabreimende Namen, und zwar sowohl in absteigender Linie:

Heribrant
|
Hiltibrant   („*Heribrantes suno*" ‚Heribrands Sohn')
|
Hadubrant   („*Hiltibrantes sunu*" ‚Hildebrands Sohn')

als auch innerhalb einer Generation, also für Geschwister:

Gunther – Gernot – Giselher – Grimhilt.

Wie das erste Beispiel zeigt, treten die verschiedenen Bildungsweisen auch kombiniert auf. Solche Erscheinungen wie auch die Möglichkeit, Kurzformen von zweigliedrigen Namen zu bilden (wodurch ja der „Sinn" der Namen zerstört wird), weisen ebenfalls auf ein immer stärkeres Zurücktreten der inhaltlichen Seite der Namenwörter und ihrer Kombination.

Neben den dithematischen gibt es allerdings auch einstämmige (monothematische) Rufnamen: *Bruno, Karl, Ernust*, Ableitungen von Völkernamen wie *Franko, Hesso, Sahso*, alte Partizipialbildungen wie *Wigant* ‚der Kämpfende', *Helfant* ‚der Helfende', *Boran* ‚der Geborene', *Wortan* ‚der Gewordene', *Willicumo* ‚der Willkommene'. Von den letzten drei Beispielen vielleicht abgesehen, handelt es sich hierbei wohl um Beinamen, die den Personen im Laufe ihres Lebens beigelegt worden sind, und nicht um Rufnamen, die sie nach der Geburt von ihren Eltern erhalten haben. Falls dann später auch Neugeborene solche Namen bekamen, kann nicht mehr die appellativische Bedeutung des Namenwortes das Motiv abgegeben haben, sondern der Bezug auf eine Person dieses Namens. Dieser weitverbreiteten Auffassung hält Hutterer [130/1] entgegen, daß unter den überlieferten Personennamen die eingliedrigen die älteste und größte Schicht bilden und man sie deshalb nicht als Beinamen erklären dürfe; dementsprechend sei auch die Einschätzung der dithematischen Namen als indogermanisches Erbe zu relativieren, zumal die Personennamen anderer indogermanischer Völker wie der Römer oder der Illyrer ebenfalls durch Eingliedrigkeit gekennzeichnet seien.

Weiterhin treten sehr bald Kurzformen auf. Man unterscheidet ein- und zweistämmige Kurzformen. Einstämmige Kürzungen liegen vor, wenn von den beiden Namengliedern eines vollständig weggelassen wird: *Bern(ger)*, *Will(helm)*, *Wolf(gang)* oder *(Adal)wolf*, *(Adal)brecht*, *(Hilde)brand*. Die Kürzung betrifft öfter das un- oder schwachbetonte zweite als das starkbetonte erste Glied. An den losgelösten Stamm können auch geschlechtsspezifische Endungen (ahd. *-o* für Männernamen, *-a* für Frauennamen) angehängt werden: *Berno*, *Odo*, *Oda*, *Hilda*. Bei der Kürzung tritt manchmal eine Verschärfung des letzten Konsonanten ein: *Eppo* (zu *Eber-*), *Otto* (zu *Od-*) u.ä. Die Lautentwicklung führte später dazu, daß die auslautenden *-o* und *-a* zu *-e* abgeschwächt wurden, und häufig wurde auch noch das *-e* abgestoßen (apokopiert). Daß Namenformen wie *Otto*, *Hugo*, *Hilda* dennoch erhalten blieben oder wiederhergestellt wurden, ist dem Einfluß der lateinischen Urkundensprache und wohl auch dem Bedürfnis nach deutlicher Kennzeichnung des Geschlechts zu verdanken. – Von zweistämmigen Kürzungen spricht man, wenn in der gekürzten Form Teile beider Namenglieder der Vollform erhalten sind. Das zweite Glied wird dabei in der Regel bis auf den anlautenden Konsonanten gekürzt; das erste Glied kann auch vollständig bestehen bleiben. Beispiele: *Thiet-mar* > *Thi(e)-m-o*, *Wig-bert* > *Wi-b-o*, *Gertrud* > *Ger-t-a*. Diese Formen sind immer mit einer maskulinen oder femininen Endung versehen. Aus den Kurzformen ist die zugrundeliegende Vollform nur in wenigen Fällen eindeutig erschließbar. Zum Beispiel führen auch *Wigbrand*, *Wigbald* und *Wigbod* bei zweistämmiger Kürzung zu *Wibo*, und bei *Wolf* ist völlig offen, welches Namenglied vorausging oder nachfolgte.

Kürzungen besonderer Art sind die sog. Lallnamen: *Atto*, *Poppo*, *Mammo*, *Nonno* usw. Man nimmt an, daß sie im Kindermund entstanden sind (wie heute noch *Bibi* aus *Brigitte*, *Didi* aus *Dietrich* usw.). Infolge der starken lautlichen Reduzierung und Umgestaltung sind die Ausgangsformen kaum noch rekonstruierbar, sofern nicht zufällig Voll- und Lallname nebeneinander für ein und dieselbe Person überliefert sind.

Von den eben beschriebenen echten Kurzformen zu trennen sind die sog. unechten Kurzformen: Kontraktionen (Zusammenziehungen oder Verschleifungen) wie *Bernhard* zu *Bernd*, *Gerhard* zu *Gerrit* und weiter zu *Gerd/Gert*, *Kuonrāt* zu *Kurt* usw., bei denen unter dem Druck des Hauptakzentes die innere Lautstruktur des sprachlichen Gebildes – mit Ausnahme des tontragenden Vokals natürlich – teilweise oder vollständig zusammengebrochen ist. Diese Erscheinung kann man auch in der Geschichte der Appellativa beobachten; man vergleiche etwa die Entwicklung von ahd. *hiu-tagu* ‚an diesem Tage' zu mhd. *hiute*, nhd. *heute*, von *ni-eo-wiht* ‚nie irgendetwas' zu *nicht* oder von mhd. *hōchzīt* ‚hohe, festliche Zeit, Hochzeit' zu mundartlich (obersächs.) *Huxt*. Im Bereich der Personennamen findet man solche Kontraktionen allerdings selten vor dem 13./14. Jh. in den schriftlichen Quellen.

Schließlich sind noch jene Namenformen zu erwähnen, die aus Kürzung und gleichzeitiger Erweiterung der gekürzten Form um ein Wortbildungssuffix hervorgegangen sind. In den Erweiterungen treten in ahd. Zeit hauptsächlich die folgenden fünf lautlichen Elemente auf:

1. *-i* (aus einem älteren *-ja*-Suffix): *Egi*, *Hassi*, *Hildi*, *Hugi* u.a. Wahrscheinlich sind diese Bildungen mit den aus *īn* entwickelten (s. unter 2.) zusammengefallen.

3.7. Zur Geschichte der Vornamen

2. -īn: *Triutīn, Hiltīn, Foldīn* usw. Im Oberdeutschen schwand das -*n* schon in ahd. Zeit: *Hiltī, Foldī, R(u)odī* usw. Hieraus entwickelte sich nach Kürzung des auslautenden ī das nhd. Suffix -*i* zur Bildung von Koseformen. Solche *i*-Formen sind besonders von der zweiten Hälfte des 13. Jhs. an im Alemannischen sehr zahlreich. Im Nhd. hat sich die Endung über das gesamte deutsche Sprachgebiet ausgebreitet.

3. -*z*- (ahd.-*(i)zo* m.,-*(i)za* w. > mhd./nhd. -*ze* >*z*): *Frithizo, Frizzo* (zu *Frithu*- = *Fried*-), *Uozo* (zu *Uodalrich*), *Chuoniza* (zu *Chuon*-) *Imiza* (zu *Irmin*-). Heute kommt das Suffix nur noch in männlichen Vornamen vor (*Fritz, Heinz, Uz* usw.); an entsprechende weibliche Bildungen erinnert nur noch *Metze*, eine Kurzform zu *Mechthild*, die in den appellativischen Wortschatz übergegangen ist. Produktiv ist das *z*-Suffix schon lange nicht mehr, und viele der alten Bildungen leben nur noch in Familiennamen weiter, z. B. *Kun(t)z(e), Dietz/e, Frit(z)sch(e), Ni(e)t(z)sche*.

4. -*l*- (ahd.-*(i)lo* m.,-*(i)la* w. > mhd.-*ele* > nhd.-*(e)l*): *Frithilo, Odilo, Wulfilo, Adila/Edila, Gundila* usw. Als Diminutiv- oder Verkleinerungssuffix ist es auch im appellativischen Bereich, vor allem in ober- und mitteldeutschen Mundarten, bis in die Gegenwart lebendig geblieben. Die alten süddeutschen Formen -*ili* (*Sigili, Hathli* u. a.) sind wohl auf eine Verbindung des -*l*-Suffixes mit dem -*īn*-Suffix zurückzuführen, wie sie z. B. in *Bezilin, Sigilin* (7. Jh.) vorliegt (zum *n*-Schwund s. o. unter 2.). Die Kombination -*līn* führte andererseits zum nhd. Diminutivsuffix -*lein* für Namen wie für Wörter.

5. -*k*- bzw. hochdt. (mit Lautverschiebung) -*ch*-: *Adiko, Liudiko, Odiko, Sibiko, Sibicho, Gibicho, Oticha, Liuticha*. In der abgeschwächten Form -*ke* findet man die Endung noch in vielen nd. Namenformen, die als Vornamen bis heute in der Regel für beide Geschlechter gebraucht werden können. Wie das -*l*-Suffix ging auch das -*k*-/-*ch*-Suffix eine Verbindung mit -*īn* (s. o.) ein: *Hildekin, Ratichin*. Aus der hochdeutschen Endung -*chin* entstand nach Kürzung des -*i*- und Abschwächung des -*i*- zu -*e*- das in der Schrift- und Standardsprache bevorzugte Diminutivsuffix -*chen*. Bei Männernamen wird auch -*man(n)* ‚Mann' an Kurzformen angehängt, z. B. *Karlman(n), Baldman(n)*; es hat hier offenbar die Funktion eines Suffixes. Relativ häufig begegnet -*man(n)* vom

13./14. Jahrhundert an. – Eine bescheidenere Rolle in der altdt. Rufnamenbildung spielt das Suffix *-ing*, das wie *-ung* und *-ang* ursprünglich zur Bildung von patronymischen Beinamen diente. Einzelne Bildungen sind jedoch erhalten geblieben (z. B. *Henning*).

Außer den schon erwähnten Suffixkombinationen *-līn* und *kīn/-chīn* gibt es noch andere, z. B.

k/ch + l > ikilo/-ichilo oder *-iliko/-ilicho*: *Godikilo*, *Godiliko*;
z + l > -zil(o): *Werinher > Weczil*,
z + i(n): *Grund(o)- > Gunzi*.

Vergleiche auch nhd. *Heinzel*, *Gabilein*, *Hänselchen*, *Heinzelmann*, *Karlemann*.

Soweit die genannten Suffixe im Nhd. erhalten sind, werden sie zur Bildung von Koseformen herangezogen. Ob sie auch im Ahd. schon durchweg diese Funktion hatten, ist fraglich. Kosenden Charakter können überdies auch alle anderen Kurzformen – wohl mit Ausnahme der unechten Kurzformen – gehabt haben, so daß sich Kurz- und Koseformen inhaltlich kaum auseinanderhalten lassen; nur formal sind sie durch ihre unterschiedliche Bildeweise (mit oder ohne Suffixerweiterung) voneinander zu trennen.

Wie für die Kurzformen gilt auch für die Koseformen, daß sie nur selten eindeutig zu einer bestimmten Vollform gestellt werden können. Gewöhnlich gibt es mehrere Zuordnungsmöglichkeiten (Konkurrenzen). *Perndel* z. B. erscheint im 14. Jh. in Regensburg sowohl als Variante von *Pernger* als auch von *Pernolt*; und grundsätzlich kommen alle mit *Pern-* (*Bern-*) gebildeten Vollformen als Ausgangsform in Betracht.

All diese Varianten der dithematischen Vollformen weisen auf Unterschiede zwischen Namengebung und Namengebrauch hin; denn wir müssen doch wohl davon ausgehen, daß den Neugeborenen zunächst Vollnamen beigelegt wurden. Die Kurz- und Koseformen bildeten sich erst im Umgang, in der Anrede heraus, und mit den Lallnamen übernahm die Gemeinschaft, in der das Kind aufwuchs, dessen Art und Weise, den ihm erteilten Namen auszusprechen. Wann man dazu überging, die Vollformen schon bei der Namengebung durch andere Formen zu ersetzen, ist ungewiß. Spätestens zu diesem Zeitpunkt kann die lexikalische Bedeutung der in den Namen verwendeten Sprachzeichen (Wörter) keine Rolle mehr gespielt haben. Praktisch tritt sie schon bei der Variantenbildung weitgehend in den Hintergrund.

Für die älteste Zeit fließen die namenkundlichen Quellen recht spärlich. Viele germanische Namen sind uns nur in den Schriften griechischer und römischer Geschichtsschreiber überliefert und dies vielfach in entstellter Form. Später kommen Urkunden, Toten(gedenk)listen, Steuerverzeichnisse (Urbare) u.ä. hinzu. Reiches Material zur Erschließung des altdeutschen Namenbestandes enthalten die von Personennamen abgeleiteten Ortsnamen. Von der Quellenlage her ist es begreiflich, daß Herrschernamen und Namen gesellschaftlich höherstehender Personen im allgemeinen reichlicher überliefert sind als die der „kleinen Leute", der Bauern, Handwerker, Leibeigenen. Besonders die Frauennamen sind in der älteren Zeit weit unterdurchschnittlich repräsentiert. Erst mit der Einführung von Kirchenbüchern wird es möglich, alle Bevölkerungsschichten zu erfassen.

Die Tatsache, daß ein Rufname allein zur Identifizierung meist nicht ausreicht, macht es schwierig festzustellen, ob zwei an getrennten Stellen auftretende gleiche Namen auf verschiedene oder eine und dieselbe Person referieren. Das Problem wird noch dadurch kompliziert, daß der Name einer Person in wechselnder Schreibweise und Lautgestalt erscheinen und, dem Namengebrauch im persönlichen Umgang entsprechend, mal durch diese, mal durch jene Kurz- oder Koseform ersetzt werden kann. Hinter den Belegformen *Vridrich*, *Friederich*, *Fridericus*, *Fridreich*, *Fritz*, *Fridel* kann also ein und dieselbe Person stehen. Sichere Zuordnungen sind nur möglich, wenn aus dem Kontext hervorgeht, daß sich zwei Anthroponyme auf ein und dieselbe Person beziehen, z.B.: *Perchtolt schreiner chnecht = Peslein schreiner chnecht* oder *Henman Romer = Henni Romer = Heintzin Romere* (beide Beispiele stammen aus Quellen des 14. Jhs.). Natürlich dürfen die Belege zeitlich und räumlich nicht zu weit auseinander liegen.

[127] Förstemann, Ernst: Altdeutsches Namenbuch, Bd. I: Personennamen. Bonn ²1901; Neudruck: München/Hildesheim 1966 [eine gründliche Neubearbeitung ist im Gange]

[128] Förstemann, Ernst: Altdeutsche Personennamen. Ergänzungsband, verfaßt von Henning Kaufmann. München/Hildesheim 1968
[129] Friedrich, L.: Die Geographie der ältesten deutschen Personennamen. Diss. Gießen 1922 = Gießener Beiträge zur deutschen Philologie, Bd. 7
[130] Göschel, J.: Zur Frage eines deutschen Namenatlasses; in: [20] BNF, N.F., 16, 1965, S. 268–297
[130/1] Hutterer, C.J.: Zur historischen Typologie der altgermanischen Personennamen; in: Festschrift für Karl Mollay, Budapest 1978 (= Budapester Beiträge zur Germanistik 4), S. 131–143
[131] Kaufmann, Henning: Untersuchungen zu altdeutschen Rufnamen. München 1965 = Grundfragen der Namenkunde, Bd. 3
[132] Menke, Hubertus: Das Namengut der frühen karolingischen Königsurkunden. Ein Beitrag zur Erforschung des Althochdeutschen. Heidelberg 1980 = [20] BNF, Beih. 19
[133] Müller, Gunter: Studien zu den theriophoren Personennamen der Germanen. Köln/Wien 1970 = Niederdeutsche Studien, Bd. 17
[134] Müller, G.: Germanische Tiernamensymbolik und Namengebung; in: [17], S. 425–448
[135] Schlaug, Wilhelm: Die altsächsischen Personennamen vor dem Jahre 1000. Lund 1962 = Lunder Germanistische Forschungen, Bd. 34
[136] Schlaug, Wilhelm: Studien zu den altsächsischen Personennamen des 11. und 12. Jahrhunderts. Lund 1955 = Lunder Germanistische Forschungen, Bd. 30
[137] Schmid, Karl, Günter Geuenich und Joachim Wollasch: Auf dem Weg zu einem neuen Personennamenbuch des Mittelalters; in: Berichte des XII. Internationalen Kongresses für Namenforschung (Bern 1975), Bd. 2, Leuven 1977, S. 355–383
[138] Schramm, Gottfried: Namenschatz und Dichtersprache. Studien zu den zweigliedrigen Personennamen der Germanen. Göttingen 1957 = Ergänzungshefte zur Zeitschrift für vergleichende Sprachforschung, Nr. 15
[139] Sonderegger, St.: Aufgaben und Probleme der althochdeutschen Namenkunde; in: [17], S. 126–186
[139/1] Voetz, L.: Zu den Personennamen auf *-man* in ahd. Zeit; in: [20] BNF, N.F., 13, 1978, S. 382–397
S.a. die Literatur zu den Kapiteln 1.3. und 3.7.2.

3.7.2. Die Entwicklung der Rufnamen im Deutschen

Die weitere Geschichte der aus dem Germanischen überkommenen, sog. deutschen Rufnamen im Mittelalter ist durch zwei Tendenzen gekennzeichnet:

1. Konzentration auf eine beschränkte Anzahl von Namengliedern und Namenglied-Kombinationen, so daß nunmehr einige Namen besonders häufig vorkommen (z.B. *Heinrich, Konrad, Hermann, Gerhard, Dietrich, Friedrich, Otto, Ludwig; Adelheid, Mechthild/Mathilde, Gertrud, Hedwig*). Diese Entwicklung könnte mit dem Schwinden des Wissens um die etymologische Bedeutung der Namenglieder zusammenhängen – die dithematischen Namen werden als Ganzheit betrachtet und so weitergegeben –, doch spielen zweifellos noch andere Gründe eine Rolle. Unter den bevorzugten Namen finden sich z.B. nicht wenige, die auch von Herrschern (Kaisern, Königen, Fürsten und ihren Gemahlinnen) getragen werden, und das läßt auf eine Ausrichtung bei der Namenwahl auf die Spitze der mittelalterlichen Gesellschaftspyramide schließen. Die aus der Familienbindung motivierte Namengebung (Nachbenennung) scheint demgegenüber an Bedeutung zu verlieren.

2. lautliche Umgestaltung der Personennamen im mundartlichen Sprachgebrauch (Lautveränderung, Reduktion, Assimilation, Dissimilation; betroffen sind vor allem die zweiten Namenglieder, die nicht den Hauptakzent tragen) und Vermehrung der Kurz- und Koseformen, besonders im 13./14. Jh., also insgesamt verstärkte Variantenbildung. Die Varianten wiederum werden hauptsächlich zu den bevorzugten Namen gebildet, so daß insgesamt der Eindruck eines relativ begrenzten Namenrepertoires mit umfänglicher Variantenbildung entsteht. Daher kann *Hinz und Kunz* (zu *Heinrich* und *Konrad*) zur Bezeichnung für ‚jedermann' werden. Die lautliche Umgestaltung trägt nicht wenig dazu bei, die etymologische Bedeutung der Namenglieder zu verdunkeln; Versuche, den unmotivierten, sinnentleerten Lautgebilden wieder einen Sinn zu geben, führen zu (volksetymologischen) Umdeutungen und zum Entstehen neuer Namenelemente. So ergab sich aus dem Zusammenfall von *-bald* und *-wald* in *-old* das an das gleichlautende Adjektiv angelehnte zweite Namenglied *-hold*, z.B. *Luitbald/-wald > Leutold > Leuthold; Reinbald/-wald > Reinold > Reinhold.*

Die Christianisierung wirkte sich zunächst nicht wesentlich auf den für die Namenwahl verfügbaren Namenbestand aus. Es werden zwar einige neue Namen gebildet (z. B. *Gotesscalch* ‚Gottesknecht, -diener', *Godedanc, Gotesthiu* ‚Gottesmagd, -dienerin') und einzelne biblische Namen, vor allem aus dem Alten Testament, übernommen (z. B. *Abraham, Adam, David, Isaac, Judith, Elisabeth, Susanne*), doch sie bleiben ziemlich selten, und die biblischen Namen sind vorwiegend auf Geistliche und Nonnen beschränkt. Erst in der zweiten Hälfte des 12. Jhs. kündigt sich ein tiefgreifender Wandel (Paradigmenwechsel) an: Mehr und mehr werden biblische und andere fremdsprachige Namen aus der Religions- und Kirchengeschichte gebräuchlich. Norditalien und Südfrankreich gehen hierbei voran. In Deutschland werden die neuen Namen zuerst am Rhein aufgegriffen und breiten sich von dort allmählich ostwärts und erst mit einiger zeitlicher Verspätung auch nach Norden aus. Adel und hoher Klerus halten sich zunächst zurück; eingeführt und vorangetragen wird die Neuerung (Innovation) vom städtischen Bürgertum, die Landbevölkerung schließt sich allmählich an. Was aus moderner Sicht wie ein modisches Ausgreifen nach neuen, ungewöhnlichen Namen erscheint, ist in Wirklichkeit die Zuwendung zu einem ganz neuen Namengebungsmotiv: Nachbenennung nach einer heiligen Gestalt, die damit zu Schutz und Schirm des Täuflings angerufen wird. Voraus geht ein Wandel im Ausdruck und in der Ausübung der Frömmigkeit: die Entfaltung des Heiligen- und Reliquienkultes im Verlauf der Kreuzzüge. Vor allem die Eroberung und Plünderung der christlichen Stadt Konstantinopel im Jahre 1204 durch das christliche Heer, das im sog. Vierten Kreuzzug aufgebrochen war, um gegen Ägypten zu kämpfen, aber von dem venezianischen Dogen Dandolo geschickt für die wirtschaftspolitischen Interessen Venedigs eingesetzt wurde, brachte eine Unmenge echter und unechter Reliquien nach Westeuropa, die dem Kult enormen Auftrieb gaben. „In dem Heiligenkult hatte die katholische Kirche ein außerordentlich volkstümliches Mittel zur Förderung der Religiosität der breiten Volksmassen entwickelt; und zwar in einem internationalen Rahmen. Heilige wurden Schutzpatrone bestimmter Berufe, Länder und Stämme, Ortschaften und – seit dem 15./16. Jh. vor allem – Einzelpersonen: Nikolaus für Seefahrer und Kaufleute, Georg für die Ritter, Hubertus für die Jäger, Lukas für die Maler. Im deutschen Michel von heute lebt Michael als Schutzpatron der Deutschen fort, in Bayern war dies Ruprecht, in Mainfranken Kilian. Nach dem Heiligenkalender, nach den Heiligentagen wurden die Termine des alltäglichen Lebens und der Festtage bestimmt. [...] Auch das Wallfahrtswesen und die Popularisierung der Heiligen, ihrer Namen und Symbole in Baukunst und Malerei, auf Münzen und Siegeln trugen zur Festigung des Heiligenkultes im Volke bei. Die Namen der Heiligen wurden auf Krankheiten bezogen, die sie heilen sollten (*St. Blasius* Blasen- und *St. Augustin* Augenkrankheiten usw). Unter diesen Umständen ist es ganz natürlich, daß die Heiligen auch immer stärkeren Eingang in die Rufnamengebung fanden. [...] Die einstige sprachliche ‚Bedeutung' dieser meist hebräischen, griechischen oder lateinischen Namen konnte hier natürlich gar keine Rolle mehr spielen und blieb den Massen völlig unbekannt." ([31] Fleischer 47f.) Natürlich sind unter den Heiligen auch solche mit germanisch-deutschen Namen, aber die Mehrzahl derjenigen, die jetzt die Namengebung beeinflussen, stammt aus anderen Sprachbereichen, trägt also fremdländische Namen. Diese ausländischen Namen verdrängen mehr und mehr die einheimischen und gestalten das Namenrepertoire und die Palette der gebräuchlichen Namen von Grund auf um. Im 15./16. Jh. erreicht der Anteil ausländischer Namen an vielen Orten 90% und mehr. Auch hier sind bestimmte Namen besonders begehrt, z.B. *Johannes* (er steht an erster Stelle und bleibt bis weit in die Neuzeit hinein der am meisten gewählte Vorname), *Nikolaus, Petrus, Michael, Martin, Georg; Margarethe, Elisabeth, Katharina, Anna, Agnes, Sophia*. Auffällig ist, daß *Maria* anfangs – trotz einer ausgedehnten und intensiven Marienverehrung – als Rufname gemieden wird; erst im 16. Jh. setzt der Siegeszug dieses Namens ein, der ihn in der Häufigkeit zu einem weiblichen Pendant des männlichen Namens *Johannes* macht (er kann schließlich sogar Männern gegeben werden – ein Sonderrecht, das bis heute unangetastet geblieben ist). Die fremdsprachigen Namen werden übrigens sehr bald genauso umgestaltet – verkürzt, kontrahiert, diminuiert, mit Umlaut versehen usw. – wie die germanisch-deutschen Namen, man denke etwa an *Matz* und *Hiasl* aus *Matthias*, *Lux* und *Marx* aus *Lukas* und *Markus*, *Nickel* oder *Klaus*, *Kläuschen* (je nachdem, auf welcher Silbe der Akzent lag) aus *Nikolaus*, *Änne*, *Bärbel* und an die vielen mundartlichen Varianten von *Johann(es)*, *Margarethe* und

Elisabeth. Auf diese Weise verlieren viele fremdsprachige Namen sehr bald ihren fremdartigen Charakter, so daß sie als ebenso „deutsch" empfunden werden wie die aus dem Germanischen stammenden Namen. Es sind wiederum die bevorzugtesten Namen, die zugleich die größte Anzahl von Varianten hervorbringen. Der veränderten Situation entsprechend bildet jetzt *Hans und Grete* das Gegenstück zum älteren *Hinz und Kunz*. Neben den allgemein verehrten Heiligen gab es aber auch solche, die als Landes-, Diözesan-, Stadt- oder Kirchenpatrone die Namengebung größerer oder kleinerer Regionen prägten. Als Beispiele seien genannt *Wenzel* in Böhmen, *Pirmin* in der Pfalz und im Elsaß (nach den jeweiligen Landespatronen), *Emmeram* in Bayern (mit dem Zentrum in Regensburg), *Quirin* um Neuß und in der Oberpfalz, *Sebald* um Nürnberg, *Fridolin* um Säcklingen, *Lubentius/Lubens* in Dietkirchen an der Lahn; s. a. die weiter oben erwähnten *Ruprecht* und *Kilian*. Die „hagiologische Namengeographie" ([27] Debus 34), die durchaus noch nicht bis in alle Einzelheiten erforscht ist, vermag schon heute ein recht vielgestaltiges und differenziertes Bild von den groß- und kleinräumigen und lokalen Besonderheiten in der spätmittelalterlichen Namengebung zu zeichnen. Nachklänge davon kann man noch heute in manchen katholischen Gegenden, vor allem auf dem Lande, entdecken, wenn auch zahlenmäßig die so nach alter Tradition benannten Personen nur noch einen verschwindend geringen Prozentsatz ausmachen.

Die Reformation brachte eine Abkehr von den Heiligennamen; statt ihrer wurden in den protestantischen Familien Namen aus dem Alten Testament bevorzugt (z. B. *Abraham*, *Benjamin*, *Daniel*, *David*, *Isaak*, *Jonas*, *Tobias*; *Esther*, *Martha*, *Rebekka*; die Calvinisten vor allem legten Wert darauf, daß möglichst nur biblische Namen gewählt wurden), oder man griff wieder auf altdeutsche Rufnamen zurück. Das Martin Luther zugeschriebene, aber wohl von Joh. Carion verfaßte „Namen-Büchlein" (Wittenberg 1537, s.S. 157) propagierte altdeutsche Namen, und auch Johann Fischart setzte sich in seiner „Geschichtsklitterung" (1582) energisch für die deutschen Rufnamen ein. Demgegenüber weist Georg Witzel von katholischer Seite in seinem „Onomasticon Ecclesiae" (1541) sowohl die alttestamentlichen als auch die deutschen Rufnamen zurück und lehnt auch

3.7. Zur Geschichte der Vornamen

die im Deutschen entstandenen Varianten der christlichen Namen – wie *Hans* für *Johannes*, *Anders* für *Andreas*, *Margret*, *Maret* und *Grete* für *Margarethe* – ab; das Konzil von Trient (1545–63) spricht sich gegen die „heidnischen" Rufnamen aus. Die religiöse Spaltung hatte eine Differenzierung in der Namengebung zur Folge, die über lange Zeit die Vornamengeographie im deutschen Sprachgebiet prägte und noch heute nicht ganz verwischt ist (s. S. 149 f.). Die katholische Kirche hat auch stets darauf geachtet, daß ins Kirchenbuch die vollen, unveränderten Namensformen eingetragen wurden; bis in die dreißiger Jahre unseres Jahrhunderts sind sie sogar noch in lateinischer Form aufgezeichnet worden. Das bedeutet allerdings nicht, daß auch im Namengebrauch durchweg die schreibsprachlichen Formen verwendet worden wären. Die deutlichen Unterschiede in den Taufregistern – hier ausschließlich volle Namenformen, dort (in evangelischen Pfarreien) in zunehmendem Maße Varianten aller Art – dürfen also nicht darüber hinwegtäuschen, daß im täglichen Leben auch in der katholischen Bevölkerung Kurz- und Koseformen, mundartliche Varianten und Kontraktionen gang und gäbe waren und sind. Nur die Rückbindung an die vollen Namenformen, ihren Klang und Rhythmus, ist hier wahrscheinlich stärker im Bewußtsein der Sprecher verankert.

Zur Wiederaufnahme deutscher Namen trug auch das unter den Humanisten erwachende Interesse an der deutschen Vergangenheit und Geschichte bei. Andererseits begünstigte diese geistige Strömung die Entlehnung fremder Namen aus den klassischen Sprachen: *Hektor*, *Horatius*, *Agrippa*, *Claudius*, *Cornelia* u. a. m. Sehr schön illustrieren dies die Frauennamen in der Familie Willibald Pirckheimers (um 1500): Seine Mutter trug den Namen *Barbara*, seine Schwestern wurden *Charitas*, *Felicitas*, *Eufemia*, *Sabina*, *Katherina* und *Walburg* genannt, seine Gattin hieß *Creszentia*; die Töchter erhielten Namen aus der Familie: *Charitas*, *Crescentia* und *Katherina* (s. R. E. Keller: *The German Language*, London/Boston 1978, S 465). Bei den Hohenzollern trifft man auf die Namen *Albrecht Achilles*, *Albrecht Alcibiades* und *Johann Cicero*. Aus Dresden kann Fleischer ([31], 239) sogar „*Hannibals de Carthago* Wittib" (1617) belegen. Eingeführt wurden diese Namen vom Bildungsbürgertum und vom Adel, und manche bleiben auch auf diese

Kreise beschränkt und werden selbst dort bald wieder aufgegeben (aber noch in den siebziger Jahren dieses Jahrhunderts sind *Alkibiades* und *Marsyas* in einer Adelsfamilie in Heidelberg, offenbar in Fortführung einer alten Familientradition, als Beivornamen erteilt worden). Andere dagegen breiten sich weiter aus. Vor allem die in den Fürstenhäusern vorkommenden Namen *Julius*, *Augustus* und *Maximilian* finden großen Anklang. – Häufig trifft man in dieser Zeit (15.–17. Jh.) latinisierte Namensformen und „Übersetzungen" in die klassischen Sprachen an (s. a. S. 197 f.): *Henricus* für *Heinrich*, *Martinus*, *Joachimus*, *Erasmus* für *Geert (Gerhard)*, *Justus* für *Jost* usw. Das gilt auch für die Familiennamen. Aber während unter diesen manche beibehalten werden, sind die latinisierten und/oder gräzisierten Vornamen wohl meist nur für die Öffentlichkeit bestimmte Schreibformen, passend zu den lateinisch abgefaßten Schriften oder Titeln; im mündlichen Umgang in deutscher Sprache wurden sie vermutlich kaum benutzt.

Im 17./18. Jahrhundert nehmen die movierten Mädchennamen wie *Jakob(e)a*, *Jakobine*, *Ernestine*, *Justine*, *Pauline*, *Adolfine*, *Georgine*, *Albert(in)e*, *Eberhardine*, *Leopoldine*, *Wilhelmine* deutlich zu. Sie sind besonders bei Protestanten beliebt ([142] Arnold 17 f.). Die Gründe für diese Entwicklung sind meines Wissens bisher nicht erforscht worden.

Im 17. Jahrhundert wurden in Deutschland mehrere Sprachgesellschaften gegründet, deren Mitglieder sich das hohe Ziel steckten, die deutsche Literatur- und Bildungssprache auf die Höhe der französischen und lateinischen Sprache ihrer Zeit zu heben, das heißt, eine einheitliche und für alle kulturellen Aufgaben geschmeidige nationale Schriftsprache zu entwickeln. Ihre Angriffe richteten sich gegen die „Überfremdung" der deutschen Sprache, die während des Dreißigjährigen Krieges, vor allem unter französischem Einfluß, enorm zugenommen hatte. Es konnte nicht ausbleiben, daß man sich in diesen Kreisen auch gegen die Vornamen ausländischer Herkunft wandte und Vorschläge zur Vermehrung des deutschstämmigen Namenbestandes machte. „Philipp von Zesen (1619–1689) übersetzt z. B. klassische Namen ins Deutsche. Für *Dorothea* sagt er *Himmelshulde*, *Philipp* verdeutscht er mit *Marhold*, *Markhold*, *Ritterhold*. Die antiken Götternamen *Venus*, *Flora*, *Diana* ersetzt er

3.7. Zur Geschichte der Vornamen

durch *Lustinne*, *Bluhmine*, *Weidinne* usw. Auch bildet er in diesem Geiste neue deutsche Namen wie *Deutschlieb*, *Dichtreich*, *Klugemunde*, [...] *Rubinemunde*." ([31] Fleischer 62). Diese künstlichen Bildungen fanden jedoch keinen Anklang. Erfolgreich hingegen waren die ebenfalls im 17. Jahrhundert – hauptsächlich in protestantischen (pietistischen) Kreisen – aufkommenden Neubildungen *Fürchtegott*, *Ehregott*, *Traugott*, *Gottlieb*, *Gottlob*, *Lobgott*, *Helfgott*, *Gotthelf*, *Gotthilf*, *Frohmut*, *Christlieb*, *Liebfried*, *Leberecht*, *Glaubrecht*, *Thurecht* usw. Einige sind durch Übersetzung entstanden, so *Erdmann* für *Adam*, *Gotthold* für *Johannes* (‚Gott ist gnädig'), *Fürchtegott* für *Timotheus*, *Gottlieb* für *Amadeus*, andere, indem man ältere deutsche Namen umgestaltete und neu interpretierte; so kann beispielsweise *Frohmut* von älterem *Frodemut* (zu ahd. *frōt* ‚klug, weise' und *muot* ‚Sinn, Geist, Gemüt'), *Erdmann* von *Hartmann*, *Leberecht* von *Liebrecht*, aus älterem *Liutbrecht*, beeinflußt sein. Es ist ein bemerkenswerter Versuch, mit Mitteln des zeitgenössischen appellativischen Wortschatzes Namen zu bilden, deren Sinn jedermann verständlich ist. Die so geschaffenen Namen sind zweigliedrig wie die germanisch-deutschen Rufnamen, aber anders als bei jenen liegen hier größtenteils Satznamen vor oder als verkürzte Sätze interpretierbare Zusammensetzungen („Fürchte Gott!" „Lebe recht!" „Gott sei dir hold!" „Sei frohen Mutes!" „Gott helfe dir!" oder „Gott, hilf!"), die als Ermahnung zur rechten christlichen Lebensführung oder als schützende Geleitworte über das Leben des Namensträgers gestellt sind. Fast zwei Jahrhundert lang haben diese Namen die protestantische Namengebung mitbestimmt; dennoch haben sie sich auf die Dauer nicht durchzusetzen vermocht – vielleicht gerade deshalb, weil sie in ihrer sprachlichen Durchsichtigkeit allzu plakativ, zu aufdringlich und für den Namengebrauch im Alltag zu anspruchsvoll wirkten, zumal sie auch kaum Verkürzungen und Koseformen zuließen. Auch sind die Satznamen nicht eindeutig männlich oder weiblich, sondern können theoretisch für beide Geschlechter verwendet werden (*Fürchtegott* und *Fro(h)mut* z. B. sind tatsächlich auch als Mädchennamen belegt). Sie sind aber meist Männern gegeben worden, wenn man von gelegentlichen Movierungen wie *Gottliebe*, *Gottlobine*, *Frohmute* absieht.

Zu Beginn des 19. Jhs. haben Sprachreiniger erneut versucht, neue deutsche Namen einzuführen. Christian Heinrich Wolke aus Jever, ein Freund Johann Campes und von Jean Paul hochgeschätzt, „bildete z.B. die Namen *Blumine, Duldine, Sanftine, Wollustine, Anmut(in)a, Heila, Wonna*" ([31] Fleischer 62; s.a. [142] Arnold 29ff.). Sie fanden ebensowenig Anklang wie die gelegentlichen Neubildungen, die aus der nationalen Begeisterung und antifranzösischen Stimmung zur Zeit der Befreiungskriege hervorgingen: *Freimund, Kühnemund* (so nannte Achim von Arnim zwei seiner Söhne), *Freimut* oder gar *Gneisenauette, Blücherine, Katzbachine*.

Inzwischen hatte sich die Anzahl ausländischer Vornamen in Deutschland ständig vermehrt. Seit der glanzvollen Regierungszeit Ludwigs XIV., des „Sonnenkönigs" (1643–1715), nimmt die Zahl französischer Mädchennamen zu: *Annette, Babette, Charlotte, Henriette, Lisette, Louise*; auch einige französische Jugennnamen kommen hinzu: *Emil, Louis, Jean, Eduard*. An den Fürstenhöfen und im gehobenen Bürgertum galt Französisch ja noch bis weit ins 18. Jh. hinein als die Sprache der gesellschaftlichen Konversation und „Courtoisie". Wenngleich in den Taufurkunden deutsche Vornamen standen, wurden sie im Gespräch doch häufig französisiert. Der Einfluß französischer Gouvernanten und Erzieher ist dabei als nicht gering einzuschätzen. Das fünfte Kind des Prinzen August Ferdinand von Preußen erhielt 1772 offiziell die Namen *Friedrich Ludwig Christian*, doch wurde er stets *Louis* genannt, und der Erwachsene behielt diese Form bei (der Zusatz *Ferdinand*, nach dem Vater, kam zur besseren Unterscheidung hinzu, als der nächstfolgende Sohn ebenfalls den Namen *Ludwig/Louis* erhielt). Erinnert sei auch an Johann Paul Friedrich Richter, der den französisierten Schriftstellernamen *Jean Paul* annahm. Schließlich ist auch die Rufform *Schorsch* für *Georg* auf französische Einflüsse in dieser Zeit zurückzuführen.

Aus der Schäferpoesie des 18. Jhs. stammen Namen wie *Damon, Doris, Chrysander, Philine, Phyllis, Lucinde*. Über Österreich gelangten in Italien gebräuchliche Namen wie *Eleonore, Isabella, Laura, Guido* nach Deutschland. Ebenfalls noch ins 18. Jh. fällt die erste Welle von Entlehnungen aus dem Englischen, hervorgerufen durch die Wirkung englischer Aufklärer, Philosophen, Essayisten, Dichter,

3.7. Zur Geschichte der Vornamen

Dramatiker und Romanciers und unterstützt von der Shakespeare-Begeisterung. Nicht nur im Wortschatz, sondern auch in der Namengebung werden die englischen Einflüsse spürbar: *Fanny*, *Harry*, *Betty*, *Molly*, *Arthur*, *Edgar*, *Edmund*, *Edwin*, *Edith*, *Willy*; im 19. Jh. schließen sich an: *Daisy*, *Ellinor*, *Harriet*, *Lizzi* u.a.m. Der gewaltige Erfolg der Ossian-Dichtung, einer genialen Fälschung des Schotten Macpherson, machte *Selma* und *Oskar* beliebt. – Hinzu kommen im 19. Jh. Namen slawischer (*Olga*, *Wanda*, *Ludmilla*, *Sonja*, *Fe(o)dor*) und nordischer Herkunft (*Sigrid*, *Ingrid*, *Helga*, *Knut*, *Hjalmar*, *Gustav*). Gegen Ende des Jahrhunderts macht sich eine Tendenz zu kurzen Namen bei den Jungen bemerkbar: *Klaus*, *Fritz*, *Horst*, *Kurt*, *Karl*, *Paul*, *Heinz*, *Rolf*. Mit ihr konkurriert etwa seit Ende des Ersten Weltkriegs (Ansätze dazu finden sich, vor allem bei den Mädchennamen, schon früher) eine Vorliebe für Namenkopplungen vom Typ *Karlheinz*, *Karl-Heinz*, *Hans-Jürgen*, *Annemarie*, *Annegret*, *Eva-Maria*. Sie geht anscheinend von den Mittel- und Oberschichten in den protestantischen Städten Mittel- und Norddeutschlands aus, erreicht ihre ersten Höhepunkte in den zwanziger und dreißiger Jahren und schwillt noch einmal in den fünfziger Jahren an. Danach fällt die Häufigkeitskurve dieser Namen wieder steil ab.

Die Zeit des Nationalsozialismus hat keinen merklichen Einschnitt in der Vornamengebung hinterlassen. Eine Zunahme der „deutschen" Vornamen ist schon vorher zu verzeichnen. Das erstarkende Nationalbewußtsein nach der Reichsgründung 1871 wie auch die Situation Deutschlands im Ersten Weltkrieg und danach schaffen ein geistiges Klima, in dem auch die Bemühungen des Allgemeinen Deutschen Sprachvereins um die „Reinigung" der deutschen Sprache Widerhall finden. Namen wie *Günt(h)er*, *Helmut*, *Reinhold*, *Eberhard*, *Dieter*, *Wolfgang*, *Volker* gewinnen wieder an Beliebtheit. Diese Tendenz setzt sich in den dreißiger Jahren fort, ohne daß eine dem Germanenkult der Nationalsozialisten entsprechende durchgreifende „Germanisierung" der Namengebung einträte oder offiziell überhaupt angestrebt würde. Wenn auch der Runderlaß vom 14.4.1937 dekretierte: „Die Kinder deutscher Volksgenossen sollen grundsätzlich nur deutsche Vornamen erhalten" (Das Standesamt 17, 1937, S. 148), und sogar nordische Namen als unerwünscht hinstellte (was zur Zurückweisung von *Ragnar*, *Ragnhild*, *Knut*, *Sven* und *Björn* und zu lebhaften Auseinandersetzungen über den Namen *Kirsten* führte – nur *Karin* konnte sich unangefochten ausbreiten), wurden diese Richtlinien in der Praxis keineswegs rigoros angewandt. Mit „deutschen Vornamen" waren auch keineswegs nur die germanisch-deutschen, sondern alle in Deutschland damals fest eingebürgerten Vornamen, gleich welcher sprachlichen (etymologischen) Herkunft, gemeint. Lediglich die Einführung neuer, bislang ungebräuchlicher Namen aus dem Ausland wurde erschwert. Das eigentliche Interesse der Nationalsozialisten in der Vornamenfrage konzentrierte sich nämlich sehr bald einzig und allein darauf, die jüdischen Bevölkerungsteile zu diskriminieren und zu isolieren. Am 17.8.1938 wurde die „Zweite Verordnung zur Durchführung des Gesetzes über die Änderung von Familiennamen und Vornamen" herausgegeben, die sich auf deutsche und staatenlose Juden in Deutschland bezog. Die beiden zentralen Bestimmungen dieser Verordnung lauteten:

§ 1

(1) Juden dürfen nur solche Vornamen beigelegt werden, die in den vom Reichsminister des Innern herausgegebenen Richtlinien über die Führung von Vornamen aufgeführt sind. [...]

§ 2

(1) Soweit Juden andere Vornamen führen, als sie nach § 1 Juden beigelegt werden dürfen, müssen sie vom 1. Januar 1939 ab zusätzlich einen weiteren Vornamen annehmen, und zwar männliche Personen den Vornamen *Israel*, weibliche Personen den Vornamen *Sara*. [...]" (Reichsgesetzblatt 1938, Teil I, S. 1044)

Diese Zwangsnamen mußten im Rechtsverkehr stets angegeben werden. Der Runderlaß des Reichsministers vom 18.8.1938 – also einen Tag später – wiederholte diese Bestimmungen, bot nichtjüdischen Personen, die einen jüdischen Vornamen führten, die Möglichkeit zur Namensänderung an (Löschung des jüdischen oder Hinzufügung eines nichtjüdischen Vornamens) und gab im Anhang eine Liste mit 185 männlichen und 91 weiblichen Vornamen bekannt, die als typisch jüdisch eingestuft wurden (z.B. *Abel*, *Abieser*, *Abimelech*, *Abner*, *Absalom*, *Ahab* ...). Damit sollte klargestellt werden, was unter einem „jüdischen" Vornamen zu verstehen sei; denn die christlichen Namen hebräischer Herkunft waren nach wie vor auch

3.7. Zur Geschichte der Vornamen

für „arische" Staatsbürger zugelassen. – Die Juden selbst hatten sich in der Namengebung längst weitgehend ihrer Umgebung angepaßt. „Der jüdische Knabe erhielt im Zusammenhang mit der Beschneidung am achten Tag nach der Geburt einen hebräischen Namen, mit dem er später zur Verlesung der Thora aufgerufen [...] wurde" ([220] Cuno 280) und der auch sonst bei gottesdienstlichen Handlungen gebraucht wurde. Daneben aber bekamen die meisten Jungen noch einen zusätzlichen weltlichen Namen, der gewöhnlich dem Fundus der im Deutschen gebräuchlichen Vornamen entnommen war. Diese zweite Namengebung „fand, wie die für Mädchen, am 30. Tag nach der Geburt oder nach der Genesung der Mutter in deren Wohnung statt" (Cuno, a.a.O.). Daraus erklärt sich, daß die Juden in Deutschland „beizeiten vielfach auch deutsche Rufnamen neben solchen hebräischen, lateinischen oder griechischen Ursprungs aus der Überlieferung ihres Volkes" führten. „In Kölner Urkunden des 12. und 13. Jahrhunderts begegnen Juden namens *Dietrich*, *Ekbert*, *Heinrich*, *Süßkind* usw. Nicht selten wurde hebräisches Namengut eingedeutscht: *Salomon* z.B. wird zu *Salemannus* und erinnert so an den altdeutschen Namen *Salman* [...]. Häufiger als Juden begegnen im Köln jener Zeit Jüdinnen mit deutschen Rufnamen: Es treten auf: *Adelheid*, *Heilswinda*, *Bruna* u.a. [...]." ([30] Bach § 473; Abkürzungen wurden von mir aufgelöst, auf die Wiedergabe des Sperrdrucks einiger Wörter wurde verzichtet, W. S.). Im Gegensatz zu den Jungen wurden die jüdischen Mädchen nämlich nicht zur Thora aufgerufen und besaßen deshalb meist nur einen „bürgerlichen" Namen. Der weltliche Name wurde vielfach vom kirchlichen angeregt. „Ein *Elyachim* etwa heißt auf deutsch *Godeschalk*, ein *Pingnus* (= hebr. *Pinhas*) *Seligmann*. Nach 1. Mos. Kap. 49, Vers 9, 21, 27 übersetzte man die jüdischen Namen *Juda*, *Naphthali*, *Benjamin* als *Löw*, *Hirsch*, *Wolf*" (Bach, a.a.O.); oder man wählte einen Namen mit gleichem Anfangsbuchstaben: *Salomon* – *Sigmund*, *Nathan* – *Norbert*, *David* – *Dagobert*. Beim Übertritt zum Christentum wurden die jüdischen Namen natürlich abgelegt und durch geläufige Vornamen aus der zeitgenössischen Namengebung ersetzt. (Auf die Besonderheiten der jiddischen Namenformen kann hier nicht eingegangen werden.) – Wenige Wochen nach dem obenerwähnten Erlaß begannen in der sogenannten Kristallnacht vom 9. zum 10. November 1938 die organisierten Gewalttätigkeiten gegen die jüdische Bevölkerung, die in einem millionenfachen Mord endeten.

Noch während des Krieges bahnt sich in der Vornamengebung eine Entwicklung an, die nach dem Zusammenbruch der faschistischen Gewaltherrschaft zum Durchbruch kommt: die Wiederbelebung christlicher und antiker Namen hebräisch-griechisch-lateinischen Ursprungs (*Stefan, Thomas, Michael, Andreas; Gabriele, Sabine, Petra, Christine* usw.). In Schüben kommen immer neue Namen aus diesem Umkreis hinzu: *Markus* (mit den Varianten *Mark/Marc, Marco*), *Alexander, Sebastian, Felix, Florian, Tobias, Benjamin, Christian; Alexandra, Julia, Melanie, Stefanie* ... Während sich diese Namen in Wellen von Süden nach Norden ausbreiten, dringen gleichzeitig mehr und mehr niederdeutsche und nordische Namen nach Mittel- und Süddeutschland vor (*Eike, Heike, Silke, Annika, Antje, Thorsten, Sven, Björn, Ni(e)ls* ...). Etwa von den sechziger Jahren an steigt die Beliebtheit französischer und slawischer, speziell russischer Namen beträchtlich an (französisch sind etwa: *Nicole, Simone, Nadine, Yvonne*, russisch: *Tanja, Nadja, Tamara, Boris, Sascha*). Bemerkenswert ist, daß sich der angloamerikanische Einfluß, dem man ab 1945/46 im Wortschatz auf Schritt und Tritt begegnet, in der Namengebung nicht so stark auswirkt. Größere Verbreitung gewannen *Oliver* (etwa von den fünfziger Jahren an) und *Patrick* (seit den sechziger Jahren) sowie *Carolyn/Carolin, Jennifer, Jessica* und *Vanessa* (besonders in den siebziger Jahren); 1979/80 wiesen *Dennis* und *Sabrina* einen deutlichen Aufwärtstrend auf. An den seltener gewählten Vornamen sind diejenigen angloamerikanischer Herkunft allerdings recht lebhaft beteiligt. Es ist außerdem damit zu rechnen, daß eine ganze Reihe von Namen, die zum historischen Bestand gehören, erst aufgrund englischer Einflüsse wiederbelebt wurden, z. B. *Daniel, David, Simon, Patricia, Sara(h), Laura, Lisa* u. a. m. Bemerkenswert ist in der Vornamengebung der letzten zehn bis zwanzig Jahre weiterhin: (a) die Variation einiger besonders bevorzugter Namen „stämme", vor allem bei den Mädchennamen (z. B. *Brigitte, Birgit, Birgitta, Birt(h)e, Brit(t), Britta, Berit; Christine/-a, Christiane, Christin/Kristin, Kerstin, Kirsten; Katharina, Karin(a), Karen, Kat(h)rin, Katja; Anna, Anne, Annette, Ann, Anja, Anke, Antje; Markus, Marco, Mark/Marc*); (b) die gleichzei-

3.7. Zur Geschichte der Vornamen 145

tige Beliebtheit zusammengehöriger Jungen- und Mädchennamen wie *Andreas – Andrea, Manuela – Manuel, Christian – Christine*; (c) die Wiederaufnahme älterer Namen in einer „modernisierten" Variante, z. B. *Eric/Erik* statt *Erich*, *Frederik/Frederic(k)* statt *Friedrich*, *Dirk* statt *Dieter/Dietrich*.

Die obige Darstellung der Entwicklung nach 1945 beruht im wesentlichen auf Materialien aus dem Gebiet der Bundesrepublik Deutschland. In groben Zügen trifft sie aber – soweit dies aus vorliegenden Berichten und Untersuchungen hervorgeht – anscheinend auch auf Österreich, die deutschsprachige Schweiz und die DDR zu, mögen die verschiedenen fremdsprachigen Einflüsse im einzelnen auch hier und dort später oder früher einsetzen und nicht überall gleich stark sein. In der DDR z. B. scheinen englische Vornamen eine größere Rolle zu spielen als in der Bundesrepublik, und es werden aus dem reichen Angebot der Fremdsprachen teilweise andere Namen favorisiert als in den anderen deutschsprachigen Ländern (z. B. *Mandy, Peggy, René, André*). Überall aber sind die germanisch-deutschen Namen zur Zeit in den Hintergrund getreten. Überhaupt scheint eine gewisse Abneigung gegen Namen zu bestehen, die aus zwei Bestandteilen zusammengesetzt sind (wie *Sieglinde, Dietmar, Annemarie, Karlheinz* usw.).

Insgesamt läßt sich in den letzten 300 Jahren eine ständige Vermehrung des Vornamenbestandes, vor allem durch Entlehnungen aus den verschiedensten Sprachen, feststellen. Sie bewirkt, daß die Konzentration auf einige wenige Namen allmählich abgebaut wird. Unter den Importen sind besonders viele Mädchennamen. Das hängt sicherlich mit der Rolle der Frau in der Gesellschaft zusammen. In der Familiengeschichte ist die männliche Linie dominant. Sofern Familientraditionen in der Vornamengebung fortbestehen, konzentrieren sie sich auf die männlichen Nachkommen. Aber auch wenn nicht direkt Namen aus der Familie weitergegeben werden, macht sich bei den Jungen doch ein Zug zu einer etwas „konservativeren" Namengebung bemerkbar.; das Neuartige, Aparte, die Abwechslung üben hier nicht den gleichen Reiz und die gleiche Anziehungskraft aus wie bei den Mädchennamen. Für die Mädchen hat der Vorname ja auch insofern größere Bedeutung, als er allein unverändert bleibt, während der Familienname bei der Eheschließung wechselt. (Nach neuestem Familiennamen-Recht, s. S. 31, gilt das nicht mehr uneingeschränkt.) Der weibliche Vorname ist also gleichsam „exponierter", und er soll wohl auch eine gewisse Werbewirkung haben. Das klangästhetische Motiv bei der Namenwahl findet sich daher wohl zuerst und am ausgeprägtesten bei den Mädchennamen. Jedenfalls kann man noch heute feststellen, daß der Wechsel in der „Namenmode" bei den Jungennamen etwas langsamer vonstatten geht als bei den Mädchennamen und daß der prozentuale Anteil der beliebtesten Vornamen bei den Jungen gewöhnlich etwas höher liegt als bei den Mädchen, weil die Nachfrage nach „besonderen" Namen etwas geringer ist.

Bisher ist nur von Veränderungen in der Art der Namen und ihrer Beliebtheit gesprochen worden. Es ist nun noch auf andere Erscheinungen hinzuweisen, die nicht weniger auf den Wandel der Vornamengebung eingewirkt haben. Mit dem Aufkommen der Familiennamen vom 12. Jh. an erhielten die bisherigen „Rufnamen" einen völlig neuen Status als „Vornamen". Das geschah natürlich nicht von heute auf morgen, sondern in einem langwierigen Prozeß. Letztlich hat diese Entwicklung zum Rückgang von Traditionen in der Namengebung beigetragen, mit denen familiäre Beziehungen und Bindungen im Ruf- oder Vornamen zum Ausdruck gebracht wurden; der Familienname stellt die Zusammengehörigkeit ja viel deutlicher heraus. Die Zweiteiligkeit des Personennamens, bestehend aus einem persönlichen Vor- und einem überindividuellen Nachnamen mit jeweils unterschiedlichen Funktionen, macht es nun auch möglich, im Bereich des persönlichen Vornamens quantitative Änderungen vorzunehmen, d. h. anstelle eines Vornamens nach Belieben zwei oder mehr Vornamen zu geben. Einzelfälle dieser Art hat es schon vorher gegeben. „So kennen wir *Wolfdietrich* und *Hugdietrich* aus der Heldensage; Kaiser Friedrich II. (1194–1250) hieß nach seinen beiden Großvätern *Friedrich Roger*; in einer Wiener Urkunde begegnet a. 1211 ein *Reinoldus Dietricus filius Biterolfi*" (31 Fleischer 58). Doch das bleiben noch lange Zeit Ausnahmen. Mehrfache Vornamen begegnen dann häufiger beim Adel im Süden und Südwesten Deutschlands, und ab 1500 etwa breitet sich diese Neuerung bei den Bürgern in den Städten aus, auch dies zuerst in Süddeutschland. Mittel- und Norddeutschland schließen sich nur

3.7. Zur Geschichte der Vornamen

zögernd an; noch zu Beginn des 17. Jhs. überwiegen hier die einfachen Vornamen. Danach aber werden zwei oder mehr Vornamen in diesen Gegenden nahezu zur Regel. Zur Erklärung des neuen Brauchs, dem Kinde mehr als einen Vornamen zu geben, werden mehrere Ursachen angeführt. Zum einen soll darin das Selbstwertgefühl der sozial Höherstehenden zum Ausdruck kommen, und man kann in diesem Zusammenhang darauf verweisen, daß gerade beim Adel längere Vornamenreihen verschiedentlich bis heute eine Tradition haben. Das erstarkende Selbstbewußtsein des Bürgertums und ein gewisser Geltungsdrang hätten dann zur Nachahmung der neuen Namengebungsgewohnheit geführt. Zum anderen kann die Konzentration auf wenige immer wiederkehrende Vornamen (*Johannes/Hans, Anna*) einen individuellen Zweitvornamen zur besseren Unterscheidung nötig gemacht haben (*Hans Jacob, Hans Konrad, Hans Werner; Anna Margaretha, Anna Maria* usw.). Weiterhin bieten mehrere Vornamen die Möglichkeit, das Kind nach mehreren Paten oder Vorfahren zu benennen oder mehreren Heiligen als Schutzpatronen zu unterstellen. Ich halte es für wahrscheinlich, daß die Anstöße aus der Nachbenennung in der Familie kamen, wie schon – sei es im ehrenden oder liebevollen Gedenken an die Vorfahren, sei es aus „diplomatischen" Erwägungen – im Falle Friedrichs II. (s. o.). An die Stelle der Großeltern oder Eltern traten dann die Namenspatrone oder die „Väter" und „Mütter" im geistlichen Sinne, die Paten. (Das Wort *Pate* stammt von lat. *pater [spiritualis]* ‚geistlicher Vater, Taufzeuge'; vgl. auch oberdt. *Got(t)e, Götti* zu ahd. **gotfater, *gotmuoter,* engl. *godfather, godmother,* sowie *Gevatter* als Lehnübersetzung von lat. *conpater* ‚Mitvater in geistlicher Verantwortung'.) Unterscheidungsbedürfnis und Geltungsdrang mögen bei der Ausbreitung der Mehrnamigkeit als weitere Motive hinzugekommen sein. Die Mehrnamigkeit uferte teilweise derartig aus, daß die kirchlichen und staatlichen Behörden sich wiederholt genötigt sahen, einzuschreiten und Vorschriften gegen den „Namenluxus" zu erlassen. (Die Magdeburger Kirchenordnung von 1685 beispielsweise erlaubte nur zwei Vornamen). Doch noch 1891 erhielt eine österreichische Erzherzogin 20 Vornamen ([31] Fleischer 59; ein im Jahre 1794 geborener spanischer Infant wurde sogar mit 54 Vornamen bedacht, s. *Das Standesamt* 13, 1933, S. 178). Darin manifestiert sich sicherlich eine gewisse Prunksucht, doch ist auch zu fragen, ob die Namen willkürlich gewählt wurden oder ob nicht in ihnen zugleich bestimmte Ansprüche und dynastisch-politische Rücksichten zum Ausdruck gebracht werden sollten.

Der Übergang zum Patennamensystem, frühestens zur Zeit der Reformation einsetzend, markiert einen weiteren wichtigen Einschnitt in den Namengebungsgewohnheiten. Die Wahl der Vornamen ist hierbei nämlich ganz der Entscheidungsfreiheit der Eltern entzogen; die Vornamen ergeben sich automatisch aus den von den Eltern gewählten Paten („gebundene Namenwahl", s. o., S. 116). Außerdem hat diese Art, Vornamen zu vergeben, zur Folge, daß sich die ohnehin bevorzugten Namen beständig kumulieren: Wer mehr als einmal Pate steht, gibt seinen Namen entsprechend oft weiter; werden die Patenkinder selbst zu Paten, vermehren sie ihrerseits einen ihrer Patennamen, den Rufnamen, bei ihren Patenkindern usf. Auf diese Weise können sich bestimmte Namen von „oben" nach „unten" ausbreiten: vom Herrscherhaus über den Hof zum Patriziat (oder Landadel), von dort über das mittlere zum unteren Bürgertum und den Handwerkern und schließlich bis zur Landbevölkerung. Hierin ist wohl eine der Ursachen dafür zu suchen, daß sich in der Vornamengeographie der Neuzeit Gebiete abzeichnen, in denen bestimmte dynastische Namen häufiger vorkommen als anderswo, z. B. *Ruprecht* und *Luitpold* in Bayern, *Friedrich*, *Wilhelm* und *Friedrich(-)Wilhelm*, *Charlotte* und *L(o)uise* in Preußen, *August* und *Friedrich* bzw. *Friedrich(-)August* in Sachsen, *(Franz-)Josef* in Österreich. Damit soll aber keineswegs behauptet werden, daß ausschließlich der Mechanismus bei der Vergabe von Patennamen für die Verbreitung dieser dynastischen Namen verantwortlich zu machen sei. Natürlich genießen die Namen wie ihre Träger ein hohes Ansehen, und sie dringen allein schon deshalb stärker ins Bewußtsein, weil sie ja durch keinen Familiennamen gedeckt sind. (Die Bezeichnung ‚Vorname' trifft auf sie eigentlich nicht zu.)

Das Aufkommen von zwei und mehr Vornamen verursacht die Trennung in Rufname und Beiworname(n). Allerdings gilt das für die Zweifachvornamen anfangs noch nicht. Aus zahlreichen Zeugnissen geht hervor, daß im Namengebrauch beide Vornamen verwendet wurden, freilich mundgerecht gemacht durch Verschmelzung und Variation beider Bestandteile, wie z. B. *Annemie*, *Marian-*

ne, *Annegret*, *Annebärbel*, *Annekätter*, *Marieth(e)res*, *Marizebill*, *Marlies(e)*; *Hansjörg*, *Hansruedi*, *Janwellem* usw. Mit Ausnahme der Form *Marianne*, die schon im 17. Jh. vorkommt (zunächst jedoch als Variante von *Mariamme*, der griech. Form für hebr. *Mirjam = Maria*, verderbt auch *Mariamne*, und der daraus entstandenen frz. und ital. Form *Mariana*; erst später als Kombination aus *Maria* und *Anna* interpretiert), werden diese umgangssprachlichen Bildungen gewöhnlich nicht in die Tauf- und Geburtsurkunden eingetragen. Erst gegen Ende des 19. Jhs. nimmt ihre Zahl in den Eintragungen zu, und zwar zuerst bei den Mädchennamen; die Jungennamen schließen sich dieser Entwicklung erst nach 1900 an, und in katholischen Gegenden hält man noch lange an den vollen, selbständigen Formen fest. Und während bei den Mädchennamen von Anfang an die Zusammenschreibung vorherrscht, werden bei den Jungennamen Bindestrichkombinationen (*Karl-Heinz*, *Hans-Peter*) bevorzugt. In den zwanziger und dreißiger Jahren entsteht eine Vielzahl neuer Doppelformen dieser Art. Der Bindestrich macht sogar Verbindungen möglich, die – in völliger Verkehrung des ursprünglichen Anlasses zur Bildung solcher Namen – von vornherein gar nicht mehr als sprechsprachliche Nameneinheiten gedacht sind, sondern nur noch auf dem Papier stehen: *Jasper-Andreas*, *Michael-Christian*, *Nikolaus-Alexander*, *Ulrich-Lorenz*, *Andrea-Susanne*, *Madeleine-Henriette*, *Silvelyn-Claudine*, *Juliane-Christine* usw. In der Zeit nach 1960 sind die Doppelformen wieder stark zurückgegangen.

Die Mehrnamigkeit war, wie oben schon angedeutet, nicht immer und überall im gleichen Maße vertreten; es lassen sich zeitliche, räumliche und soziale Unterschiede in der Vorliebe für einfache oder mehrfache Vornamen beobachten ([172] Seibicke 66–76). Im allgemeinen besteht heute die Neigung, nur einen Vornamen zu geben. Das gilt vor allem für Norddeutschland; in Schleswig-Holstein etwa bekommen schon seit längerem mehr als 80% der Neugeborenen nur (noch) einen Vornamen mit.

Im Bereich der Namen selbst werden die regionalen Unterschiede immer mehr abgebaut. Selbst die sehr eigenwillige niederdeutsch-friesische Namenlandschaft entlang der Nordseeküste ist vielerorts in Auflösung begriffen. In den Großstädten stimmen die Listen der beliebten Vornamen zwar nicht in der Reihenfolge, aber in ihrem Bestand schon weitgehend überein, und von den Städten breiten sich die als modern empfundenen Namen aufs Land aus, so daß auch dort die traditionsverhafteten, landschaftsgebundenen Namen mehr und mehr schwinden. Der Vereinheitlichung fallen auch die Besonderheiten zum Opfer, die sich bislang aus der konfessionellen Zusammensetzung der Bevölkerung ergaben. Nach der Reformation hatten sich aufgrund unterschiedlicher Auswahlprinzipien gewisse katholische und evangelische Namenräume herausgebildet, und innerhalb der katholischen Gebiete gab es kleinere Landschaften je nach den regional oder lokal bevorzugten Schutzheiligen (Landes- und Kirchenpatronen). In Gegenden mit gemischt-konfessionellen Bewohnern schlug sich die andersartige Namengebung in gruppenspezifischen Differenzen nieder. Noch in der Elterngeneration der in den siebziger Jahren in Heidelberg geborenen Kinder kann man einige „typisch" katholische und einige „typisch" evangelische Namen erkennen: *Alfons, Alois, Anton, Eugen, Franz, Herbert, Johannes, Josef, Nikolaus, Anna, Elisabeth, Franziska, Johanna, Lioba, Lucia/Luzie, Magdalena, Maria, Rita, Rosa, Theresia, Veronika* beispielsweise sind überwiegend in der katholischen Bevölkerung vertreten; *Axel, Dietrich, Fritz, Gustav, Uwe, Volker Bärbel, Dagmar, Margret, Ute, Wilma* werden meist von evangelischen Personen getragen. Ähnliche Differenzen sind auch andernorts festgestellt worden (s. [140] Ammermüller, [120] Link, [147] Berliner Statistik 261 f.), mögen es auch an den einzelnen Orten jeweils andere Namen sein, die als „typisch" katholisch oder evangelisch angesehen werden. Unter den in den letzten zehn bis zwanzig Jahren geborenen Kindern gibt es keine so deutliche konfessionelle Verteilung mehr, wenngleich nicht ganz auszuschließen ist, daß der eine oder andere Name bei der einen Gruppe größeren Anklang findet als bei der anderen, weil er besser zu den gewohnten Klangvorstellungen paßt (s. [172] Seibicke 164–166). Genauere Einzeluntersuchungen stehen noch aus.

Eine ausgeprägte ständische Schichtung in der Namengebung hat es im Deutschen anscheinend nie gegeben. Gewiß erweist sich der Adel nicht selten als relativ konservativ, und es lassen sich zweifellos einzelne Namen finden, die in bestimmten Zeiträumen bei dieser oder

3.7. Zur Geschichte der Vornamen

jener sozialen Gruppe bevorzugt wurden oder nur auf enge Gesellschaftskreise beschränkt blieben. In der Mehrheit aber scheinen sich die während einer Epoche aus dem Namenbestand ausgewählten Vornamen mit nur geringer zahlenmäßiger Abweichung über die gesamte Bevölkerung zu verteilen. Am auffälligsten ist in frühdeutscher Zeit die Trennung im Gebrauch von Vollformen vor allem für Adel, Geistlichkeit, Patriziat und Kurzformen überwiegend für niedere Bevölkerungskreise (s. bes. [156] Löffler). Auch hier indessen lassen sich keine scharfen Grenzen ziehen, und es ist die Frage, ob die Unterschiede nicht eher im Namengebrauch als in der Namengebung zu suchen sind. Die gesellschaftliche Position der oberen Schichten und die Bedeutung der schriftlich geführten Rechtsgeschäfte für diese Menschen könnten dazu geführt haben, daß hier die schriftliche Fixierung eines Namens in seiner vollen, bei der Geburt und Taufe festgelegten Form zur Regel wurde – unabhängig davon, ob sie auch im mündlichen Gebrauch angewandt wurde oder nicht –, während die Namen aus unteren Bevölkerungskreisen ihrem Gebrauch in der Alltagskommunikation entsprechend, also in ihrer Rufform aufgezeichnet wurden. In gewisser Weise ähnelt diese Einschätzung und Behandlung der Namen untergeordneter, abhängiger Personen der späteren Verwendung von Vornamen und Rufformen zum Beispiel für Dienstpersonal. Im Laufe der Zeit jedoch scheinen in den unteren Schichten die Gebrauchsformen der Rufnamen die Kenntnis der Vollformen verdrängt zu haben, weil hier die ständige „Rückkopplung" an die tradierten schriftlichen (urkundlichen) Formen fehlte, so daß sich dann doch eine soziale Differenzierung einstellte, indem die höheren Schichten bei der Namengebung stärker an den schreibsprachlichen vollen Formen festhielten, die unteren Schichten dagegen mehr zu Kurzformen und mundartlichen Varianten neigten (sofern nicht die Pfarrer bei der Eintragung ins Kirchenbuch die vorgeschlagenen Namen auf die mehr oder weniger richtig erkannte volle Ausgangsform brachten). Noch heute besteht in mittleren und oberen Gesellschaftskreisen die Tendenz, unverkürzte oder nicht „verstümmelbare" Namen eintragen zu lassen, und es ist vielleicht auch auf diese Haltung zurückzuführen, daß Namen wie *Sascha*, eine russische Kurzform zu *Alexander*, in diesen Kreisen seltener gewählt werden.

Tiefergehende Wandlungen in der Namengebung – wie etwa der Paradigmenwechsel beim Übergang zur Wahl von Heiligennamen, das Aufkommen der Patennamen und die Vermehrung der Vornamenanzahl – sind anscheinend vom Bürgertum ausgegangen, haben aber in kurzer Zeit auch alle anderen Schichten ergriffen; es hat sich stets sehr bald ein Ausgleich innerhalb der Gesamtbevölkerung vollzogen. Namen aus der Literatur und solche aus Fremdsprachen dürften ebenfalls über das mittlere und obere Bürgertum in Umlauf gekommen sein; einmal eingeführt, konnten sie sich anschließend schnell, auch ohne Kenntnis der Herkunft und der ursprünglichen Motivation, ausbreiten (s. die Untersuchung [143] von H. Beckers über *Horst*).

Von Vornamen„moden" spricht man vor allem, seit die freie Namenwahl (s. S. 119) beherrschend geworden ist. Theoretisch hat nun jeder Name die gleiche Chance, gewählt zu werden, und tatsächlich hat sich seitdem die Menge der verschiedenen Namen innerhalb einer Generation oder einer Ortsgemeinschaft beträchtlich vermehrt. Die Einförmigkeit früherer Zeiten, als mehr denn 20% der weiblichen Einwohner eines Ortes *Margarethe* und mehr denn 30% – stellenweise sogar mehr als 50% – aller männlichen Bewohner *Johannes* hießen, ist längst überwunden. Die Spitzenreiter unter den heutigen „Modenamen" erreichen nur noch 4 bis 10%. Es ist dennoch erstaunlich, daß trotz freier Namenwahl noch immer eine Konzentration auf einige Lieblingsnamen und – wenn man nicht nur auf die quantitativ herausragenden Namen schaut, sondern auch die seltener vergebenen, aber in die gleiche Auswahlrichtung weisenden Vornamen berücksichtigt – auf ähnliche, ihnen im Klang oder der Herkunft nach verwandte Namen stattfindet. Die Namenmode wird ja nicht nur durch die am häufigsten vergebenen Namen, die Modenamen, bestimmt, sondern auch durch die Art der anderen Namen, die für einen bestimmten Zeitraum charakteristisch sind und die man zum Unterschied von den Modenamen als modische Namen bezeichnen könnte; hierzu gehören beispielsweise *Chantal*, *Désirée*, *Dominique*, *Jacqueline*, *Jean(n)ine*, *Jean(n)ette*, *Monique*, *Natalie*, die sich als Einzelgänger oder in kleinen Gruppen um die im Mittelpunkt stehenden Mädchennamen französischer Herkunft *Nicole*, *Nadine*, *Simone*, *Yvonne* scharen, oder die gelegentlich anzu-

3.7. Zur Geschichte der Vornamen

treffenden *Danny*, *Dennis*, *Kevin*, *Norman*, *Ronny*, *Steven*, die im Sog der aus dem Englischen entlehnten Jungennamen *Patrick* und *Oliver* hereingetragen werden. Es scheint so etwas wie einen Zeitgeschmack zu geben, der bei aller Individualität der Namensentscheidung doch eine Zeitlang zur Wahl gleicher oder in einem begrenzten Umkreis anzusiedelnder Vornamen führt und der sich in gewissen Abständen wiederum wandelt, wie man am Vergleich der Vornamen von 1900, 1930, 1950 feststellen kann und in Vornamenuntersuchungen immer wieder festgestellt hat. Was einen solchen Geschmackswandel bewirkt und bestimmt, wie er sich in der Bevölkerung ausbreitet und wie der Konsens in der Einschätzung dessen, was als „modern" gilt, zustande kommt, das sind noch offene Fragen. Die Faktoren, die die Namenwahl beeinflussen, sind so zahlreich, daß sich auch durch intensive Beobachtung der Entwicklungsstadien die Tendenzen, die im „freien Spiel der Kräfte" schließlich die Richtung bestimmen, nicht mit Sicherheit ermitteln lassen. Keinesfalls aber gehen die Veränderungen so plötzlich und in so kurzen Abständen vor sich, wie oft behauptet wird. Mit dem – gelenkten! – modischen Wechsel in der Bekleidung sind die Wandlungen in der sogenannten Namenmode nicht vergleichbar.

Die in der germanistischen Linguistik vorübergehend etwas vernachlässigte Namenforschung hat in letzter Zeit wieder Auftrieb erhalten durch das neu erwachte Interesse an dem Verhältnis von Sprache und Gesellschaft im Rahmen der Soziolinguistik. Namengebung ist eine soziale Handlung, und die Namengeber handeln nicht im „luftleeren Raum". Sie stehen vielmehr in einer soziokulturellen Tradition; sie treffen ihre Entscheidungen im Hinblick auf die Bevölkerungsgruppen, zu denen sie sich selbst zählen und/oder deren Anerkennung, Zustimmung oder zumindest Beachtung sie erringen möchten; und sie stellen sich in der Namenwahl selbst dar: in ihrem Verhältnis zur gesellschaftlichen Umgebung, in ihrem Selbstverständnis, in ihren Hoffnungen, Wünschen für und Ansprüchen an das Kind. Daraus läßt sich die Hypothese ableiten, daß es in jeder gegenwärtig existierenden Gesellschaft gruppen- oder schichtenspezifische Unterschiede in der Namengebung geben müsse, und die Frage, wie sich das äußert, ist auch in der jüngsten Vergangenheit in der Vornamenforschung wiederholt aufgegriffen worden (z. B. in

[124] Debus u. a., [144] bis [146] Debus, [117] Frank, [165] Shin). Die Ergebnisse der bisher vorliegenden Arbeiten bestätigen diese Hypothese im großen und ganzen; doch scheint es verfrüht zu sein, schon jetzt eine Zusammenschau der Untersuchungsresultate zu geben; dazu sind sie oft genug zu diffizil. Die für solche Analysen aus der Soziologie übernommenen Schichtenmodelle sind auch vielleicht nicht immer tauglich, die bei der Namenwahl bewußt oder unbewußt mitwirkenden sozialen Faktoren zu erfassen. Schichtenkonformes oder davon abweichendes Verhalten in der Vornamengebung werden wahrscheinlich auch nicht so deutlich sanktioniert („belohnt" oder „bestraft") wie andere Verhaltensweisen; der „Spielraum" ist hier größer, und infolgedessen lassen sich soziale Schichtung und unterschiedliche Namengebung nicht einfach zur Deckung bringen. Es wäre zu überlegen, ob man statt von der Schichteneinteilung, der man die Vornamen zuordnet, nicht besser von den Namen ausgehen und fragen sollte: Welcher sozioökonomischen oder soziokulturellen Gruppe sind diejenigen Personen zuzuordnen, die den Namen X oder Namen vom Typ A bevorzugen? Vermutlich werden die Antworten auf diese Frage nicht überall gleich ausfallen, weil die historischen Voraussetzungen in den deutschen Landschaften verschieden sind. Ein Vorname, der im Norden ausgesprochen „bildungsbürgerlich" ist, könnte im Süden zu den Unterschichtnamen gehören – und umgekehrt. Eine das ganze deutsche Sprachgebiet gleichmäßig durchziehende Schichtenspezifik ist deshalb von vornherein nicht zu erwarten, und die Differenzen werden sich in der Regel nur tendenziell in der Bevorzugung oder Vermeidung einzelner Namen nachweisen lassen, und nicht in einfachen Zuordnungen der Art „Name X = Schicht i". Diese Schwierigkeiten sollten allerdings nicht davon abhalten, weiter nach Möglichkeiten zur besseren Erforschung sozial bedingter Namengebung zu suchen – falls nicht die geplante Neuregelung im Personenstandswesen, die Berufe der Eltern bei der Geburtsanmeldung nicht mehr einzutragen, allen künftigen soziolinguistischen Vornamenuntersuchungen einen Riegel vorschiebt.

[140] Ammermüller, E.: Konfessionelle Unterschiede in den Taufnamen? In: Rheinisches Jahrbuch für Volkskunde 21, 1973, S. 9–113

3.7. Zur Geschichte der Vornamen

[141] Andersen, Christian: Studien zur Namengebung in Nordfriesland. Die Bökingharde 1760–1970. Bräist/Bredstedt 1977 = Studien und Materialien, veröffentlicht im Nordfriisk Instituut, Nr. 12
[142] Arnold, Robert Franz: Die deutschen Vornamen. Wien ²1901
[143] Beckers, H.: Horst und Horsa. Ein namenkundliches Problem bei Klopstock und in der älteren historiographischen Literatur; in: [20] BNF, N.F., 8, 1973, S. 13–25
[144] Debus, F.: Deutsche Namengebung im Wandel, dargestellt am Beispiel Schleswig-Holsteins; in: [20] BNF, N.F., 11, 1976, S. 361–374
[145] Debus, F.: Namengebung. Möglichkeiten zur Erforschung ihrer Hintergründe; in: [23] Onoma 18, 1974, S. 456–469
[146] Debus, F.: Soziale Veränderungen und Sprachwandel. Moden im Gebrauch von Personennamen. In: Sprachwandel u. Sprachgeschichtsschreibung im Deutschen, Düsseldorf 1977 (= Sprache der Gegenwart, Bd. 41), S. 167–204
[147] Die Vornamen der Berliner im Wandel der Zeiten; in: Berliner Statistik 12/1977, S. 250–262
[148] Hartig, Joachim: Die münsterländischen Rufnamen im späten Mittelalter. Köln/Graz 1967 = Niederdeutsche Studien, Bd. 14
[149] Heinrichs, Karl: Studien über die Namengebung im Deutschen seit dem Anfang des 16. Jahrhunderts. Stuttgart 1908
[150] Heinrichs, Karl: Die Entstehung der Doppelvornamen. Diss. (Teildruck) Gießen 1908
[151] Irle, Lothar: Die Vornamengebung im Siegerland. (Diss. Frankfurt a.M. 1931) Siegen 1932
[152] Klocke, Fr. von: Die Filiation, ihre Konjektur und Injektur, insbesondere mit Rufnamen als „Nachbenennung" im Personenkreis der Familie früherer Zeit; in: Familie und Volk 4, 1955, S. 130–137; 168–171; 200–204
[153] Kohlheim, V.: Zur Erforschung der Diffusion onomastischer Innovationen; in: [20] BNF, N.F., 12, 1977, S. 1–34
[154] Kohlheim, V.: Namenmode und Selektionsprinzipien. Zur Terminologie der Sozioonomastik. In: [23] Onoma 21, 1977, S. 523–533
[155] Littger, Klaus Walter: Das Auftreten der Heiligennamen im Rheinland. München 1975 = Münstersche Mittelalter-Schriften, Bd. 20
[156] Löffler, H.: Die Hörigennamen in den älteren St. Galler Urkunden; in: [17], S. 475–497
[157] Mackel, E.: Die Namenbildung im Hochstift Hildesheim mit Rücksicht auf die einzelnen Stände; in: Niederdeutsche Studien (Festschrift für Conrad Borchling), Neumünster (1932), S. 113–125
[158] Mentrup, W.: die festlegung der namengroßschreibung und die ausweitende abgrenzung des namenbegriffs unter orthographischem

aspekt; in: Zur Reform der deutschen Orthographie, hrsg. von W. Mentrup, E. Pacolt, L. Wiesmann, Heidelberg 1979, S. 90–107
[159] Naumann, H., G. Schlimpert u. J. Schultheis: Vornamen heute. Fragen und Antworten zur Vornamengebung. Leipzig 1977
[160] Nied, Edmund: Heiligenverehrung und Namengebung, sprach- und kulturgeschichtlich, mit Berücksichtigung der Familiennamen. (Diss. Freiburg i. B. 1923) Freiburg i. B. 1924
[161] Quadflieg, E.: Erbnamensitte beim Aachener und Kölner Patriziat im 13. bis 16. Jahrhundert. Aachen 1958 = Genealogische Forschungen zur Reichs- und Territorialgeschichte, Bd. 1
[162] Rennick, R. M.: The Nazi Name Decrees of the Nineteen Thirties; in: [22] Names 18, 1970, S. 65–88
[163] Schmidtbauer, P.: Zur Veränderung der Vornamengebung im 19. Jahrhundert; in: [25] ÖNF 1976, H. 2, S. 25–32
[164] Seibicke, W.: Zur Geschichte der Bindestrich-Vornamen; in: Name und Geschichte (Festschrift für Henning Kaufmann, hrsg. von F. Debus u. K. Puchner), München 1978, S. 149–161
[165] Shin, Kwang Sook: Schichtenspezifische Faktoren der Vornamengebung. Empirische Untersuchung der 1961 und 1976 in Heidelberg vergebenen Vornamen. Frankfurt a. M./Bern/Cirencester 1980 = Europäische Hochschulschriften, Reihe 1, Bd. 346
[166] Socin, Adolf: Mittelhochdeutsches Namenbuch. Nach oberrheinischen Quellen des 12. und 13. Jahrhunderts. Basel 1903, Neudruck Darmstadt 1966
[167] Zender, Matthias: Räume und Schichten mittelalterlicher Heiligenverehrung in ihrer Bedeutung für die Volkskunde. Die Heiligen des mittleren Maaslandes und des Rheinlandes in Kultgeschichte und Kultverbreitung. Düsseldorf 1959
[168] Zender, M.: Über Heiligennamen; in: Der Deutschunterricht 9, Stuttgart 1957, H. 5, S. 72–91
S. a. [27] Debus, [124] Debus u. a., [117] Frank, [118] Kohlheim, [119] Naumann.

Vornamenbücher:

[169] Drosdowski, Günter: Lexikon der Vornamen. Mannheim/Wien/Zürich ²1974 = Duden-Taschenbuch, Bd. 4
[170] Mackensen, Lutz: Das große Buch der Vornamen. München 1978
[171] Naumann, Horst, G. Schlimpert, J. Schultheis: Das kleine Vornamenbuch. Leipzig ³1980
[172] Seibicke, Wilfried: Vornamen. Wiesbaden 1977 = Muttersprache, Beih. 2

3.7. Zur Geschichte der Vornamen

[173] Wasserzieher, Ernst: Hans und Grete, bearb. von Paul Melchers. Bonn ¹⁸1972
[174] Weitershaus, Friedrich Wilhelm: Das neue Vornamenbuch. München 1978

Die Geschichte der deutschen Vornamenbücher beginnt mit dem 1537 anonym in Wittenberg erschienenen „Namen-Büchlein", das ab 1554 unter dem Namen Martin Luthers geht, aber wohl von Joh. Carion verfaßt ist. Mit umfangreichen Anmerkungen und Erläuterungen wurde es in Leipzig 1674 von Gottfried Wegener neu herausgegeben (fotomechan. Neudruck Leipzig 1974); 1570 erschien auch eine Ausgabe in lateinischer Sprache: „Aliquot nomina propria Germanorum ad priscam etymologiam restituta". Dem „Namen-Büchlein" folgte, als „katholisches Gegenstück" ([217] Gottschald 19), das „Onomasticon ecclesiae. Die Taufnamen der Christen deudsch und christlich ausgelegt" von Georg Witzel, Mainz 1541, sodann wiederum eine Schrift von protestantischer Seite: „Namenbüchlein, das ist Erklerung fast aller Mans vnd Weiber Namen jetziger zeit breuchlich" von Zacharias Praetorius, Eisleben 1569. Aus dem 17. Jahrhundert sind zwei einschlägige Werke bekannt: 1. Wolfgang Krügers „Onomasticon oder Deutsches Nahmen Büchlein", (Erfurt) 1611 (s. [175] Lipold), 2. Joh. Heinrich Otts „Onomatologia seu de nominibus hominum propriis", Tiguri (= Zürich) 1671. Das 18. Jahrhundert scheint außer dem kuriosen Werk „Neue erfundene, doch Alt-gewohnte, deutlich-Teutsche Tauffnamen" von Gottonius Frölicharpus Danck, Ulm 1708, kein Vornamenbuch hervorgebracht zu haben. Im 19. und 20. Jahrhundert wächst ihre Zahl rasch an. Seit dem 17. Jahrhundert werden die Vornamen auch oft in den Wörterbüchern behandelt. Jacob Grimm indessen verzichtete grundsätzlich darauf (s. die Vorrede zum 1. Band des „Deutschen Wörterbuchs", Berlin 1854, Sp. XXIX; allerdings mit der Einschränkung: „ins wörterbuch gehören blosz einige hypokoristische formen wie Benz, Kunz, Heinz, Götz u. a., die näher auf die eigenthümlichkeit der heutigen sprache einfließen"), und einige der neueren Wörterbuchmacher folgten ihm. Neuerdings ist die alte Wörterbuchtradition von Brockhaus-Wahrig: „Deutsches Wörterbuch in sechs Bänden", Wiesbaden/Stuttgart 1980ff., ohne Begründung verstärkt wiederaufgenommen worden.

[175] Lipold, G.: Onomasticon. Zur Tradition der deutschen Vornamenbücher; in: [25] ÖNF 7, 1979, H. 2, S. 3–9
S. a. [217] Gottschald, S. 19 ff.

4. Die Familiennamen

4.1. Die häufigsten Familiennamen

Die deutschen, d.h. für Personen mit Deutsch als Muttersprache gebräuchlichen, Familiennamen bilden heute eine nahezu „geschlossene Liste". Es gibt nur geringfügige Veränderungen in ihr: durch Zuwanderung und Einbürgerung von Personen aus anderen Sprachgebieten, durch gelegentliche Namenänderungen oder dadurch, daß einzelne Namen mit ihren letzten Trägern aussterben. Neue Familiennamen werden nicht mehr gebildet; die vorhandenen sind seit Einführung des Bürgerlichen Gesetzbuches bis in die Schreibweise festgelegt und jeglichem Sprachwandel entzogen. So gesehen, sind die Voraussetzungen für eine relativ vollständige Bestandsaufnahme sehr günstig. Andererseits fragt sich, wozu eine statistische Erfassung aller Familiennamen nützlich sein könnte. Die Familiennamenforschung war und ist deshalb überwiegend historisch ausgerichtet: Entstehung (Etymologie) und Entwicklung der Familiennamen stehen im Vordergrund. Das hat sicherlich dazu beigetragen, daß die Namenkunde in den sechziger Jahren vorübergehend aus der synchron-gegenwartsbezogenen und soziolinguistisch ausgerichteten Sprachwissenschaft ausgeklammert war.

Auf die schlichte Frage, wieviele verschiedene Familiennamen (types) in der deutschen Bevölkerung heute vorkommen, gibt es infolgedessen keine befriedigende Antwort. Wie bei den Vornamen wäre bei einer entsprechenden Auszählung zu überlegen, ob man vom Schriftbild ausgehen soll – und demnach *Maier*, *Mayer*, *Meier* und *Meyer* als vier verschiedene Namen behandelt – oder von der Aussprache (die am Schriftbild – z.B. bei *Voigt* [foːkt], *Michelsen* [ˈmiːçəlzən] – nicht immer eindeutig ablesbar ist). Über die Häufigkeit von Trägern bestimmter Namen (tokens) liegt eine Stichprobenuntersuchung und Hochrechnung des Statistischen Bundesamtes in Wiesbaden für die Bundesrepublik nach der Volkszählung vom 27.5.1970 vor [177], woraus im folgenden auszugsweise einige

Ergebnisse vorgeführt werden. Nach dieser Untersuchung, die übrigens aus ganz anderen als namenkundlichen Interessen angestellt wurde (s. die Begründung S. 450 in der Einleitung des Berichtes), trugen von der deutschen Wohnbevölkerung in der Bundesrepublik Deutschland am Stichtag

... ‰	einen Namen, der mit dem Buchstaben ... beginnt
19,08	A
99,13	B
8,52	C
33,32	D
24,82	E
39,82	F
52,32	G
92,21	H
3,27	I
17,76	J
99,06	K
45,67	L
66,91	M
20,39	N
12,40	O
37,67	P
1,13	Q
54,06	R
150,47	S
(34,39	S
32,76	St
83,32	Sch)
22,44	T
5,30	U
12,14	V
67,38	W
0,02	X
0,06	Y
14,64	Z

999,99‰

Die weitergehende Aufschlüsselung in der Tabelle 1 des Untersuchungsberichts führt zu der Beobachtung, daß Namen, die mit *Sc(h)*, *Be*, *Ha*, *He*, *Ma*, *St* und *W* beginnen, am häufigsten sind (sie sind mit

4.1. Die häufigsten Familiennamen

jeweils mehr als 20°/₀₀ vertreten). Namen mit Q, X und Y am Anfang kommen erwartungsgemäß sehr selten vor; zusammen erreichen sie nur etwas mehr als 1°/₀₀. In einer früheren Stichprobe waren überdies merkliche regionale Unterschiede in der Häufigkeitsverteilung der Anfangsbuchstaben festgestellt worden ([178], 34):

„Eine Auszählung von 23 Adreß- und Telefonbüchern aus verschiedenen Gegenden Deutschlands ergab z. B. für Berlin, Hamburg und München die in Übersicht I.2.3 zusammengestellten Häufigkeiten. In dieser Übersicht sind auch die Häufigkeiten im Durchschnitt des Bundesgebietes aufgeführt, die

Anfangsbuch-stabe des Zunamens	Häufigkeit der Anfangsbuchstaben in vH			
	Hamburg	Berlin	München	Durchschnitt im Bundesgebiet (geschätzt)
A	2,09	1,77	2,43	1,97
B	10,36	9,50	9,15	10,09
C	1,39	0,91	0,49	0,92
D	3,43	3,21	3,28	3,40
E	2,41	1,96	3,01	2,57
F	3,45	3,83	4,46	3,95
G	5,03	5,87	5,58	5,26
H	8,55	8,13	9,80	9,04
I/J	2,72	2,20	1,38	1,98
K	8,84	10,44	8,63	9,81
L	4,80	5,06	4,64	4,62
M	6,83	6,51	6,80	6,65
N	2,04	2,24	1,01	2,00
O	1,31	0,98	1,32	1,24
P	4,54	4,43	3,56	3,70
Q	0,18	0,14	0,04	0,12
R	5,61	5,36	5,83	5,52
S	14,14	15,08	16,01	14,97
T	2,94	2,64	1,58	2,18
U	0,47	0,52	0,54	0,54
V	1,35	1,05	1,06	1,29
W	6,37	6,28	6,56	6,68
X/Y	0,01	0,01	0,01	0,01
Z	1,14	1,68	1,93	1,49

4. Die Familiennamen

aus den Verteilungen für die 23 Gebiete – unter ungefährer Berücksichtigung der ihnen zukommenden Bevölkerungszahlen – geschätzt worden sind."
Es besteht die Möglichkeit, daß außer regionalen Unterschieden auch soziale und berufliche Unterschiede in der Namensverteilung vorliegen. Nach den bisherigen Erfahrungen ist allerdings nicht mit sehr starken Verzerrungen zu rechnen."
In der jüngsten Statistik wurden außerdem die in der Bevölkerung am häufigsten vorkommenden Familiennamen ermittelt. Bei der Auszählung wurden zunächst unterschiedliche Schreibweisen getrennt, also als verschiedene Namen, behandelt; nur *ae* und *ä*, *oe* und *ö*, *ue* und *ü* wurden stets zusammengenommen. Danach heißen

	(in 1000)	(‰)
Mueller/Müller	603	10,36
Schmidt	389	6,68
Schneider	251	4,31
Fischer	227	3,90
Meyer	213	3,66
Weber	194	3,33
Becker	175	3,01
Wagner	175	3,00
Schaefer/Schäfer	151	2,60
Schulz	146	2,50
Hoffmann	141	2,43
Bauer	140	2,41
Koch	131	2,26
Klein	126	2,17
Schroeder/Schröder	123	2,12
Schmitz	110	1,90
Schmitt	107	1,85
Schwarz	103	1,77
Wolf	101	1,74
Meier	98	1,68
Neumann	97	1,67
Schmid	95	1,63
Braun	92	1,58
Zimmermann	88	1,51
Hofmann	88	1,51
Huber	86	1,49
Hartmann	87	1,49
Weiss	85	1,46

4.1. Die häufigsten Familiennamen

	(in 1000)	(‰)
Richter	83	1,43
Mayer	83	1,42
Lange	80	1,37
Krause	80	1,37
Krueger/Krüger	79	1,36
Maier	77	1,31
Werner	76	1,31
Peters	74	1,28
Walter	74	1,27
Fuchs	73	1,26
Moeller/Möller	72	1,24
Koenig/König	71	1,22
Lang	70	1,21
Koehler/Köhler	64	1,10
Kaiser	63	1,09
Jung	63	1,07
Keller	61	1,04
Scholz	61	1,05
Herrmann	60	1,04
		99,46

Für gleichlautende Namen ergab die Hochrechnung folgende Reihenfolge:

1. Müller, Mueller	603	10,36
2. Schmid(t), Schmitt	591	10,16
3. Maier, Mayer, Meier, Meyer	470	8,07
4. Schneider	251	4,31
5. Hof(f)mann	229	3,93
6. Fischer	227	3,90

Daß die *Müller*, *Schmidt* und *Meier* – mit den verschiedenen Schreibvarianten – an der Spitze stehen, überrascht nicht; ihre Spitzenstellung würde auch durch eine vollständige Auszählung der gesamten Datenbasis nicht erschüttert werden. In der Abfolge der übrigen Namen dagegen könnten sich dadurch Verschiebungen ergeben, vor allem dort, wo die Hochrechnung zu nur geringen Differenzen führte. (Zu etwas abweichenden Ergebnissen kamen auch ältere Untersuchungen wie die von Koch anhand der Kriegsgefangenenlisten aus dem Ersten Weltkrieg, s. [30] Bach § 371, [176] Dibelius für die Zeit vor dem Zweiten Weltkrieg). Insgesamt vermittelt die Liste aber eine gute Übersicht über die in der deutschen Bevölkerung besonders häufigen Familiennamen. Beachtenswert ist daran übrigens der hohe Anteil von Berufsnamen. Würde man gar etymologisch zusammengehörige Namen – wie *Müller*, *Miller* und *Möller(s)* oder *Schmid(t)*, *Schmitt*, *Schmitz*, *Schmittchen* usw. oder *Schul(t)z(e)*, *Schulte*, *Schultheis*, *Schol(t)z(e)*, *Scholte* oder *Lang*, *Lange*, *Langer* – zusammenfassen, würde sich wieder eine andere Reihenfolge ergeben. Eine Liste aller in dieser statistischen Untersuchung erfaßten Familiennamen könnte außerdem Aufschluß geben über die Verteilung verschiedener Bildungstypen (z. B. *Peter-s*, *Moeller-s*, *Friedrich-s*, *Schmitz* < *Schmitt-s; *Hoffmann*, *Lehmann*, *Altmann* usw.).

Einen Versuch, die deutschen Familiennamen unter synchronischem Aspekt nach ihrer Bildungsweise bzw. nach ihrer „Durchsichtigkeit" für den heutigen Sprachbenutzer aufzugliedern, hat W. Fleischer in einem seiner Beiträge zu dem Band „Namenforschung heute" ([16], 97f.) unternommen. Er unterscheidet im wesentlichen vier Hauptgruppen:

„1. Lexikalische (Wortschatz-)Elemente, die nur als Familiennamen fungieren und unmotivierte (bedeutungsentleerte) Gebilde darstellen: *Apitz*, *Apel*, *Aust*, *Bartsch*, *Besler*, *Borchert*, *Brahms*, *Deinhardt*, *Dekwerth*, *Dietze*, *Dubois*, *Ebert*, *Epfler*, *Flämig*, *Fricke*, *Göpfert*, *Hanisch*, *Jentsch*, *Kolb*, *Leska*, *Lößer*, *Möbius*, *Örtel*, *Pätsch*, *Rößler*, *Sauter*, *Schottel*, *Sperlich*, *Steudel*, *Thieß*, *Virchow*, *Wetzel*, *Zumpe*." Als Unterabteilung ließen sich hier vielleicht noch die eindeutig fremdsprachigen Namen – wie *Dubois* – ausgliedern.

„2. Lexikalische Elemente, die ebenfalls nur als Familiennamen fungieren, aber teilweise motivierte Konstruktionen darstellen, z. B. Verbindungen mit *-mann*, wie *Altmann*, *Beckmann*, *Teichmann*, *Neumann*, Bildungen mit Suffixen wie *chen* oder *lein*, z. B. *Schmittchen*, *Kleinlein*, Verbindungen mit *jung-* oder *groß-*, *alt-* oder *klein-* u. ä. Adjektiven in Fällen wie *Junghänel*, *Großheim*, *Altkunz*, *Kleinhempel*, schließlich Satznamen wie *Hauschild*, *Greifzu*, *Lachnit*." Hierher gehören auch Familiennamen, deren Bestandteile in appellativischer Verwendung vorkommen, jedoch nicht in dieser Kombination, z. B. *Brausewetter*, *Bienengräber*, *Kohlrausch*, *Kußmaul*.

"3. Lexikalische Elemente, die nicht nur als Familiennamen, sondern auch in anderen onomastischen Funktionen vorkommen, etwa als Orts- oder Fluß- und Flurnamen, vgl. z.. Familiennamen wie *Dohna, Leißling* (bei Weißenfels), *Lengefeld, Lützow, Mahlow, Weser, Freiberg, Grunewald.*" Auch von Örtlichkeitsnamen abgeleitete Familiennamen wie *Adenauer, Frankfurter, Kissinger* wären hierherzustellen. Die Entscheidung darüber, ob ein Familienname dieser oder der ersten Gruppe zuzuordnen ist, hängt allerdings sehr von den topographischen Kenntnissen jedes einzelnen Sprachbenutzers ab. Nur bei weithin bekannten Örtlichkeitsnamen und solchen mit charakteristischen Namenbestandteilen wie *-feld, -dorf, -stadt/ -statt* u. a. wird sich allgemeine Übereinstimmung erzielen lassen. „Besonders groß ist der Anteil von Familiennamen, die auch als Vornamen begegnen, was sich historisch erklären läßt; vgl. Namen wie *Albrecht, August, Bruno, Christian, Claus, Dietrich, Fabian, Friedrich, Frank, Götz(e)* u. v. a. Es gibt auch spezifische Ableitungselemente, mit deren Hilfe aus einem Vornamen ein Familienname gebildet werden kann, so *-s* (*Dietrich – Dietrichs, Heinrichs*), *-sen* (*Detlev-sen, Paul-sen, Peter-sen*) und *-el*, meist mit Umlaut (*Hans – Hänsel, Hensel, Franz – Fränzel, Frenzel*)."

„4. Lexikalische Elemente, die in der gleichen Form auch im nicht-onomastischen Wortschatz begegnen: *Abend, Anger, Adler, Bach, Bär, Baum, Bergmann, Biedermann, Birnbaum, Blasebalg, Büttner, Born, Brust, Busch, Degen, Deutsch, Dorn, Drechsler, Dreißig, Ecke, Engel, Esser, Fleischer, Fröhlich, Haferkorn, Kaiser, Kegel, Klein, Kurz, List, Mai, Morgenstern* usw. Sie können in sich motiviert oder unmotiviert sein, Ableitungen oder Zusammensetzungen darstellen."

Bei dieser Aufteilung spielt es keine Rolle, ob ein Name oder Namenbestandteil etymologisch tatsächlich mit dem gleichlautenden Appellativum identisch oder verwandt ist oder nicht. Das im Einzelfall zu prüfen, ist Aufgabe der historischen Namenforschung. – Die Übereinstimmung von Wort und Name wird teilweise durch die besondere Orthographie der Familiennamen aufgehoben, so daß wenigstens am Schriftbild die beiden Klassen sprachlicher Zeichen unterscheidbar sind; vgl. *Arend – Ahrendt, Frank – Franck(h), Kurt – Kurth, Bäcker – Becker, Feierabend – Feyerabend, Mai – May, Schuhmacher – Schumacher* und viele andere. Die nicht nach der

Rechtschreibregelung normierten Familiennamen bewahren des öfteren historische Schreibweisen. In der Namenforschung ist bis vor kurzem unbeachtet geblieben, daß die „Gesetzmäßigkeiten, die der Weitergabe, Ausbreitung und dem Verschwinden von Familiennamen zugrunde liegen, klar verbunden mit dem biologischen und sozialen Prozeß der Heirat, der Wanderung und der unterschiedlichen Kinderzahl von Familien" ([180] Weiss 29), das Interesse der Humangenetiker erweckt und u. a. dazu geführt haben, „die Ähnlichkeit von zwei oder mehr Personengruppen (statistischen Populationen: Orten, sozialen Schichten, Berufsgruppen usw.) durch ihre Familiennamenhäufigkeiten zu beschreiben" (Weiss, a.a.O. 30). Sogar die Dialektforschung könnte, nach Weiss, davon profitieren, weil zum Beispiel die Ausbreitung bestimmter Dialektmerkmale in Raum und Zeit auch etwas mit der in den Familiennamenhäufigkeiten faßbaren Bevölkerungsbewegungen zu tun hat.

[176] Dibelius, H.: Deutschlands häufigste Familiennamen; in: ZNF [26] 17, Berlin 1941, S. 67–73
[177] (Mey.): Häufigkeit von Familiennamen und ihrer Anfangsbuchstaben; in: Wirtschaft und Statistik 7/1977, S. 450–453
[178] Stichproben in der amtlichen Statistik, hrsg. vom Statistischen Bundesamt in Wiesbaden. Stuttgart und Mainz 1960
[179] Weiss, V.: Die Verwendung von Familiennamenhäufigkeiten zur Schätzung der genetischen Verwandtschaft. Ein Beitrag zur Populationsgenetik des Vogtlandes; in: Ethnographisch-Archäologische Zeitschrift 15, 1974, S. 433–451
[180] Weiss, V.: Familiennamenhäufigkeiten in Vergangenheit und Gegenwart als Ausgangspunkt für interdisziplinäre Forschungen von Linguisten, Historikern, Soziologen, Geographen und Humangenetikern; in: NI [21], Nr. 31, 1977, S. 27–32 (mit weiterer Literatur)

4.2. Sonderformen

Die meisten Familiennamen bestehen aus einem durch Zusammenschreibung als Worteinheit gekennzeichneten Sprachzeichen. Es gibt jedoch eine Reihe von Namen, die von dieser Regel abweichen. Hierzu gehören mehrteilige Adelsnamen wie *von Wiese und Kaiserswaldau*, *Wandruszka von Wanstetten*, *vom und zum Stein*, *von Leiningen-Westerburg* und die mit dem einfachen Adelsprädikat *von*: *von Preußen*, *von Weizsäcker*, *von Ditfurth* usw. (In Österreich ist das Adelsprädikat im Namen zwar offiziell abgeschafft, doch wird es im Umgang mit adligen Personen noch oft gebraucht: *Otto von Habsburg* statt *Otto Habsburg*.) Daneben existieren bürgerliche Familiennamen, in denen die Präposition (+Artikel) oder der Artikel getrennt geschrieben werden: (a) *Ten Berg(h)*, *ten Hoff* (neben *Tenbrinck*, *Tombrinck*, *Terbrüggen*), *van Beethoven*, *van der Straaten*, *van de(r) Velde* (neben *Vandenhoeck*), *de Boor*, *de Gruyter* (neben *Devrient*), (b) *Zur Linden* (neben *Zumbusch*), *Auf der Mauer* (neben *Anderegg*, *Andermatt*). Die Namen der Gruppe (a) stammen großenteils aus den Niederlanden und dem angrenzenden deutschen Sprachgebiet; die der Gruppe (b) sind vor allem im Alemannisch-Schweizerdeutschen beheimatet. In einigen Gegenden, besonders am Niederrhein und in Westfalen, kommen auch Familiennamen mit unterscheidenden Zusätzen vor, zum Beispiel: *kleiner Balderhaar*, *Großer Bardenhors*, *große Deeters*, *Oude Wesselink*; *klein* steht hier ursprünglich für ‚der jüngere, junior', *groß* und *oude* (niederländisch ‚alte') stehen für ‚der ältere, senior'. Zu erwähnen sind weiterhin Kombinationen des Typs *Meyer vom Hofe*. Schließlich gehören zu den komplexen Familiennamen noch diejenigen, die aus zwei mit einem Bindestrich verbundenen Eigennamen bestehen. Es sind Kombinationen entweder aus zwei Familiennamen oder aus einem Familiennamen und einem Ortsnamen. Im zweiten Fall liegen meist häufig vorkommende Familiennamen vor, denen der Name des Heimatortes zur besseren Unterscheidung angehängt wurde: *Müller-Worms*, *Schulze-Delitzsch* usw. In der Verbindung zweier Familiennamen sind gewöhnlich der Geburts- und der Ehename (s. Kap. 2.3.) oder die Familiennamen der Eltern miteinander gekoppelt. In Gemeinden, in denen einige Familiennamen sehr oft vorkommen, werden solche Zusätze zur Unterscheidung von der Behörde sogar verlangt, zum Beispiel *Greiner-Vetter*, *Greiner-Schwab*, *Greiner-Kleinen*, *Greiner-Wirth* u.a., *Müller-Blech*, *Müller-Pathle*, *Müller-Hipper*, *Müller-Keupert* u.a. in Lauscha/Thüringen und Umgebung; zahlreiche Doppelnamen dieser Art sind mir auch in der Gegend um Trier aufgefallen. Schließlich ist noch die Kombination von fremdsprachigem Familiennamen und deutscher „Übersetzung" zu erwähnen (s. *Schuster-Šewc*, S. 169).

Familiennamen, die aus mehreren Personennamen bestehen, sind im allgemeinen recht unhandlich. Deshalb werden sie im Umgang nach Möglichkeit vereinfacht (Reduktion auf einen der beiden Namen). Das gilt auch für die mehrteiligen Adelsnamen (s. o.); meist wird nur der erste der Namenbestandteile gebraucht: *von Wiese*, *Wandruszka*.

Die vorhin erwähnten Doppelnamen mit Bindestrich sind übrigens von den äußerlich gleichen Benennungen zu unterscheiden, die aus den Familiennamen mehrerer, nicht miteinander verheirateter Personen gebildet sind: *Schulz-Griesbach* (zwei Autoren eines Buches), *Siemens-Martin-Ofen* (eine Erfindung der Techniker Siemens und Martin), *Morbus Besnier-Boeck-Schumann* (benannt nach drei Medizinern).

4.3. Nichtdeutsche Familiennamen

Unter nichtdeutschen Familiennamen sollen hier nur solche verstanden werden, die auf der Grundlage einer anderen als der deutschen Sprache gebildet worden sind, also nicht die aus hebräischen, griechischen oder lateinischen Rufnamen hervorgegangenen, da diese Rufnamen ja erst eingebürgert sein mußten, bevor sie zu Familiennamen werden konnten, und auch die humanistischen Übersetzungsnamen (S. 197f.) fallen nicht darunter. Vielmehr geht es um Namen, die in Gegenden mit (ehemals) gemischt-sprachiger Bevölkerung aus der fremden Sprache entstanden, und um solche, die Einwanderer aus dem Ausland mitgebracht haben.

Hier sind in erster Linie die zahlreichen Namen slawischen Ursprungs in den Gebieten mittelalterlicher Kolonisation östlich von Elbe und Saale und südwärts im östlichen Franken und Bayern zu nennen. Auch wenn die slawische Bevölkerung allmählich die deutsche Sprache annahm, behielt sie doch nicht selten ihre slawischen Namen bei. Viele dieser Namen sind jedoch mit der Zeit in Lautung und Schreibweise der deutschen Sprache angepaßt oder volksetymologisch so umgestaltet worden, daß ihre slawische Abstammung heute kaum noch zu erkennen ist (vgl. etwa *Kußmaul, Kosmehl* aus tschech. *kosmaly*; [215] Bahlow 304; *Ku(h)fal* aus sorb. *kowal*

‚Schmied'; *Mühlbrett* aus *Miłobrat*; *Mühlhan*, *Mühlan* aus *Milan*; [31] Fleischer 182). Konzentriert kommen slawische Namen dort vor, wo die slawische Sprache bis in die Neuzeit lebendig geblieben war oder heute noch gesprochen wird, so etwa im „Lüneburger Wendland" (wo man bis ins 18. Jahrhundert hinein noch slawisch sprach) und vor allem im sorbischen Sprachgebiet der Ober- und Niederlausitz. Auf ein besonderes Problem, das hier in diesem zweisprachigen Gebiet auftritt, weist Fleischer ([31] 182) hin: „Obwohl eigenmächtige Änderungen in der Schreibung eines Familiennamens gesetzlich unzulässig sind, schreibt sich ein und derselbe Sorbe bald deutsch, bald sorbisch, also *Mucka* oder *Mucke*, *Winar̓* oder *Wiener*, *Mětšk* oder *Mitzschke*. Sogar Übersetzungen sind üblich geworden: *Kowar̓* – *Schmidt*, *Nowak* – *Neumann*, *Krawc* – *Schneider*. Auf diese Weise entsteht auch eine neue Form von Doppelnamen [...]: *Schuster-Šewc*." – Slawische Namen sind weiterhin durch Einwanderer nach Deutschland gebracht worden, besonders groß war der Zuzug polnischer, aber auch tschechischer und jugoslawischer Bergarbeiter im Ruhrgebiet in der zweiten Hälfte des 19. Jahrhunderts. „Man schätzte die Zahl der Ausländer insgesamt (darunter auch die aus westlichen Ländern) im Jahre 1938 im Ruhrgebiet auf etwa 100 000. Von 1880–1935 wurden hier 21 500 Anträge auf Einbürgerung genehmigt. Demnach war jeder 30. Einwohner des Ruhrgebietes ein Eingebürgerter oder dessen Nachkomme." ([31] Fleischer 184f.) Mit der Einbürgerung ging oftmals eine Eindeutschung des fremdsprachigen Namens einher. Sehr oft sind dabei die Anfangsbuchstaben des ursprünglichen Namens beibehalten worden. (Über die Arten der Namenänderung, der Namenkürzung und des Namenwechsels berichtet ausführlich [182] Burghardt.) – In neuester Zeit bringen Aussiedler aus Polen und der Sowjetunion slawische oder slawisierte Namen mit.

Wie zu erwarten, tragen in den sprachlichen Grenzgebieten manche Deutsche ausländische Familiennamen: In Elsaß-Lothringen trifft man französische (und auch deutsche Namen mit französischer Aussprache) an, in Nordschleswig dänische, in Südtirol italienische Namen. Aus dem ehemaligen Ost- und Westpreußen stammen slawische, altpreußische und einige litauische Namen. An der pommerschen Ostseeküste gibt es einige schwedische Namen, die auf die lange schwedische Herrschaft (1648–1815) zurückzuführen sind. Für den Vielvölkerstaat Österreich zur Zeit der habsburgischen Monarchie ist eine Vielfalt ausländischer Nameneinsprengsel tschechischer, slowakischer, ungarischer, slowenischer und serbokroatischer Herkunft charakteristisch. Aus Italien sind zahlreiche Künstler (Architekten, Musiker) Handwerker und Händler eingewandert und haben ihre Spuren im Repertoire der Familiennamen hinterlassen (z.B. *Brentano*, *Pestalozzi*, *Lucchesi*). Französische Familiennamen sind nicht nur im deutsch-französischen Grenz- und Übergangsgebiet anzutreffen, sondern auch in weiter Entfernung vom Herkunftsland. Sie gehen größtenteils zurück auf die rund 30000 Hugenottenfamilien, die nach der Aufhebung des Edikts von Nantes (1685) ihre Heimat verließen und in Deutschland, vor allem in Brandenburg, Hessen, der Pfalz, Württemberg und Hamburg, eine neue Heimat fanden. Um nur einige Beispiele zu nennen: *Chamisso*, *Fontane*, *Fouqué*, *Laroche*, *Suchier*, *Savigny*, *Linier*. Wo sich die Einwanderer in größeren Gruppen niederlassen konnten, fallen die „Horste" französischer Namen noch heute in der Familiennamengeographie auf. Wie das Beispiel *Fontane* zeigt, sind auch diese nichtdeutschen Namen nicht selten in der Aussprache dem Deutschen angeglichen worden. Fontane hat sich zur Aussprache seines Namens selbst geäußert: „Es ist alles richtig, alles kommt vor, der Eine sagt so, der Andre anders. Deine Aussprache, also etwa wie Vónnthan, ist aber wohl die gebräuchlichste. Manche sprechen es ganz französisch aus (mit Nasallaut) und Einige sagen sogar Fontané." (Zitiert nach [189] F. Neumann 273.) Van Kempen ([41], Nr. 697) erwähnt einen *Diederich Condé genannt Kunde*. Die Familie Linier (in der Nähe Heidelbergs) spricht ihren Namen nicht [li'nje:], sondern buchstabengetreu [li'ni:r] aus.

Ein neuer „Schub" fremdsprachiger Namen steht in Zusammenhang mit dem Zuzug ausländischer Arbeitnehmer, der sogenannten Gastarbeiter, in die Bundesrepublik, von denen manche für länger als eine Generation dableiben und sich einbürgern lassen, auch mit Deutschen verheiraten. Dadurch, daß die Kinder aus deutsch-ausländischer Ehe in der Bundesrepublik jetzt die deutsche Staatsangehörigkeit erhalten, auch wenn der Vater Ausländer ist, gehen weitere fremdsprachige Namen in das überkommene Familiennamenrepertoire ein.

4.3. Nichtdeutsche Familiennamen

Neuerdings kommen mit den Asylanten aus Afghanistan, Äthiopien, Chile, Mozambique, Vietnam und anderen Ländern fremde Familiennamen zu uns. Mit der Einbürgerung dieser Menschen und ihrer Nachkommen werden sich ihre Namen – wie einst die der Hugenotten – unter die bislang bekannten mischen.

[181] Borowicki, E.: Die Eindeutschung polnischer Familiennamen des 19. Jahrhunderts im Bezirk Magdeburg; in: Familienforschung heute, Mitteilungen der Arbeitsgemeinschaft Genealogie, Magdeburg 1980, S. 46–53

[182] Burghardt, W.: Namensänderungen slawischer Familiennamen im Ruhrgebiet; in: Festschrift für Karl Bischoff, hrsg. von G. Bellmann, G. Eifler u. W. Kleiber, Köln/Wien 1975, S. 271–286

[183] Eichler, E.: Zum slawischen Anteil am Familiennamenschatz einer sozialistischen Großstadt [Leipzig]; in: Slavica Slovaca 5, 1970, S. 264–271

[184] Franke, E.: Einbürgerungen und Namensänderungen im Ruhrgebiet; in: Westfälische Forschungen, Bd. 2, Münster 1939, S. 19–28

[185] Glettler, Monika: Die Wiener Tschechen um 1900. Strukturanalyse einer nationalen Minderheit in der Großstadt. München/Wien 1972

[186] Jachnow, H.: Die slawischen Personennamen in Berlin bis zur tschechischen Einwanderung im 18. Jahrhundert. Eine onomastisch-demographische Untersuchung. Berlin (-West) 1970

[187] Kühnel, P.: Slawische Familiennamen in der Stadt Hannover; in: Hannoverland 1907, S. 180–184

[188] Loy, K.: Fremdsprachliche Familiennamen in Deutschland; in: [26] ZNF 18, 1942, S. 268–275

[189] Neumann, F.: Aussprache von Hugenottennamen; in: Muttersprache 69, 1959, S. 273–274

[190] Neumann, Johann: Tschechische Familiennamen in Wien. Eine namenkundliche Dokumentation. Wien 1977

[191] Redlich, F.: Familiennamen eines Niederlausitzer Landkreises aus dem 1. Viertel des 18. Jahrhunderts unter Berücksichtigung sozialer Gegebenheiten; in: [24] OSG VIII, 1973, S. 167–176

[192] Repp, F.: Slawische Familiennamen in Wien; in: [25] ÖNF 1974, H. 2, S. 41–49

[193] Wagenbreth, P., und A. Hartung: Das slawische Element in Leipziger Familiennamen des 19. und 20. Jahrhunderts; in: [21] NI, Nr. 17, 1970, S. 15–17

4.4. Regionale Unterschiede

Trotz ständig wachsender Mobilität der Bevölkerung lassen sich noch immer gewisse Namenlandschaften im deutschen Sprachgebiet ausmachen. Jeder Gang durch die Geschäftsstraßen einer weiter entfernten Stadt führt dem Besucher Eigentümlichkeiten in der Welt der Familiennamen vor Augen. Wir verbinden auch bestimmte Vorstellungen mit manchen Namen: Wer *Bienzle* heißt, kommt vermutlich aus Schwaben, einen *Steinbauer* oder *Hinterhuber* ordnen wir als Bayern ein, und bei *Hansen* denkt man unwillkürlich an einen Norddeutschen. Diese regionale Typik erklärt sich aus der sprachgeschichtlichen Situation zur Zeit der Entstehung der Familiennamen; an ihrer Ausprägung sind im wesentlichen beteiligt:
1. lautliche Unterschiede: Auch wenn manche Familiennamen später „verhochdeutscht" worden sind, spiegeln sie im allgemeinen doch die vielfältigen lautlichen Besonderheiten der Mundarten, aus denen sie hervorgegangen sind. „Namen wie *Timmermanns*, *Holt*, *Witt*, *Koopmann*, *Schaper*, *Scheper* (,Schäfer') mit unverschobenem *-t-* und *-p-* geben sich klar als niederdeutsch (teilweise mitteldeutsch) zu erkennen; ebenso *Schomann*, *Schoknecht*, *Godemann* mit *-o-* für hochdeutsches *-u-*, *Snider*, *Bruwer*, *Suhr(bier)* mit undiphthongiertem Vokal für hochdeutsches *Schneider*, *Brauer*, *Sauer(bier)*. – Die *Bruckner*, *Gartner*, *Hofer*, *Moser* mit unumgelautetem Vokal sind oberdeutsch (vgl. *Innsbruck*, *Bruck* an der Mur), die *Meurer*, *Mäurer*, *Schlösser*, *Wegener*, *Wehner* (,Wagner') mit umgelautetem Vokal sind mitteldeutsch. Die niederdeutschen *Köster*, *Kröger*, *Möller* (*Moller*) stehen den hochdeutschen *Küster*, *Krüger*, *Müller* zur Seite. Darüber hinaus ist die Form *Miller* für ‚Müller' spezifisch bairisch-schwäbisch (vgl. Schillers *Luise Millerin*). Neuman (mhd. *niuwe*) ist oberdeutsch und gemeindeutsch, *Naumann* (mhd. md. *nūwe*) ist charakteristisch fürs Mitteldeutsche (vgl. *Naumburg* gegenüber *Neuenburg*), *Niemann* fürs Niederdeutsche (vgl. *Nienburg*). – *Smid*, *Snell*, *Swart* sind niederdeutsche Gegenstücke unserer *Schmid(t)*, *Schnell*, *Schwarz* mit erhaltenem *s-*. *Assenmacher*, *Esser* und *Dressel*, *Dreßler* gehören in mitteldeutsch-niederdeutsches Gebiet mit *-ss-* für *-chs-*, also *Achsenmacher* und *Drechsler*; ebenso *Voß* für *Fuchs*. *Harig* und *Sperlich* mit *-ig* (*-ich*) für *-ing* (,Hering', ,Sperling') weisen auf das Ostmitteldeutsche. Die Gleichung *Michael Eschlin*

1654 = *Mich. Ästlin* 1956 läßt die schwäbische Aussprache des in- und auslautenden *-st-* als *-scht-* erkennen. Ähnlich ist es bei *Mäschle, Meschle* für *Mästle* (zu *Mast* als Bezeichnung für einen Fetten)." ([31] Fleischer 171) – Ins Oberdeutsche, vor allem nach Tirol, weisen die anlautenden *P-* statt *B-*: *Pacher, Pichler, Prantl, Prugger* usw.

2. unterschiedliche Schreibweisen: Aufgrund einer alten oberdeutschen Schreibtradition, die vermutlich mit der Lautentwicklung in den süddeutschen Mundarten zusammenhängt, sind in Süddeutschland *ai*-Schreibungen (auch *ay*) statt *ei* verbreitet. Die *Maier, Mayer* und *-mai(e)r, -may(e)r* trifft man deshalb besonders zahlreich in Süddeutschland, vorzugsweise in Bayern, an.

3. wortgeographische Unterschiede: Die aus Appellativa hervorgegangenen Familiennamen weisen geographische Unterschiede auf, wie sie aus dem Wortschatz selbst bekannt sind. So gilt beispielsweise in Norddeutschland *Schlachter*, im Gebiet der heutigen DDR überwiegend *Fleischer*, im westlichen und südlichen Deutschland *Metzger*, in Österreich *Fleischhauer*; dementsprechend konzentrieren sich die gleichlautenden Familiennamen auf die jeweiligen Verbreitungsgebiete dieser Wörter. *Pött(n)er* ist niederdeutsch, *Töpfer* hauptsächlich mitteldeutsch, *Aul(n)er* (zu mhd. *ûle* ‚Topf' < lat. *olla*) vor allem westmitteldeutsch um den Rhein, *Hafner* süddeutsch. Dies sind nur die wichtigsten lexikalischen Varianten; hinzu kommen noch mehrere andere regionale Synonyme (Heteronyme). Die Zahl solcher Unterschiede im Wortschatz ist sehr groß, und jedes Wort hat seine besondere Verbreitungsgeschichte. Es ist deshalb wenig sinnvoll, hier noch weitere Beispiele anzuführen. Natürlich stimmt die heutige Verbreitung der Wörter in den seltensten Fällen mit derjenigen zur Zeit der Entstehung der Familiennamen überein. Manches Wort ist auch im Laufe der Zeit untergegangen und nur noch in Eigennamen erhalten. Die modernen wortgeographischen Karten können deshalb nur Anhaltspunkte für die landschaftliche Einordnung einzelner Familiennamen liefern. Umgekehrt aber vermag die historische Erforschung der Familiennamen viel zur Erschließung der wortgeographischen Verhältnisse in der Vergangenheit und allgemein zur Geschichte des Wortschatzes beizutragen. Lexikalische Differenzen sind teilweise auch bedingt durch unterschiedliche fremdsprachliche Einflüsse. So beruht *Pfi-*

ster(er) im Süd(west)deutschen auf Entlehnung von lat. *pistor* ‚Bäkker' (vgl. auch *Aulner* weiter oben), und im Ostmitteldeutschen treten mehrere Namen auf, die auf slawische Lehnwörter zurückgehen, z. B. *Kretzschmer Kretzschmar*, *Kret(z)schmann* zu *Kretscham* (slaw. *krčma*) ‚Schenke, Wirtshaus' (der Name ist also vergleichbar mit *Krüger*, *Kröger*).

4. unterschiedliche Bildungstypen: Gemeint ist die regional unterschiedliche Häufigkeit bestimmter Zusammensetzungen, spezieller Wortbildungsmittel oder verschiedener Flexionsformen bei der Bildung von Familiennamen. Hierfür ein paar Beispiele (s. auch das oben unter 4.2. Gesagte): Zusammensetzungen mit *-bauer* und *-mai(e)r* / *-may(e)r* sind im Südosten (Bayern und Österreich) häufig. Ableitungen auf *-er* (*Villinger*, *Forchhammer* aus *Forchheimer*, *Moosbichler*, *Lochbrunner*, *Lamprechter*, *Valentiner* usw.) begegnen besonders oft in Süddeutschland; genetivische Bildungen wie *Heinrichs*, *Junkers*, *Kleinen*, *Langen* sind am Niederrhein zahlreich vertreten (der Typ *Heinrichs*, *Friedrichs* reicht darüber hinaus weit ins nordwestliche Niederdeutschland hinein und bis an die Nordseeküste); Namen auf *-sen* (*Friedrichsen*, *Detlevsen*, *Petersen*, *Frenssen*) sind charakteristisch für Schleswig-Holstein und angrenzende Gebiete. Für die adjektivischen Übernamen gibt es vier Bildungsmöglichkeiten: *Lang*, *Lange*, *Langer*, *Langen*. Gottschald ([217], 84) hat folgende Häufigkeitsverteilung in vier Großstädten festgestellt:

	Lang	*Lange*	*Langer*	*Langen*	insges.
München	454	29	11	1	495
Köln	127	80	14	112	333
Hannover	22	240	13	3	278
Dresden	53	500	168	2	723

Nimmt man die Namenableitung von *lang* einmal als exemplarisches Beispiel für den Typ ‚adjektivischer Übername' (vgl. auch *Groß*, *Große*, *Großer*, *Klein*, *Kleine*, *Kleiner*, *Kleinen* u. a. m.), dann ergibt sich aus dieser Übersicht, daß der Typ am stärksten in Dresden vertreten ist (insgesamt 723 Belege); am zweithäufigsten findet er sich in München (495mal); in den norddeutschen Städten dagegen tritt er zurück (Köln: 333; Hannover: 278). Die Bildungsweise *Lang* (unflektiertes Adjektiv oder – wohl häufiger – mit mundartlich bedingter *e*-Apokope, im zweiten Fall hätten wir wieder ein lautliches Merkmal vor uns) ist vorzugsweise im Süden (München) und Westen (Köln) vertreten. *Lange* (schwache Flexion) ist offenbar ebenfalls weit verbreitet, wenngleich im Ostmitteldeutschen besonders häufig. Charakteristisch sind die Bildungsweisen *Langer* (starke Flexion) und *Langen* (schwacher Genitiv), erstere fürs Ostmitteldeutsche, letztere für das rheinisch-westfälische Übergangsgebiet. Natürlich reichen die spärlichen punktuellen Angaben dieser Übersicht nicht aus, um gesicherte Aussagen über die regionale Verbreitung bestimmter Namentypen und Bildungsweisen zu machen; sie sollen nur Möglichkeiten namengeographischer Differenzierung illustrieren. – Erwähnt seien auch noch die unterschiedlichen Bildungen von Diminutiven oder Hypokoristika, die sowohl lautlich als auch morphologisch voneinander abweichen: Im nördlichen und mittleren Baden und in Württemberg sind entsprechende Namen auf *-el* und *-le* (*Künzel*, *Eberle*) zahlreich vertreten, im Alemannischen erscheinen dafür Formen auf *-li(n)* (*Bürkli*, *Nägeli*, *Hölderlin*, *Böcklin*); im Mitteldeutschen treten Bildungen auf *-chen* und *-gen* hervor (*Schmittchen*, *Höfgen*), am Nordsaum des Mitteldeutschen und im ganzen Niederdeutschen solche auf *-(e)ke*, *-icke* (*Benecke*, *Thielicke*). Weiterhin fallen in der Familiennamengeographie an der (westlichen) Nordseeküste die (friesischen) Bildungen auf *-(e)na*, *-a*, *-unga*, *-inga* und *-ma* auf (z.B. *Ukena*, *Bojunga*, *Brinkema*, *Reemtsma*), und als „typisch ostpreußisch" gelten die litauisch beeinflußten Bildungen auf *-at* und *-eit* (*Endrikat*, *Steputat*, *Schneidereit*). Damit sind die unterschiedlichen Bildungsmöglichkeiten keineswegs erschöpft, vollständig können sie hier ohnehin nicht dargestellt werden.

5. wirtschaftsgeographische Unterschiede: Da der Wortschatz mit den Lebens-, Arbeits- und Umweltbedingungen der Bevölkerung aufs engste zusammenhängt, müssen sich solche außersprachlichen Faktoren auch auf die Familiennamen, soweit sie aus Appellativa hervorgegangen sind, auswirken. „In einer waldreichen Gegend wird der Wortschatz zur Bildung von Wohnstättennamen ein anderer sein als in einer waldarmen. Ein Familienname wie *Ebner* entsteht kaum in der norddeutschen Tiefebene, sondern im Gebirge, wo sich eine ‚Ebene' gegen die Berge abhebt. Die Berufsnamen sind schließlich von den wirtschaftlichen Verhältnissen abhängig; Na-

men wie *Bootmacher*, *Schiffer*, *Hauer* und andere sind nicht überall entstanden, sondern an die Flußschiffahrt, den Bergbau gebunden" ([31] Fleischer 172). Entsprechende Unterschiede wird man auch zwischen Gebieten mit Almwirtschaft, Wein und Obstanbau (*Weinzierl*, *Weingart(n)er*, *Leitgeb* ‚Schenkwirt' zu mhd. *lît* ‚Obstwein', *Baumgärtner*, *-gartner*, *Bongartz* zu mhd. *boumgarte*), Hochseefischerei feststellen können. Auch über die soziale Wirtschaftsordnung in bestimmten Gegenden zur Zeit der Entstehung der Familiennamen, über Besitz-, Rechts- und Abhängigkeitsverhältnisse können die Familiennamen Auskunft geben (*Lehmann*, *Schulze*, *Meier*, *Hüfner*, *Huber*, *Häusler*, *Köt(t)er*; diese Unterschiede gehen zusammen mit wortgeographischen).
6. fremdsprachige Einsprengsel: Der ungleiche Anteil fremdsprachiger Namen und bestimmter Fremdsprachen wirkt sich ebenfalls auf die regionale Charakteristik des Familiennamenbestandes aus, wenn er auch nicht immer quantitativ so deutlich hervortritt wie die anderen Merkmale (s. dazu das Kapitel 4.3.).

Eine Rolle spielen in der Namengeographie außerdem die aus Ortsnamen entstandenen Familiennamen (Herkunftsnamen); denn beim Zuzug in die Stadt gab die Herkunft ein bequemes Namengebungsmotiv ab. Eine Stichprobenuntersuchung anhand der Adreßbücher von sieben Großstädten ([202] Tschirch) ergab, daß noch um 1930 unter den Herkunftsnamen diejenigen nach Ortschaften des jeweiligen Umlandes bei weitem überwogen. Auch bei den aus Rufnamen hergeleiteten Familiennamen ist mit regionalen Unterschieden zu rechnen, doch „eine solche landschaftliche Charakteristik würde die Kenntnis der Verbreitung der RN [= Rufnamen, W.S.] etwa im 13./16. Jh. voraussetzen, über die wir nicht ausreichend unterrichtet sind" ([30] Bach II, S. 138).

Auch die unterschiedliche Bewahrung alter Wörter in den einzelnen Landstrichen mag zu deren Namencharakteristik beigetragen haben.

Merkwürdigerweise sind Namen, die die Stammeszugehörigkeit angeben, im jeweiligen Stammesbereich selbst besonders zahlreich vertreten, also etwa *Schwab(e)*, *Schwob* in Schwaben, *Beyer* in Bayern, *Österreich(er)* in Österreich, obwohl man doch annehmen sollte, daß eine solche Benennung nur für einen aus der Ferne Hinzugekommenen sinnvoll ist, aber nicht für einen Stammesgenossen. Aus der Sicht der Städter indessen war wohl der Name *Schwabe* für einen aus dem schwäbischen Umland Zugezogenen als Herkunftsname ebenso kennzeichnend wie irgendein anderer Stammesname für einen aus nichtschwäbischen Landen Eingewanderten, und natürlich kam die Mehrheit der Zuzügler aus der näheren Umgebung, also aus demselben Stammesgebiet. Anders ist die Situation in Friesland zu beurteilen. Daß die Namen *Fries(e)*, *Vries*, *Frese*, *Fresemann* u. ä. dort häufig vorkommen, erklärt sich daraus, daß hier erst im 19. Jahrhundert – beginnend mit einem Dekret Napoleons vom 18. 8. 1811 – die Annahme fester Familiennamen verfügt wurde und viele Friesen mit diesem Namen ihre Stammeszugehörigkeit bekundeten.

Die genannten Merkmale (lautliche, lexikalische Besonderheiten, Bildungstypen usw.) lassen sich, wie oben schon erwähnt, nicht immer säuberlich voneinander trennen, sondern überlagern einander oft. Die einzelnen Erscheinungen haben auch recht unterschiedliche Reichweiten. Einige Merkmale treten zahlenmäßig deutlich hervor, andere tragen nur zur besonderen Färbung einer Namenlandschaft bei, und zwischen Namencharakteristika, die das ganze deutsche Sprachgebiet in wenige Großlandschaften aufgliedern, und sogenannten Namennestern, die sich in einem Ort oder in einigen benachbarten Gemeinden – vor allem in ländlichen, vom Verkehr abgeschlossenenen Gebieten mit geringem Zuzug von „außen" – entwickelt haben (bei einem Gang über den Friedhof eines kleineren Ortes findet man schnell eine Reihe „ortstypischer" Namen heraus), gibt es alle denkbaren Übergangsstufen.

Zur Zeit liegen erst vereinzelte Beschreibungen deutscher Familiennamenlandschaften vor (s. die nachstehend genannte Literatur). Ein von der Deutschen Akademie der Wissenschaften geplantes zwölfbändiges Handbuch der deutschen Familiennamen nach Landschaften (das „Schlesische Namenbuch" H. Bahlows war für diese Reihe vorgesehen) ist durch den Zweiten Weltkrieg und seine Folgen vereitelt worden. Für eine Wiederaufnahme dieses Projekts kann das vorbildlich gearbeitete „Nederlands Repertorium van Familiennamen" als Muster dienen, von dem zwischen 1963 und 1977 elf

Bände erschienen sind. Methodische Fragen der Familiennamengeographie, vor allem solche der Quellengrundlage, der kartographischen Darstellung und der sprachgeschichtlichen Auswertung, behandelt G. Müller [201].

[194] Bahlow, Hans: Die deutschen Namenlandschaften und ihre Gestaltungskräfte; in H. Bahlow: Abhandlungen zur Namenforschung und Buchgeschichte, Neustadt an der Aisch 1980, S. 17–20
[195] Bahlow, Hans: Schlesisches Namenbuch. Kitzingen am Main 1953 = Quellen und Darstellungen zur schlesischen Geschichte, Bd. 3; Neubearbeitung unter dem Titel: Mittelhochdeutsches Namenbuch (nach schlesischen Quellen). Neustadt a. d. Aisch 1975
[196] Braun, L.: Studien über die Verbreitung von Familiennamen in den ländlichen Bezirken der Oberpfalz. Staatswiss. Diss. München 1911
[197] Buitenhuis, H.: Das niederländische Repertorium der Familiennamen; in: [20] BNF, N.F., 12, 1977, S. 35–63
[198] Finsterwalder, Karl: Tiroler Namenkunde. Sprach- und Kulturgeschichte von Personen-, Familien- und Hofnamen. Mit einem Namenlexikon. Innsbruck 1978 = Innsbrucker Beiträge zur Kulturwissenschaft, Bd. 4
[199] Keintzel-Schön, Fritz: Die siebenbürgisch-sächsischen Familiennamen. Köln 1976 = Studia Transylvanica 3
[200] König, Werner: dtv-Atlas zur deutschen Sprache, Tafeln und Texte. München 1978 (= dtv 3025), S. 126 (4 Karten)
[201] Müller, Gunter: *Schulte* und *Meier* in Westfalen; in: Gedenkschrift für Heinrich Wesche, hrsg. von W. Kramer, U. Scheuermann, D. Stellmacher, Neumünster 1979, S. 143–164
[201/1] Neumann, Isolde: Obersächsische Familiennamen, I: Die bäuerlichen Familiennamen des Landkreises Oschatz. Berlin (Ost) 1970. – II: Die Familiennamen der Stadtbewohner in den Kreisen Oschatz, Riesa und Großenhain bis 1600. Berlin (Ost) 1981 = Deutsch-slawische Forschungen zur Namenkunde und Siedlungsgeschichte, Nr. 25 u. 33
[202] Tschirch, Fritz: Namenjagd durch sieben Adreßbücher. Statistisches zur Landschaftgebundenheit deutscher Familiennamen; in: Festgabe für Ulrich Pretzel, hrsg. von W. Simon, W. Bachofer, W. Dittmann, Berlin 1963, S. 398–410
[203] Zoder, Rudolf: Familiennamen in Ostfalen. 2 Bde., Hildesheim 1968
S. a. [27] Debus, S. 37–42; [30] Bach §§ 394–435; [31] Fleischer, S. 170–179; [130] Göschel; [176] Dibelius.

4.5. Zur Geschichte der Familiennamen im Deutschen

Attributive Zusätze bei der Erwähnung eines Personennamens sind nichts Außergewöhnliches; man findet sie bei allen Völkern und zu allen Zeiten. Sie dienen teils der Unterscheidung (*Hans X.*, nicht *Hans Y.*), teils der Charakterisierung oder Auszeichnung (*Markus der Maler*, auch wenn es im näheren oder weiteren Umkreis keinen anderen *Markus* gibt), und manchmal haben sie wohl auch die Funktion, der bloßen Namennennung mehr Gewicht zu geben (sozio-pragmatischer Aspekt). In älterer Zeit wie auch in der Neuzeit bei Völkern, die (noch) keine Familiennamen kennen, läßt sich in förmlichen Situationen ein bevorzugter Gebrauch von Namenzusätzen beobachten, so etwa, wenn sich jemand einem Fremden gegenüber vorstellt und dieser ihm höflich-respektvoll begegnet, bei der Herausforderung zum Kampf usw. (Hier berührt sich die Namenkunde mit der Ethnolinguistik oder anthropologischen Linguistik, die die sprachlichen Verhaltensweisen in unterschiedlichen Kulturen, ihre Spezifika und ihre allgemein-menschlichen Grundlagen erforscht.) In erster Linie werden dabei genealogische Angaben verwendet, also patronymische Namenzusätze wie im Typ *Hildebrand, Heribrands Sohn* (womit wohl ursprünglich die erwähnte Person zugleich um Schutz und Beistand angerufen wurde), dann aber auch ehrende Beinamen, die sich jemand erworben oder selbst zugelegt hat (und die den Gesprächspartner beeindrucken sollen), oder schlicht beschreibende Beinamen, die für geeignet gehalten werden, eine bestimmte Person aus der Menge der übrigen hervorzuheben. Was für ein Namenzusatz jeweils gebraucht wird, hängt zunächst von der Situation ab. Manche Zusätze können aber auch zu einem relativ festen Bestandteil der Namenerwähnung, zum festen Beinamen einer Person werden. Sie sind freilich an diese Person gebunden, also individuell, werden nicht auf Angehörige der so benannten Person übertragen und können sogar im Laufe des Lebens wechseln, wenn der Beiname (bzw. seine Motivation) als nicht mehr zutreffend angesehen oder wenn ein anderes Merkmal der Person als Benennungsmotiv für wichtiger gehalten wird. Solche Beinamen heben sich von anderen Namenzusätzen häufig dadurch ab, daß sie syntaktisch unverbunden neben dem Rufnamen stehen (z.B. *Lukas Maler* statt *Lukas der Maler*; *Thewes Einarm* statt *Th. mit* [*nur*] *einem Arm, Johannes Dietrich*[*s*] statt *J., Dietrichs Sohn* o. ä.)

Allein aus der Gewohnheit, attributive Zusätze zu gebrauchen, läßt sich das Entstehen überindividueller, erblicher Familiennamen nicht erklären. Als mögliche Ursachen kommen in Betracht:
a) juristische/rechtliche Erwägungen: „Die Vererbung des Wohnsitzes, des Grundbesitzes, der Stammburg vom Vater auf den Sohn war für den Adel von vorrangiger Bedeutung, zumal [,] nachdem unter Konrad II. (1037) die Erblichkeit der Lehen zugestanden worden war. Man wollte durch den erblichen Namenzusatz erblichen Besitz und erbliche politische Rechte markieren." ([31] Fleischer, 84) Tatsächlich finden sich die ersten festen Familiennamen in Deutschland beim Adel, und zwar zunächst im Südwesten Deutschlands, wo entsprechende Vorbilder im benachbarten französischen und norditalienischen Sprachgebiet diese Entwicklung begünstigten.
b) die Bevölkerungszunahme in den Städten: Der ständige Zustrom in die Städte („Stadtluft macht frei!") traf zusammen mit einer Konzentration in der Namengebung auf relativ wenige, dafür aber um so häufiger vergebene Rufnamen (s. S. 133). Noch dazu trugen Vater und Sohn oder auch Geschwister oftmals die gleichen Rufnamen. Unterscheidende Zusätze wurden daher mehr als zuvor benötigt und angewandt. Daraus müssen jedoch nicht zwangsläufig erbliche Familiennamen entstehen (wie auch die weiter unten genannten Widerstände bei deren Durchsetzung erweisen). Hier ist wohl auch daran zu denken, daß nicht nur Rufnamen, sondern auch Berufe, Ämter, Besitzrechte, Wohnansprüche und „Gerechtigkeiten" (die Erlaubnis, eine bestimmte Tätigkeit auszuüben) in der Familie weitergegeben wurden, so daß zum einen die Zusätze über mehrere Generationen hinweg gleichbleiben konnten, zum anderen damit ebenfalls – wie zuvor beim Adel – Rechtsansprüche zum Ausdruck gebracht wurden. Verstärkt wird dies durch
c) Bedürfnisse der Verwaltung: In den Städten und von ihnen ausgehend entwickelte sich eine auf Schriftlichkeit – Steuerlisten, Bürgerverzeichnisse, Urkunden aller Art – basierende und allmählich immer umfassender werdende Verwaltungspraxis, die zur Sicherung der Kontinuität u. a. auch daran interessiert war, daß genealogische Zusammenhänge leicht überschaubar waren, und dazu eigne-

4.5. Zur Geschichte der Familiennamen im Deutschen

ten sich besonders gut gleichbleibende Namenzusätze (oder zusätzliche Namen, Zu- oder Nachnamen). „Ohne Stadtkämmerer und Stadtschreiber sind die Familiennamen als Massenerscheinung nicht denkbar. Deshalb auch setzen sie sich erst im Laufe des 13. und 14. Jh[s]. in den deutschen Städten durch, weil sich erst in dieser Zeit die Stadtverwaltung völlig entfaltet." ([31] Fleischer, 85) Von den Behörden gehen später auch die Bestrebungen aus, die in der gesetzlichen Vorschrift münden, daß jedermann einen Familiennamen zu führen habe. Damit zusammen geht anscheinend auch

d) ein Erstarken des Familienbewußtseins: Das Wort *familia* wird im 16. Jahrhundert entlehnt; die Generationenfolge Großeltern – Eltern – Kinder bzw. Enkel, mit eindeutiger Dominanz der männlichen Linie, tritt noch ausgeprägter hervor, worauf auch Veränderungen in den sonstigen Verwandtschaftsbezeichnungen hindeuten (so treten z. B. *Onkel* und *Tante* an die Stelle differenzierterer Bezeichnungen: *Vetter* und *Base*, *Muhme* und *Oheim*). Der Familienname stellt den linearen genealogischen Zusammenhang deutlicher heraus als die Nachbenennung. Das ist natürlich zugleich rechtlich von Bedeutung (s. unter a).

Ob damit die wichtigsten Gründe erfaßt sind, die zur Entstehung von Familiennamen geführt oder beigetragen haben, muß – zumindest vorläufig – offen bleiben. Der Vorgang erstreckt sich ja insgesamt über einen Zeitraum von mehreren hundert Jahren, und nur unter ständigem behördlichen Druck gelingt es überhaupt, erbliche Familiennamen überall in Deutschland durchzusetzen. Welche Widerstände es dabei zu überwinden galt, kann man u. a. an folgenden Erscheinungen ablesen: Bezeichnungen wie *Zuname*, *Nachname* deuten darauf hin, daß man diese Namen als den Rufnamen nachgeordnet verstand; in dem bekannten Monogramm Albrecht Dürers ist das D verschwindend klein in das A hineingezeichnet; alphabetische Personennamenverzeichnisse wurden bis ins 18. Jahrhundert hinein noch gern nach den Vornamen, nicht nach den Familiennamen geordnet; Vorschläge zur Normierung der Rechtschreibung trennen zunächst zwischen Großschreibung der Rufnamen und Kleinschreibung der Familiennamen (z. B. *Augustinus schumecher*, *Agnes pfeyfferin* usw. bei Hans Fabritius, 1532), erst von der Mitte des 17. Jahrhunderts an beginnt sich die Großschreibung auch der

Familiennamen durchzusetzen (s. [158] Mentrup); der „papierene" Charakter des Familiennamens zeigt sich auch in Äußerungen wie: „Ich heiße Karl, aber ich schreibe mich Müller", die man noch in diesem Jahrhundert auf dem Lande hören konnte.

[204] Neumann, I.: Zur Herausbildung des anthroponymischen Prinzips der Doppelnamigkeit; in: [15], S. 192–202
[205] Pulgram, E.: Historisch-soziologische Betrachtung des modernen Familiennamens; in: [20] BNF, N.F., 2, 1950/51, S. 132–165

Man pflegt die Familiennamen einzuteilen in solche (1) aus Rufnamen, (2) nach der Wohnstätte, (3) nach der Herkunft, (4) nach dem Beruf, (5) aus Übernamen. Ich behalte diese Einteilung bei, obwohl sie nicht einem einheitlichen Prinzip folgt. (2) bis (5) beziehen sich auf das jeweils namengebende Motiv, für (1) hingegen ist eine bestimmte sprachliche Kategorie, eine Namenklasse, maßgebend. Zwar gibt der größte Teil der aus Rufnamen entstandenen Familiennamen ein genealogisches Abstammungsverhältnis an, aber man kann dennoch nicht einfach „Familiennamen aus Rufnamen" durch „Familiennamen nach der genealogischen Abstammung" ersetzen; denn zum einen haben manche Leute den Rufnamen dessen, bei dem sie dienten oder lebten, angenommen oder zugeschrieben bekommen, zum anderen gibt es patronymische Bildungen auch in den anderen Unterabteilungen, zum Beispiel bei den Familiennamen aus Berufsbezeichnungen (s.u.).

(1) Familiennamen aus Rufnamen
Auszugehen ist von der unverkürzten genealogischen Angabe vom Typ *Heinrich, Dietrichs Sohn*. Anstelle der vollen Formen können natürlich alle möglichen mundartlichen Varianten, Kurz- und Koseformen stehen, statt *Dietrich* zum Beispiel *Diederich*, *Dittrich*, *Di(e)rk*, *Derek* usw. Der attributive Genetiv, in dem der Rufname hier erscheint, wird größtenteils nach der starken Flexion, also mit *-(e)s* gebildet, doch kommt auch der schwache Genetiv *-en* (z.B. *Otten*) vor; die Verteilung der starken und schwachen Formen richtet sich nach dem Auslaut des Rufnamens. Bei der Verschmelzung mit dem Rufnamen (*Dietrichssohn*, *Martinsohn*) wird *Sohn* meist lautlich abgeschwächt zu *-son* und weiter zu *-sen*: *Anderson*, *Andersen*, *Andre(e)sen* < *Andreas' Sohn*. Später wird *-sen* auch ohne voraus-

4.5. Zur Geschichte der Familiennamen im Deutschen

gehendes -*sohn* als Familiennamensuffix angehängt. Die Formelhaftigkeit des Namentyps *Heinrich, Dietrichs Sohn* erlaubt auch die vollständige Weglassung des Wortes *Sohn*. Auf diese Weise entstehen die zahlreichen Familiennamen aus Rufname + -(e)s oder -en: *Dietrichs, Reimers/Reiners* (zu *Reinmar*), *Friedrichs, Gerdes/-Geerts* (zu *Gerhard*), *Jürgens, Adams, Mertens* (zu *Martin*), *Rohlfs* (zu *Rudolf*), *Otten, Lorentzen, Giesen* (zu *Giso*) usw. Dental + -s ergibt im Schriftbild häufig -tz: *Lampertz* (< *Lampert-s*), *Richartz* (< *Richard-s*), *Helmholtz* (< *Helmold-s*). Nicht immer lassen sich die Bildungen eindeutig zuordnen: *Klaasen* kann aus *Klaas-en* (schwacher Genetiv) oder aus *Klaas' Sohn* entstanden sein. Die Übertragung solcher genetivischer Namenformen ins Lateinische führt zu Namen wie *Lamberti, Bernhardi, Conradi, Heinrici, Friederici, Wilhelmi, Martini* usw. Sobald die genealogischen Namenzusätze als Familiennamen verwendet, also erblich wurden, verloren die patronymischen Endungen -*sen*, -*s* und -*en* im Grunde ihren Sinn, weil sie ja kein Sohn-Vater-Verhältnis mehr bezeichneten. Sie erstarrten zu Ableitungsmorphemen mit der Funktion, Personennamen als Familiennamen zu kennzeichnen. Daneben gibt es aber auch Familiennamen, in denen diese Endungen fehlen (Typ: *Hans Otto*). Entweder sind sie weggelassen worden, weil sie als nicht (mehr) zutreffend empfunden wurden, oder es wurde gar nicht erst eine der Endungen angehängt. Die Erklärung, wie es zu diesen Formen kam, bereitet einige Schwierigkeiten. Daß die genannten Endungen „sinnlos" (wenngleich keineswegs funktionslos!) geworden waren, reicht hierfür allein nicht aus. Vielleicht ist von umgangssprachlichen Wendungen wie *der Hans vom Otto* oder *der Otto-Hans* (vgl. regional noch heute: *der Lorenz-Sepp, der Müller-Schorsch*) oder von Analogiebildungen zu Übernamen, die mit Rufnamen übereinstimmten (z.B. *Wolf: Hans Wolf*), auszugehen. Jedenfalls finden wir unter unseren heutigen Familiennamen viele, die sich nicht von gebräuchlichen Vornamen unterscheiden: *Adam, Albrecht, Albert, Ernst, Franz, Friedrich, Gabriel, Hildebrand, Thomas* usf. Darüber hinaus bewahren die modernen Familiennamen – mit oder ohne patronymische Endung – eine Fülle untergegangener oder nur noch selten gebrauchter Rufnamen samt ihren Varianten: *Gerlach, Gerland, Landolt, Lampolt, Niepold* (zu *Nitbald*), *Kuhn* und *Kunz(e)* (beide zu *Kuonrad*), *Ehmke* (zu

Agi(n)mar), *Mewes* (zu *Bartholomäus*), *Tewes* (zu *Matthäus*), *Thamsen* (zu *Thankmar*), *Gerke* (zu *Gerhard*), um nur einige zu nennen. Zur Unterscheidung der Familiennamen von den gleichlautenden Vornamen sind aber auch graphische Mittel eingesetzt worden: *Curth*, *Kurth*, *Curd*, *Ahrendt*, *Gebhardt*, *Heintz*, *Kuntz* u. a. m.

Die oben erwähnte Redeweise *Lorenz-Sepp*, *Huber-Fritz* führt gelegentlich zu Bildungen wie *Ilgenfritz* („Fritz des Ilgen", zu *Ägidius*), *Schmitthenner* (der Henner = Heinrich vom Schmitt), *Hintzpeter* (zu *Hinz* < *Hinrich/Heinrich* + *Peter*), *Harmjans* (zu *Harm* < *Hermann* + *Jans* < *Johannes*).

Weitere Möglichkeiten zur Bildung patronymischer Familiennamen aus Rufnamen boten Ableitungen mit -*er*, -*ing*, -*mann* und Diminutivsuffixen:

a) -*er*: *Baldwiner*, *Dreiser* (zu *Andreas*), *Diepolter* (zu *Dietbald*), *Lexer* (zu *Alexius*), *Klaiser*, *Kläuser*, *Klauser* (zu *Nikolaus*); Varianten hierzu bilden Formen mit -*ner*, -*ler*, -*ert*: *Eckner* (zu *Eckehard*), *Seppler* (zu *Joseph*), *Fritzler*, *Wulfert*, *Kuhnert* (-*ert* kann aber auch auf -*hart* zurückgehen).

b) -*ing*: *Wülfing*, *Herting* (zu *Hart*-, -*hart*), *Lortzing* (zu *Lorenz*), *Klasing* (zu *Klaas* < *Nikolaus*); ostmitteldeutsch ist -*ing* gewöhnlich zu -*ig*, -*ich* geworden: *Heinig* (zu *Heinrich*), *Liebig* (zu *Lieb*-), *Uhlig* (zu *Uodal*-); Varianten: *Gerling* (zu *Gēr*-), *Humperdinck* (zu *Humpert/Hunbrecht*), *Sieverding*, *Sieverling*, *Sieveking* (zu *Siegfried*, *Siegward*).

c) -*mann*: *Heinzmann*, *Petermann*, *Litzmann* (zu *Ludwig*, *Lutz*); -*mann* kommt als Namenbestandteil aber schon in Rufnamen vor (s. S. 129), so daß meist nicht mehr zu entscheiden ist, ob ein solcher Rufname zum Familiennamen geworden ist oder ob der Familienname erst als patronymische Bildung (*Sohn des Till* = *Tillmann*) zustande kam.

d) Diminutivsuffixe: Besonders zahlreich vertreten sind -*ke* und -*el*: *Bartke* (zu *Bartholomäus*), *Fricke* (zu *Fri(e)d*-), *Gerke*, *Gierke* (zu *Gēr*-), *Jähnicke*, *Hennecke* (zu *Johann*), *Reinicke*, *Reineke* (zu *Rein*-), *Wilke* (zu *Wilhelm*, *Wil(l)*-); *Brös(s)el* (zu *Ambrosius*), *Brendel* (zu -*brand*, *Hildebrand*), *Frenzel*, *Dehmel*, *Döhmel* (zu

4.5. Zur Geschichte der Familiennamen im Deutschen

Thomas), *Kün(t)zel* (zu *Kuon-*, *Konrad*), *Rudel*, *Riedel* (zu *Rudolf*, *Rüdiger*). Bildungen auf *-lein* und *-chen* kommen weitaus seltener vor. Suffixvarianten liegen vor in: obd. *Rein(d)l* (zu *Rein-*), obd./omd. *Diet(e)l* (zu *Diet-*), alemann. *Bürk(e)li* (zu *Burghard*), *Frischlin* (zu *Fritz*, *Fried-*). Diminutivsuffixe wurden manchmal verwendet, um jemanden als den Jüngeren (den Sohn oder den jüngeren Bruder) zu kennzeichnen, wie aus dieser Namengleichung eindeutig hervorgeht: 1385 Magdeburg *Claus Fritzen sone* = 1386 *Claus Fritzeken* (zit. nach [31] Fleischer 105). Allerdings sind solche Kurz- und Koseformen auch als Rufnamen sehr verbreitet, und so werden in den meisten Fällen die entsprechenden Familiennamen unmittelbar aus dem Rufnamen hergeleitet sein.

Zur Unterscheidung zwischen älterer und jüngerer Generation oder älteren und jüngeren Geschwistern oder Namensvettern wurden auch die attributiven Zusätze *alt* und *jung*, *groß* und *klein* verwendet. Daraus entstanden zusammengesetzte Familiennamen wie *Jungnickel* (zu *Nikolaus*), *Althans*, *Kleinpaul*, *Großklaus*, *Grote(r)jan* (mit flektiertem Adjektiv) und viele mehr. Diese Zusätze sind aber nicht auf Rufnamen beschränkt; sie können auch vor andere Personennamen treten, z.B. *Jungschulz*, *Jungschilling*, *Altmaier*, *Kleinschmidt* usw. Außerdem dürfte die Mehrzahl der Zusammensetzungen mit *Groß-* und *Klein-* zur Gruppe der Übernamen gehören, wo sie wirklich Größenunterschiede angeben.

Auch Frauenrufnamen konnten zu Familiennamen werden. Ist es der Name der Mutter, sprechen wir von Metronymika (im Gegensatz zu den Patronymika). Die Bildungsweisen sind die gleichen wie bei Familiennamen aus Männerrufnamen; Beispiele: *Hildegard*, *Else*; *Lyse(n)* (zu *Elisabeth*), *Jütte(n)*, *Jutz(e)*, *Jütz(e)*, *Jüttner* u.ä. (zu *Jutta*), *Grether*, *Gretener* (zu *Margarethe*), *Gretenmann*, *Elsenhans*, *Hiltenmann*, *Ellensohn*, *Agneter*, *Triener* (zu *Katharina*), *Figener*, *Fügener* (zu *Sophie*), *Eitner* (zu *Agathe*).

[206] Bahlow, H.: Metronymika. Frauennamen des Mittelalters als Familiennamen. Ein soziologisches Phänomen; in Hans Bahlow: Abhandlungen zur Namenforschung und Buchgeschichte, Neustadt a.d. Aisch 1980, S. 52–55

(2) Familiennamen nach der Wohnstätte

Geographische Gegebenheiten spielen bei der Orientierung in einer Umwelt notwendigerweise eine außerordentlich große Rolle. Dementsprechend werden sie auch von altersher gern zur raschen und sicheren Verständigung über die in der Umgebung lebenden Mitbewohner benutzt. Das schlägt sich in attributiven Zusätzen nieder, die die Lage der Wohnstätte – auf der Anhöhe oder auf dem Berg, am Hang, in der Senke oder im Tal, vor einem Sumpf, an einem Gewässer, vor dem Wald oder darin, auf einer Wiese, einem Weideland, hinter einem bestimmten Acker, am Dorfende, an einem Weg, einer Straße, einem Platz, neben einem markanten Gebäude, z.B. einer Kirche, usw. – oder die Beschaffenheit des Geländes angeben. Ist für ein Geländestück, einen Berg oder ein Gewässer bereits ein Name (Toponym) vorhanden, wird natürlich auch dieser zur Lagebeschreibung herangezogen. In den attributiven Zusätzen kommen alle nur denkbaren Präpositionen zur Kennzeichnung räumlicher Beziehungen (*an*, *bei*, *in*, *auf*, *unter*, *vor*, *zu* ...) vor. Als diese Angaben die Funktion des festen, erblichen Familiennamens übernahmen, wurde die Präposition (und der Artikel) in der Regel fallengelassen; nur im Nordwesten und Südwesten des deutschen Sprachgebietes sind sie des öfteren mit in den Familiennamen eingegangen (s. S. 167). Im Oberdeutschen wurde stattdessen gern ein *-er* angehängt: *an der Ecke* > *Egener*; vgl. auch *Vogelweider* für *(Walther) von der Vogelweide*. Die gleiche Funktion hatten *-ing* und *-mann*: *Büsching* (zu *Busch*); *Eggmann*, *Eckmann*, *Angermann*, *Brinkmann* (zu mnd. *brink* ‚Grashang‘); sie sind eher im Nord- und Mitteldeutschen anzutreffen. Die Angabe der geographischen Lage kann auch als Bestimmungswort vor einen Personennamen gestellt werden: *Kesselmeyer* (nach der Lage des Wohnsitzes in einer Senke, im „Kessel"), *Angerbauer* usw.

Außer der Lage dienten auch andere Merkmale zur Unterscheidung, etwa ein (auffälliger) Baum (*under der Linden*, *von der Tann*, woraus *Tenner* bzw. *Lind(e)ner* wurde) oder die Art des Gebäudes (Familiennamen wie *Kothe*, *Kothmann*, *Kötner* gehen auf mhd. *kote* ‚Hütte, kleines Tagelöhnerhaus‘ zurück; vgl. auch *Langhoff*, *Steinhaus*, *Honhaus* < *im hohen Haus*). Alles, was ein Wohnsitz im Vergleich mit anderen Wohnstätten an Charakteristika aufzuweisen

4.5. Zur Geschichte der Familiennamen im Deutschen

hatte, konnte zur Kennzeichnung seiner Bewohner herangezogen werden. In den Städten vor allem trugen die Häuser vielfach Namen und waren mit einem Hauszeichen oder Wappen versehen (wie heute noch manche Apotheken, Gasthäuser, Messehäuser). Auch daraus gingen viele Familiennamen hervor. Hausnamen tauchen im frühen 12. Jh. zuerst in Köln auf und breiten sich um 1200 zunächst rheinaufwärts aus. Von dort dringen sie langsam auch nach Osten und Südosten vor, doch bleibt der Westen und Südwesten Deutschlands das Zentrum der aus Hausnamen gewonnenen Familiennamen. Die Wohnstattnamen sind nicht immer säuberlich von den Herkunftsnamen zu trennen, weil diese ja auf ganz ähnliche Weise entstanden sind. Der oben erwähnte Familienname *Steinhaus* kann also auch auf die Herkunft von einem Ort namens *Steinhaus* zurückgehen.

Als Familiennamen bildeten sich die Wohnstattnamen (nach Toponymen, z. B. dem Namen einer Burg), die die betreffende Person als Besitzer des Anwesens deklarierten, zuerst beim Adel heraus. Von den dabei verwendeten Präpositionen *von*, *auf*, *zu* entwickelte sich *von* später – um 1500 in Österreich, vom 17. Jh. an im übrigen Deutschland – zum allgemeinen Adelsprädikat. Das trug gewiß wesentlich dazu bei, daß in der nichtadligen Bevölkerung, unter der die ländlichen Wohnstattnamen im 14. bis 16. Jh. stark zunahmen, und zwar vor allem in Gebieten mit Einzelhofsiedlungen (Westfalen, Alpenländer), die mit *von* gebildeten Familiennamen zurückgedrängt wurden. Indem *von* sich als Adelsprädikat schlechthin durchsetzte, verlor es seinen ursprünglichen Sinn als Verweis auf eine Wohnstätte oder auf die Herkunft von einem Herrensitz und konnte bei der Erhebung Bürgerlicher in den Adelsstand (sog. Briefadel) als entsprechend auszeichnender, aber nicht (mehr) „wörtlich", d. h. in seiner appellativischen Bedeutung zu nehmender Namenzusatz verliehen werden (*von Goethe*, *von Schiller* usw.; der Vater des bekannten Komponisten *Carl Maria von Weber* hatte sich übrigens dieses Prestige verleihende Wörtchen selbst zugelegt).

Bei den Adelsnamen ist noch eine Besonderheit zu erwähnen, nämlich die durch Wohnsitz- und/oder Besitzwechsel und Aufspaltung in verschiedene (genealogische) „Linien" verursachte Kombination aus einem schon erblich gewordenen Familiennamen, der (ohne *von*) die genealogische Abstammung festhält, und einem zusätzlichen Wohnsitznamen nach dem Muster: *A von/zu/auf B* (z. B.: *Küchenmeister von Sternberg* im Meißnischen oder *Schenck zu Schweinsberg* in Hessen). Aus diesem Zusammenhang erklären sich auch die Namenformen *von und zu A* (für die am namenstiftenden Wohnsitz seßhaft Gebliebenen im Unterschied zu denen, die den Wohnsitz gewechselt hatten). Mehrfacher Besitz, großenteils durch Heirat oder Erbschaft hinzuerworben, drückt sich in Namen vom Typ *von A und B* aus.

(3) Familiennamen nach der Herkunft
Es liegt nahe, Zugezogene nach ihrem Herkunftsort oder -land näher zu bezeichnen. (Der Vatersname war ja entweder nicht bekannt oder gab kein verläßliches Unterscheidungsmerkmal ab, weil die Person, auf die er sich bezog, nicht im Blickfeld der namengebenden Gemeinschaft lag.) Man unterscheidet demnach in dieser Gruppe Familiennamen, die auf einen Volks-, Stammes- oder Ländernamen zurückgehen, und solche, in denen ein Ortsname enthalten ist.

Zur ersten Gruppe gehören Namen wie *Beyer*, *Westphal*, *Böhm(e)*, *Schwab(e)*, *Sachs(e)*, *Preuß*, *Döring*, (aus *Thüringen*), *Österreich*, *Schlessing/Schlesinger* (aus Schlesien), *Unger* (aus Ungarn), *Flämig/Fleming* (aus Flamen), *Pelzer* (aus der Pfalz, mundartlich *Palz*), *Hochländer*, *Oberländer*, *Niederländer*, *Franzos*, *Türk*. Wie die Beispiele zeigen, wurde dabei in einigen Fällen auch das Suffix *-er* angehängt. Die Herkunft darf übrigens nicht ohne weiteres gleichgesetzt werden mit ethnischer Zugehörigkeit. Wer *Unger* genannt wurde, mußte nicht Ungar der Nationalität nach sein; es genügte, wenn er von dort zugewandert war. Hier gibt es manche Überschneidung mit der Gruppe 5 (wenn jemand den Namen *Unger* aufgrund einer Reise dorthin, eines vorübergehenden Aufenthaltes in Ungarn, wegen äußerlicher Merkmale erhielt oder deshalb, weil er oft von Ungarn sprach). Aber auch *Frank(e)*, *Fries(e)*, *Schwab(e)*, *Hesse/Heß*, *Sachs(e)* sind nicht ausschließlich als Herkunftsnamen zu deuten; denn diese Namen wurden auch als Rufnamen gebraucht.

In der zweiten Gruppe wurde die Angabe des Herkunftsortes zunächst mit Hilfe einer Präposition – *von/van*, seltener *aus* (*us*, *ut*),

4.5. Zur Geschichte der Familiennamen im Deutschen

lat. *de* – angeschlossen. Beim Übergang von der charakterisierenden Herkunftsbezeichnung zum erblichen Familiennamen wurden die Präpositionen bald weggelassen; nur im Nordwesten, in der Nachbarschaft zum Niederländischen (wo Namen mit *van* noch heute sehr zahlreich sind), und im alemannischen Südwesten haben sich die Präpositionen vielfach gehalten; man vgl. *van Beethoven* (nach dem Ortsnamen *Betuwe* bei Tongern in Belgisch-Limburg), *von Siebenthal* (in der Schweiz). Die Präposition ist in diesen Fällen nicht Adelsprädikat (das aus den Wohnstattnamen hervorgegangen ist). Wo die Präposition wegfiel, konnte sie durch eine Ableitung mit *-er* ersetzt werden; Typ: *Heinrich (der) Wiener*. Anfangs stand der Artikel öfter dabei; später verschwand er allmählich. Die *er*-Formen – wiederum mit Varianten wie *-ner*, *-ler* z. B. *Wisentner* nach dem Ort *Wiesent* bei Regensburg, *Furtwängler* nach *Furtwangen* – haben ihr dichtestes Verbreitungsgebiet im Oberdeutschen; im Norden sind sie nicht recht heimisch geworden (s. a. S. 174).

Andere sprachliche Merkmale zur Kennzeichnung des Herkunftsnamens sind *-ing* (wie in *Steding* zu *Stade*), *-isch* (wie in *Klefisch* zu *Kleve*), *-mann* (wie in *Münstermann* zu *Münster*; diese Namensform ist am häufigsten im Nordwesten anzutreffen). Schließlich kann auch der bloße Ortsname als Familienname verwendet werden. Außer Ortsnamen begegnen auch Flußnamen als Herkunftsnamen: *Necker* (vom Neckar), *Wesermann* u. a.; sie sind jedoch nicht sehr zahlreich.

Die Herkunftsnamen sind insofern von besonderem sprachgeschichtlichen Interesse, weil sie Aufschluß geben können über die Wanderungsbewegungen im Mittelalter und über die Einzugsgebiete, aus denen sich die wachsende Bevölkerungszahl in den Städten rekrutierte. Da sie oft nach dem Gehör aufgezeichnet wurden, haben wir in ihnen auch frühe Zeugnisse dafür, wie ein Ortsname in der Volkssprache ausgesprochen wurde. Überdies lebt in ihnen eine nicht geringe Anzahl von Namen untergegangener Ortschaften weiter (sog. Wüstungsnamen). Um einen Herkunftsnamen immer als solchen zu erkennen, bedarf es daher guter Kenntnisse in der (spät)mittelalterlichen Topographie und Sprachgeschichte.

(4) Familiennamen nach dem Beruf
Mindestens ebenso wichtig zur Unterscheidung und Kennzeichnung

wie die Charakteristika der Wohnstätte ist die sozioökonomische Stellung einer Person und ihrer Familie in ihrer jeweiligen Lebens- und Kommunikationsgemeinschaft. Das Wort *Beruf* in der Überschrift darf man nicht zu eng auslegen. Gemeint ist hier die hauptsächlich ausgeübte Erwerbstätigkeit oder die den Mitmenschen als besonders wichtig oder auffällig erscheinenden Fertigkeiten und Tätigkeiten, ebenso ein Amt oder eine bestimmte Aufgabe in der Gemeinschaft sowie die wirtschaftlichen und rechtlichen Bedingungen, unter denen jemand eine Tätigkeit ausübt. In der einfachen agrarwirtschaftlichen Gesellschaft ist die berufliche und soziale Differenzierung allerdings noch nicht weit fortgeschritten. Der Müller und der Schmied heben sich hier besonders heraus (das zeigt sich noch heute in der Häufigkeit der daraus entstandenen Familiennamen, s. S. 162 f.), daneben etwa der Schäfer, der Fischer, der Schmied, der Stellmacher (auch *Wagner*, mundartlich *Wehner*, oder *Rademacher*). Auch die Wald- und Holzwirtschaft und die Jagd lieferten spezielle Bezeichnungen. Der *Lehmann* bewirtschaftet ein Grundstück, das er vom Grundherrn zu Lehen bekommen hat; der *Hufner*, *Hüfner* oder *Huber* ist Vollbauer (Bewirtschafter eine Hufe) im Gegensatz zum *Halbbauern* und zum *Häusler/Heusler*, der außer dem Hausgrundstück keinen Grundbesitz hat; der *Meier/Maier*, von lat. *māior* ‚der Größere', verwaltet größere Güter (die Bedeutung dieses Wortes ist jedoch nicht zu allen Zeiten und überall gleich); *Hofmann/Hoffmann* bezeichnet den Verwalter oder Pächter eines Hofes; auch *Graf*, md. *Grebe*, *Grewe* wurde in der Bedeutung ‚Vorsteher, Verwalter' verwendet (es gab z. B. Deich-, Holz-, Salzgrafen); der *Richter*, andernorts auch (mhd.) *schultheize* genannt (vgl. die Familiennamen *Schultheiß*, *Schul(t)z(e)*, *Schol(t)z(e)*, nd. *Schulte*, *Scholte* u. ä.), war der Gemeindevorsteher.

Eine Unzahl neuer Berufe und Berufsbezeichnungen entstand in den aufstrebenden Städten. Die Versorgung der Bevölkerung, Handel und Geldwirtschaft, Verwaltung, insbesondere aber die Weiterentwicklung, Verfeinerung und Spezialisierung der handwerklichen Produktion gaben die Anstöße dazu. „Die Berufsnamen begleiten den sozialen Aufstieg des Handwerkerstandes in den Städten: im Westen im Laufe des 13. Jahrhunderts, nach Osten hin setzt die Entwicklung etwas später ein." ([31] Fleischer 159).

Die Vielgestaltigkeit in der Gruppe der Berufsbezeichnungen und Namen nach dem Beruf wird noch dadurch erhöht, daß zu den verschiedenen alten und neuen Benennungen eine Vielzahl landschaftlicher Synonyme hinzukommt (wie oben schon bei *Stellmacher* angedeutet), ganz zu schweigen von den zahlreichen lautlichen, graphischen und morphologischen Varianten: Auf die Bezeichnung des Schmiedes gehen z.B. zurück die Familiennamen *Schmid(t)*, *Schmitt*, *Schmitz* (mit patronymischem Genitiv; vgl. auch *Küppers*, *Becken*, *Scholten* u.a.m.), *Schmedt*, *de Smet*, *Schmedeke*, *Schmieder*, *Schmiedel*, *Schm(i)eding*, *Schmedemann* usf. Die weitere Auffächerung innerhalb der Schmiedezunft geht aus Zusammensetzungen mit präzisierenden Bestimmungswörtern hervor, z.B. *Kupfer-*, *Eisen-*, *Stahl-*, *Gold-*, *Silber-*, *Klein-*, *Kessel-*, *Klingen-*, *Hufschmi(e)d/-schmitt* usw. Außerdem kommen Zusammensetzungen mit einem Personennamen vor; der oben unter (1) erwähnte Familienname *Schmitthenner*, um nur ein Beispiel zu nennen, kann auch als „Henner (Heinrich), der Schmied" gedeutet werden. Der Artikel, der ursprünglich in den appellativischen Zusätzen dazugehörte (*Heinrich der Schmied*), ist in einigen Fällen, vor allem im Niederländischen und in den angrenzenden niederdeutschen Mundartgebieten, erhalten geblieben: *de Boor*, *de Smet*, *de Gruyter* („der Brauer"). Was die Bildungsweise der Familiennamen aus Berufsbezeichnungen angeht, finden wir hier alle Möglichkeiten wieder, die schon bei den vorangegangenen Namengruppen erwähnt wurden.

Noch bunter gestaltet sich die Gruppe der Familiennamen nach dem Beruf, als – etwa ab 1500 – mehr und mehr solche aus mittelbaren (metaphorischen, metonymischen) Berufsbezeichnungen darin Eingang finden. Was darunter zu verstehen ist, machen volksläufige Bezeichnungen deutlich wie *Leim* für den Tischler, *Zwirn* für den Schneider, *Knieriem*, *Pech*, *Pfriem* für den Schuhmacher, *Feuerrüpel* oder *Rußbutte* für den Schornsteinfeger, *Klecksel* für den Maler. In ähnlicher Weise wurden schon damals Handwerker benannt. Die Palette reicht von schlichten sachlichen Benennungen über scherzhafte Bildungen bis hin zu derben Handwerkerschelten. Daß selbst wenig schmeichelhafte Bezeichnungen zu Familiennamen wurden, macht deutlich, wie sehr die Namengebung – oder besser: die Fixierung einer Bezeichnung als Name für eine Person und deren Familie

– von der umgebenden Gemeinschaft abhing oder zumindest mitbestimmt wurde. In manchen Zünften war es auch Sitte, dem Gesellen bei der Freisprechung (Gesellentaufe) einen besonderen Namen zuzulegen, den sog. Schleifnamen; man verwendete dafür Wörter aus dem Sachinventar der Zunft, wie *Mehl* bei den Bäckern, *Holz* bei den Schreinern (vgl. oben *Zwirn*, *Leim*, *Pech* usw.!), aber auch blumigere Bezeichnungen wie (*Hans*) *Rosengart* (diesen Schleifnamen erhielt Hans Sachs als Geselle in Würzburg). – Eine formale Unterabteilung der mittelbaren Berufsnamen bilden die sog. Satznamen, Zusammenziehungen ganzer Sätze oder von Satzbruchstücken zu einem Wort: „*Schwingdenhammer* 1410 in Zürich für einen Schmied, *Henne Machewurst* 1368 in Frankfurt/Main für einen Fleischer, *Stövesand* (‚Stiebe den Sand') für einen Reiter, *Hau(en)schild* für den Berufskämpfer, *Spannaus* für den Fuhrmann, *Griepenkerl* für den Gerichtsdiener oder Bettelvogt" ([31] Fleischer 115 f.).

Übrigens könnte man die mittelbaren Berufsnamen durchaus auch der Gruppe 5 (Familiennamen aus Übernamen) zuschlagen. Hier und da ist auch die Grenze zwischen Berufs- und Wohnstattname fließend: Mit *Nusser*, *Nüsser*, *Nüssler* kann ein Händler mit Nüssen gemeint sein, aber auch einer, dessen Wohnsitz durch einen Nußbaum oder Haselnußsträucher gekennzeichnet war.

Aufgrund ihrer Verankerung im appellativischen Wortschatz waren die Berufsbezeichnungen als Familiennamen anfangs noch recht instabil, an die einzelne Person und ihre jeweilige Berufstätigkeit gebunden. Sie werden sich am ehesten dort verfestigt haben, wo über mehrere Generationen hinweg der gleiche Beruf in der Familie ausgeübt wurde.

Die Berufsnamen spiegeln insgesamt eine Welt der vorindustriellen Produktion. Ihre Erforschung ist daher von hohem wirtschafts-, sozial-, kultur- und sprachgeschichtlichem Interesse. Viele der damals namenstiftenden Berufe und Arbeitsgeräte existieren längst nicht mehr. In anderen Fällen haben die Wörter aus dem Arbeitsleben einen Bedeutungswandel erfahren; und weil außerdem die Form der ursprünglichen Bezeichnung oftmals stark umgestaltet wurde (s. o. das Beispiel *Schmied*), ist es nicht immer leicht, im heutigen Familiennamen den ehemaligen Berufsnamen wiederzuerkennen.

4.5. Zur Geschichte der Familiennamen im Deutschen

(5) Familiennamen aus Übernamen

Diese Gruppe ist ein Sammelbecken für alle unter 1 bis 5 nicht unterzubringenden Zunamen, die auf Eigenschaften und Eigenheiten einer Person oder auf ein Ereignis in ihrer Lebensgeschichte gemünzt sind. Anknüpfungspunkte gibt es reichlich: ein körperliches, geistiges oder charakterliches Merkmal, das Auftreten, die Art, sich zu kleiden, das Verhalten bei der Arbeit, daheim oder im Umgang mit anderen, bestimmte Gewohnheiten, Vorlieben, die Ähnlichkeit mit jemand oder etwas, die Sprechweise, der Gebrauch einer bestimmten Redensart, ein Reizwort (mit dem man jemand „aufziehen" konnte), die Lebensweise, das Verhältnis zum Geld, Verwandtschaftsbeziehungen, eine Begebenheit, die Übernahme einer Rolle im Volksschauspiel usw. usf. Dem Spieltrieb und der Erfindungsgabe der Sprachgemeinschaft sind da keine Grenzen gesetzt, und entsprechend vielfältig ist das Repertoire an Namen, das dabei herauskam, obwohl ja nur ein Bruchteil der Übernamen, die tatsächlich gebraucht wurden, zu Familiennamen aufgerückt sind. Die hierfür benutzten sprachlichen Mittel sind vorzugsweise Adjektive und Substantive, und unter den Substantiven sind viele, die auf einem Vergleich beruhen (z. B. *Fuchs* für einen Rothaarigen oder für einen als listig, schlau, verschlagen eingeschätzten Menschen). Aber auch Satznamen (aus syntagmatischen Wortgruppen hervorgegangene Namen) sind in dieser Gruppe in großer Zahl vorhanden, z.B.: *Greifzu, Lachnit, Borgenicht, Thudichum, Suchenwirth, Störtebeker* („Stürze den Becher!", für einen Zechkumpan), *Schneidewind* („Schneide den Wind!", für einen Landstreicher). Wie schon bei den Berufsnamen gesagt wurde, war man im Zeitalter des Grobianismus (15./16. Jahrhundert), als es auch in der Literatur recht derb zuging, nicht eben zimperlich in der Ausdrucksweise.

Gewöhnlich werden Übernamen anstelle eines Personennamens gebraucht („Bring das mal dem Langen!" – „Komm mal her, Dikker!" – „Was ist denn mit dem Fuchs los?"); zum Personennamen hinzu treten sie am ehesten, wenn es auf Unterscheidung ankommt: *der lange Hans* gegenüber *der kleine/kurze Hans*. Daraus konnten sich Namen wie *Langhans*, *Kleinhans* (s.o. unter 1) entwickeln. Häufiger ist jedoch die Substantivierung und appositionelle Nachstellung des Adjektivs: *Hans (der) Lange, Hans (der) Kleine/Kurze* usw. (Zu den morphologischen Varianten *Lange*, *Langer*, *Langen*, *Lang* vgl. S. 174). Wie aber konnten solche Übernamen, die doch ganz auf ein Individuum zugeschnitten waren, zu Familiennamen werden? Hier wie bei den zuvor dargestellten Namentypen ist wohl davon auszugehen, daß man auch auf die Familienangehörigen des so Benannten als auf „die (Leute) vom X" referierte, im Laufe der Zeit der spezielle Anlaß für den Übernamen in Vergessenheit geriet und dieser selbst sich insofern zum Eigennamen entwickelte, als man dabei nicht mehr an die „wörtliche" Bedeutung der hierzu verwendeten sprachlichen Mittel dachte. Die Übertragung auf Familienmitglieder drückt sich auch in der Verwendung patronymischer Formen aus: *Junkers* (zu mhd. *juncherre*), *Mün(ni)chs* (zu mhd. *münich* ‚Mönch'), *Kleinen* (auch *Kleiner* kann eine patronymische Bildung sein, vor allem im Oberdeutschen), *Röting* (zum Farbwort *rōt*), *Stolzing* usw.

Wie eben schon angedeutet, ist die Zuweisung eines Namens zu einer dieser fünf Gruppen nicht in jedem Fall mit Sicherheit möglich; denn die Wortbedeutung allein gibt vielfach keine Auskunft über das Namengebungsmotiv. Wenn uns die Quellen keine weiteren Informationen liefern als – beispielsweise – den Zu- oder Familiennamen *Schneeweiß*, ist nicht zu entscheiden, ob hier ein Übername für einen Menschen mit weißem Haar vorliegt oder etwa ein Berufsname für einen Wäschebleicher. Solche Deutungskonkurrenzen sind gar nicht selten. Für die Frage nach der „Bedeutung" eines Familiennamens (s. Kap. 2.5.) ergibt sich daraus, daß meist nur die Wortbedeutung – im obigen Beispiel also ‚weiß wie Schnee' – und, soweit erschließbar, die verschiedenen möglichen Namengebungsmotive angegeben werden können. Welches von ihnen im Einzelfall, also für die Entstehung des Namens einer ganz bestimmten Familie, zutrifft, wird sich in der Regel nicht mehr ermitteln lassen.

[207] Höfler, O.: Über die Grenzen semasiologischer Personennamenforschung; in: Festschrift für Dietrich Kralik, Horn (Niederösterreich) 1954, S. 26–53

[208] Witkowski, T.: Zum Problem der Bedeutungserschließung bei Namen; in: [15], S. 104–117

[209] Witkowski, T.: Zu einigen Problemen der Bedeutungserschließung bei Namen; in: [23] Onoma 18, 1974, S. 319–336

4.5. Zur Geschichte der Familiennamen im Deutschen

Von regelrechten Familiennamen können wir eigentlich erst sprechen, wenn sie von mindestens zwei Generationen getragen worden sind. Aus dem uns gewöhnlich vorliegenden Quellenmaterial geht freilich oft nicht eindeutig hervor, wann ein Namenzusatz oder Zu-/ Beiname erblich wurde. Aus der Tatsache, daß – sagen wir – 1460 ein *Michael Schwerdtfeger* und dreißig Jahre später am selben Ort ein *Balthasar Schwerdtfeger* bezeugt ist, kann noch nicht mit Sicherheit auf einen genealogischen Zusammenhang und damit auf das Vorhandensein eines festen Familiennamens geschlossen werden; denn es ist durchaus denkbar, daß die Kinder des Michael Schwerdtfeger einen anderen Zunamen führten, vor allem dann, wenn keiner der Söhne den Beruf des Vaters übernahm, und daß ein Mann anderer genealogischer Abstammung den Berufsnamen *Schwerdtfeger* erhielt. Nach römischen Recht war der Personenname eine reine Privatangelegenheit; es lag im Ermessen des einzelnen, ob er ihn beibehielt, änderte oder durch einen anderen ersetzte, sofern dadurch niemand geschädigt wurde. Aus der Geschichte sind zahlreiche Beispiele für Namenwechsel bekannt. Die einzelnen Benennungsmotive schließen einander ja auch nicht aus. So gibt es Zeugnisse dafür, daß ein Berufsname und ein Übername oder ein Berufsname und ein Herkunftsname miteinander konkurrierten. Berufswechsel und beruflicher Aufstieg (ein hübsches Beispiel aus München: 1371 *Jörg Handknecht* = 1375 *Jörg Zumüllner* = 1381 *Görig müllnner*; [31] Fleischer 93) führten ebenfalls zu Änderungen des Zunamens. Bekannt ist der Namenwechsel von *Gensfleisch* zu *Gutenberg* nach einem Haus in Mainz. Im bäuerlichen Leben ist es vor allem der Hofname – in der Niederlausitz auch *Torsäulenname* genannt –, der als fester Bezugspunkt stets wichtiger war als die Personennamen der wechselnden Besitzer des Hofes; er ging meist fast automatisch auf jene über. Amtliche Festlegungen vom Typ *Eggeringhaus gen[annt] Wellmann* (so genannt nach dem Hof) noch im 20. Jahrhundert lassen erkennen, daß diese Tradition noch in jüngster Vergangenheit stärker war als alle behördlichen Vorschriften über die Führung der Familiennamen.

Dieser Sachlage entsprechend dürfen die historischen Belege in den erklärenden Wörterbüchern der deutschen Familiennamen und in den Untersuchungen zur Entstehung der Familiennamen – von wenigen Ausnahmen abgesehen – nicht als Beispiele echter, erblicher Familiennamen mißverstanden werden. Nur in Verbindung mit genealogischen Forschungen ließe sich, sofern die vorhandenen Unterlagen dafür ausreichen, feststellen, wo ein erblicher Familienname vorliegt. Wenn also zum Beispiel in einem solchen Wörterbuch unter dem Stichwort *Kächler/Kachler* (zu mhd. *kacheler* ‚Töpfer') als frühester Beleg *Theodoricus Kachelere* 1290 im Elsaß erwähnt wird (das Beispiel ist [15] Bahlow 269 entnommen), so ist damit nicht gesagt, daß *Kacheler* schon damals ein erblicher Familienname war, geschweige denn, daß eine heute in Straßburg, Kolmar oder sonstwo im Elsaß ansässige Familie von diesem *Theodoricus (Dietrich) Kachelere* abstammt; vielmehr wird damit lediglich dokumentiert, von welchem Zeitpunkt ab die Benennungsweise Rufname + Zuname *Kach(e)ler(e)* vorkommt, in welcher Landschaft sie auftritt und vermutlich heimisch ist. Daraus kann man dann folgern, daß die Namen der heute bestehenden Familien *Kächler/Kachler* irgendwann einmal auf analoge Weise und vermutlich ebenfalls im Südwesten des deutschen Sprachgebietes entstanden sind.

Unter solchen Voraussetzungen fällt es natürlich schwer anzugeben, wann die Familiennamen zu einem festen Bestandteil des Personennamens geworden sind. Zwar ist vom 14. Jahrhundert an bei der Mehrzahl der in den Quellen erwähnten Personen dem Rufnamen eine erläuternde (referenzfixierende) Benennung beigefügt, und daraus geht hervor, daß ein Bedürfnis nach Unterscheidung bestand; doch das besagt noch nicht, daß diese Namenzusätze oder Zunamen tatsächlich schon erbliche Familiennamen gewesen seien. Wären sie es damals bereits gewesen, hätten die Behörden nicht immer wieder zur Beibehaltung der zusätzlich vergebenen Namen ermahnen müssen. Beim Adel läßt sich die Einführung erblicher Familiennamen am besten verfolgen, weil diese Bevölkerungsschicht begreiflicherweise in den historischen Quellen am häufigsten erwähnt wird und wir dadurch auch über die genealogischen Zusammenhänge recht gut informiert sind. (Übrigens trifft man aber auch in diesen Kreisen auf Namenwechsel.) Dem Adel folgt das Patriziat und Großbürgertum der aufstrebenden Städte. Über den Namengebrauch in der Mehrheit der Bevölkerung wissen wir mangels Quellen ziemlich wenig. Wir müssen jedoch, unabhängig von der Quel-

4.5. Zur Geschichte der Familiennamen im Deutschen

lenlage, mit einer Verzögerung („cultural lag") im Annehmen fester Familiennamen bei den unteren Schichten rechnen. Was es hier zu vererben gab, konnte leicht im Kreise der Angehörigen geregelt werden, und noch die Literatur des 18. und teilweise noch des 19. Jahrhunderts dokumentiert, daß Dienstpersonal und andere „einfache Leute" mit dem Vornamen angeredet wurden und ihr Familienname im Gesellschaftsleben nur eine untergeordnete Rolle spielte (z.B. *Just* und *Franziska* in Lessings „Minna von Barnhelm"). Es gab also offenbar ein soziales Gefälle im Gebrauch und in der Notwendigkeit des Gebrauchs von Familiennamen.

Wo der Name gewechselt werden konnte, war natürlich auch die Gestalt des Namens nicht unantastbar. Sogar bereits erblich gewordene Familiennamen blieben von Abwandlungen aller Art nicht verschont. Manche merkwürdige Schreib- und Namenform erklärt sich daraus, daß Buchstaben weggestrichen oder hinzugefügt wurden, um einen Namen so zu gestalten, daß die Anzahl der Silben oder Buchstaben oder des Stellenwerts der Buchstaben im Alphabet eine magisch-zahlenmystisch positive Summe ergab.

[210] Eis, G.: Probleme der mittelalterlichen Onomatomantie; in: Atti e Memorie del VII Congresso Internazionale di Scienze Onomastiche, Bd. 3, Florenz/Pisa 1961, S. 153 ff.

Es kam aber auch vor, daß der Vertreter der Kirche oder der staatlichen Behörde eine mundartliche Namensform – mehr oder weniger richtig – in die Schriftsprache übertrug. Umgekehrt konnte ein mundartlich, also in gesprochener Sprache angegebener Familienname in dieser sprechsprachlichen Form festgehalten werden. Bisweilen wurde eine fremde mundartliche Form in die am Ort übliche Sprachgestalt übertragen, was gelegentlich einem Namenwechsel sehr nahe kam. Hinzu kommt das Bestreben, Familiennamen, die aus Appellativen oder aus Rufnamen hervorgegangen waren, graphisch von diesen „Vorbildern" abzuheben (z.B. *Kurth* oder *Curth* statt *Kurt* zu schreiben). Auch Modeströmungen mögen die Wahl einer besonderen Schreibweise mitbestimmt haben. Schließlich konnte man mit einer kleinen Änderung einen als lächerlich oder anstößig erscheinenden Namen in einen neutralen Namen verwandeln.

Eine Sonderstellung nehmen die Übertragungen deutscher Namen ins Griechische und/oder Lateinische ein, die mit dem Humanismus (15. Jh.) in gebildeten Kreisen einsetzen. Neben rein äußerliche Latinisierungen wie *Heinrichs* > *Heinrici*, *Käskorb* > *Cascorbi* traten regelrechte Namen„übersetzungen": *Schwarzert* > *Melanchthon*, *Schmidt* > *Faber*, *Fabricius*, *Bauer* > *Agricola*, *Ö(h)l(en)schläger* > *Olearius*, *Müller* > *Mylius*, *Molitor*, *Bickel/Pickel* > *Celtis*, *Siemens* (fries. Patronymikon zu *Siegmar*, seltener auch zu *Simon*) > *Simonides* usw. Mit der Interpretation des deutschen Namens als Ausgangspunkt der Übertragung verfuhr man dabei oft recht willkürlich. Philipp Schwarzert mag des guten Glaubens gewesen sein, daß sein Name als *Schwarz-Erd* zu deuten sei; aber zur Gräzisierung des Namens *Hussgen* mußte sein Träger ihn erst einmal zu *Husschin* (*Hausschein*) „verrenken", ehe daraus *Oecolampadius* entstehen konnte. (Mit den griechischen oder lateinischen Vokabeln schaltete man übrigens bei der Namenbildung in ebenso selbstherrlicher Weise.) Wer mit seiner Gelehrsamkeit prunken wollte, suchte auch gern nach ausgefallenen Vokabeln; „man bevorzugt Seltenes vor Gebräuchlichem, man verrätselt oft genug den eigenen Namen so sehr, daß zur Rückübertragung manchmal geradezu detektivischer Spürsinn vonnöten ist" ([214] Melchers, 225). Nicht alle diese Namenübertragungen wurden als Familiennamen angenommen oder beibehalten, manche wurden überhaupt nur in der gelehrten Welt, etwa bei Buch- und Aufsatzveröffentlichungen, gebraucht; doch unter den gegenwärtigen Familiennamen finden wir noch immer eine ganze Menge solcher „verfremdeten" deutschen Namen.

[211] Bergerhoff, H.: Humanistische Einflüsse in den deutschen Familiennamen. Phil. Diss. Freiburg i. Br. 1918
[212] Fassbinder, M. K.: Latinisierte Familien- und Berufsnamen; in: Mitteilungen der Westdeutschen Gesellschaft für Familienkunde 27, 1975, S. 11–16
[213] Fleischner, Johann Michael: Onomatologie. Erlangen 1826 [enthält auf den Seiten 271 ff. „Einige Regeln und Bemerkungen über die lateinische Bildung der neueren deutschen Familiennamen" und ein kleines Wörterbuch solcher Namengleichungen]
[214] Melchers, P.: Das griechische Element in den deutschen Humanistennamen; in: Atti e Memorie del VII Congresso Internaz. di Scienze Onomastiche, Bd. III, Firenze/Pisa 1961, S. 219–226

4.5. Zur Geschichte der Familiennamen im Deutschen

Die vielen Möglichkeiten, den Personennamen zu verändern, veranlaßten die Behörden vom 17. Jh. an, immer stärker zu namengesetzlichen Maßnahmen zu greifen. Entsprechende Verordnungen sind aus Sachsen und Bayern bekannt, 1780 folgte Österreich, 1794 Preußen mit dem Allgemeinen Preußischen Landrecht. In Friesland machte Napoleon 1811 das Führen eines festen Familiennamens zur Pflicht. Allerdings mußte diese Verordnung immer wieder erneuert werden, weil sich die Bevölkerung nur schwer daran gewöhnte. In den amtlich zugelassenen friesischen Zwischennamen (s. S. 25) hat sich die ältere Tradition patronymischer Zunamen bis heute erhalten. Die amtlichen Maßnahmen richteten sich zunächst auf die Durchsetzung der Zweinamigkeit (Vorname + Familienname) und gegen den Wechsel des neuen Personennamenbestandteils, des Familiennamens. Die Festlegung der Schreibweise eines Namens, eines Vornamens sowohl wie eines Familiennamens, war der nächste Schritt (in Preußen z. B. geschah dies 1832). Schiller schrieb seinen Vornamen mal *Friedrich*, mal *Fridrich*; *Goethe* und *Göthe* waren beliebig austauschbare Formen; *Carl* und *Karl*, *Jacob* und *Jakob*, *Curth* und *Kurth* wurden vom Namenträger selbst abwechselnd gebraucht. Um die Befolgung der gesetzlichen Vorschriften zu gewährleisten, mußte die Verwaltungspraxis neu geregelt und nach einheitlichen Richtlinien aufgebaut und durchorganisiert werden. Die wichtigste amtliche Regelung zur Personenstandsbeurkundung war die Einführung des Standesamts 1874, also drei Jahre nach der Reichsgründung. Von nun an waren die Personennamen fest im Griff der Verwaltung. Uneinheitlichkeiten in der Namenführung wurden beseitigt, aus der Vielfalt möglicher Namensformen wurde in jedem Einzelfalle die nunmehr gültige festgelegt, Änderungen eines Namens oder einer Namensform mußten grundsätzlich beantragt und genehmigt werden; die Namensführung konnte somit bis in alle Einzelheiten überwacht werden. Die Festlegung der Familiennamen in lateinischer statt wie zuvor in deutscher Schrift führte zu einigen Ungereimtheiten bei der Wiedergabe der graphischen Zeichen für *s*-Laute. Die Verbindung ß aus langem ſ und rundem s für einen stimmlosen („scharfen") *s*-Laut hätte je nachdem – entsprechend der amtlichen Rechtschreibregelung im appellativischen Bereich, die 1902 in Kraft trat – entweder mit *ss* oder mit *ß* wiedergegeben werden müssen (z. B. *Hesse*, *Sessel*, *Weiße*, *Groß*). Teilweise ist das deutsche Schriftzeichen jedoch als *hs* mißdeutet worden, oder es ist trotz vorangehendem kurzen Vokal mit *ß* wiedergegeben worden. Daraus erklären sich Formen wie *Hehse*, *Seßel*, die nicht mit der Aussprache der Namen – nämlich wie *Hesse*, *Sessel* – übereinstimmen.

Einige erklärende Familiennamenbücher:

[215] Bahlow, Hans: Deutsches Namenlexikon. Frankfurt a. M. ^{3}1977 = suhrkamp-Taschenbuch 65
[216] Brechenmacher, Josef Karlmann: Etymologisches Wörterbuch der deutschen Familiennamen, 2 Bde., Limburg/Lahn 1957–1963 [Standardwerk]
[217] Gottschald, Max: Deutsche Namenkunde. Unsere Familiennamen nach ihrer Entstehung und Bedeutung. Berlin ^{4}1971
[218] Heintze, A., und P. Cascorbi: Die deutschen Familiennamen. Halle/S. ^{7}1933
[219] Linnartz, Kaspar: Unsere Familiennamen, 2 Bde. Bonn ^{3}1958 = Dümmler-Buch 8321/22

In der jüdischen Bevölkerung waren patronymische Namenzusätze schon seit dem Altertum bekannt, und auch die Hinzufügung des Wohnortnamens zum Rufnamen hat hier eine lange Tradition. Erbliche Familiennamen kamen aber erst in Anpassung an die entsprechende Entwicklung in der christlich-deutschen Umgebung auf. Zwar sind jüdische Familiennamen schon im 15. Jahrhundert keine Seltenheit mehr, doch insgesamt schließt sich die jüdische Bevölkerung, besonders auf dem Lande und in abgelegenen Gebieten, nur sehr zögernd dieser Neuerung an. Im Gefolge der Emanzipation der Juden vom ausgehenden 18. Jahrhundert an (an ihrem Beginn stehen die Toleranzedikte Kaiser Josefs II. von 1781 und 1782), durch die ihnen allmählich die bis dahin vorenthaltenen Rechte der christlichen Bürger zuerkannt wurden, stellte sich auch für sie die Notwendigkeit ein, feste Familiennamen anzunehmen. Entsprechende staatliche Verordnungen wurden zuerst in Österreich (1787), im Laufe des 19. Jahrhunderts auch in allen übrigen deutschsprachigen Ländern erlassen. Im Osten der habsburgischen Monarchie, in Galizien und der Bukowina, unterwarf man sich nur widerstrebend dieser Anordnung, so daß den jüdischen Bürgern nicht selten Familiennamen aufgezwungen wurden, und weil die Behörden „die Anweisung" hatten, „möglichst ungewöhnliche Namen zu wählen" ([217] Gottschald, S. 127), wurden ihnen oftmals auffällige, häßliche, demütigende und unwürdige Namen diktiert. Im allgemeinen aber sind die Familiennamen der Juden auf die gleiche Weise gebildet wie die der nicht-jüdischen Bevölkerung. Allenfalls lassen sich innerhalb der Bildungstypen bestimmte Namen als – lokal oder regional – überwiegend von Juden getragene Namen identifizieren. Unter den Familiennamen aus Rufnamen finden sich zusätzlich solche, die auf hebräische Namen und Namenformen zurückgehen, die in der christlichen Bevölkerung ungebräuchlich waren (z.B. *Gerson* oder *Ascher*), sowie patronymische Bildungen mit *Ben* oder *Bar* ‚Sohn' (z.B. *Benfey*, *Baruch*) und metronymische wie *Gutkind* (zu *Guta*), *Riwkind* (zu *Rebekka*), *Saraso(h)n*. In der Gruppe der Wohnstättennamen nehmen die Häusernamen, besonders in Frankfurt a. M., einen bevorzugten Platz ein (z.B. *Rothschild*). Zahlreiche Familiennamen entstanden durch „Übersetzungen" alttestamentlicher und sonstiger hebräischer Namen. Abweichend von den deutschen Namen sind solche, die auf die Religionsgeschichte und das religiöse Leben der Juden Bezug nehmen (z.B. *Jerusalem*, *Zion*, *Sabbath*, *Altschul* [*Schule* = Synagoge], *Kohn/Cohen/Kahn* ‚Priester', *Katz* < *Kahenzedek* ‚rechter Priester' u.a.m.). Ließen sich Juden taufen, nahmen sie gern betont christliche Namen an, wie sie zur Zeit gerade üblich waren (im 17./18. Jahrhundert z.B. *Christhold*, *Christlieb*, *Gottwalt* oder, in Analogie zu den protestantischen Wunsch- und Mahn-Namen, *Bleibtreu*, *Ehrlich*, *Redlich*, *Wohlfahrt* und ähnliche; vgl. S. 139); wiederholt wurden auch die Familiennamen der Taufpaten übernommen. Um der Aufforderung der Verwaltung nachzukommen, mußte man oft auch zu Phantasiebildungen greifen, die sich nicht unter die weiter oben beschriebenen Bildungstypen einreihen lassen. Es finden sich darunter viele „poetische" Namen, wie sie in der zeitgenössischen Literatur beliebt waren, z.B. *Morgenthau*, *Sternberg*, *Lindenfels*, sowie glanzvolle und „blumige" Namen wie *Rubin(stein)*, *Karfunkel*, *Tugendreich*, *Ehrenfreund*, *Rosenduft*, *Myrthenbaum*, *Lilienfeld*.

Das Berliner Archiv mit den Namen der Juden, die während der Naziherrschaft umgebracht wurden, harrt noch der namenkundlichen Auswertung.

[220] Cuno, K.: Namen Kölner Juden; in: Rheinische Heimatpflege, N.F. 1974, S. 278–291 (mit Literatur)
[221] Droege, G.B.: Frisian family names born by Jews only; in: [22] Names 26, 1978, S. 27–39
[222] Gansen, P.: Familiennamen und Bürgerrecht der Juden: in: Das Standesamt 1939, S. 239ff.
[223] Rode, Z.R.: The origin of Jewish family names; in: [22] Names 24, 1976, S. 165–179
[224] Zunz, Leopold: Namen der Juden. Eine geschichtliche Untersuchung. Leipzig 1837, Nachdruck Hildesheim 1971

S.a. [30] Bach §§ 473–479 (mit Literatur); [31] Fleischer, S. 241f.; [32] Gottschald, S. 113–122; [217] Gottschald, S. 123–127 (mit Literatur).

5. Beinamen und Übernamen

Mit der Bezeichnung *Beiname* werden verschiedene Erscheinungen erfaßt. An erster Stelle nenne ich die aus der Geschichtsschreibung bekannten Zusätze zu den Rufnamen von Herrschern und anderen berühmt gewordenen Persönlichkeiten: *Otto I. (der Erste)*, *Heinrich der Vogler*, *Katharina die Große*, *Karl der Kühne*, *Friedrich der Weise*, *Philipp der Schöne*, *Friedrich Barbarossa*, *Johann Ohneland*, *Richard Löwenherz*, *Albertus Magnus*, *Paulus Diakonus* usw. Die Beinamen dienen hauptsächlich der Unterscheidung von anderen Personen gleichen Namens, beziehen sich aber, anders als die späteren Familiennamen, auf eine einzelne Person; mit dieser sind sie konventionell fest verbunden. Dennoch: die mit Artikel angeschlossenen Beinamen sind keine Namen im strengen Sinne, sondern appellativische Zusätze. Das zeigt sich daran, daß sie syntaktisch als Appositionen behandelt werden (also stets im selben Kasus wie der vorangehende Personenname stehen), daß sie aufgrund der voll erhaltenen lexikalischen Bedeutung, in der die Motivation für die Namensgebung liegt, übersetzbar sind und daß sie ihres appellativischen Charakters wegen nicht allein stehen können (*die Große*, *der Erste*, *der Kühne* usw. reichen zur Identifizierung nicht aus; bei den zahlreichen numerierenden Beinamen von Herrschern muß man außer dem Rufnamen auch noch den genealogischen Zusammenhang kennen: mit *Friedrich II.* kann – je nachdem – Friedrich II. von Hohenstaufen oder Friedrich II. von Preußen gemeint sein). Ausnahmen sind nur bei außergewöhnlichen, nur einmal vorkommenden Namenzusätzen möglich wie bei *der Sonnenkönig*. Übersetzbar sind auch die meisten der Namenzusätze ohne Artikel: *Rotbart – Barbarossa*, *Lionhearted – Löwenherz*, *Lackland – Ohneland* usw.; im übrigen werden sie wie echte Personennamen behandelt, sie stehen also auf der Grenze zwischen Appellativum und Eigenname. – Die nicht schlicht zählenden Beinamen sind aus charakterisierenden oder ehrenden Übernamen hervorgegangen. Wann sie entstanden sind – ob zu Lebzeiten des Betreffenden oder erst posthum – und wie treffend oder berechtigt sie sind, darüber kann nur im Einzelfall entschieden werden, und da wird man oftmals verschiedener Meinung sein können. Die Beinamen werden jedoch, auch wenn man ihrer Aussage skeptisch gegenübersteht, gern benutzt, weil sie die Identifikation (Referenzfixierung) erleichtern. Zählender Beiname und Übername sind häufig austauschbar: *Friedrich II./der Große*. – In alter Zeit sind einige charakterisierende Beinamen (Übernamen) zu Rufnamen geworden, z. B. *Karl, Bruno, Friso* (s. S. 126 f.).

Einen ganz anderen Typ von Beinamen bilden diejenigen, die in gewissen Situationen an die Stelle des bürgerlichen Personennamens treten und mit denen die Zugehörigkeit zu einer bestimmten Gruppe ausgedrückt wird: einem Verein, einer Gesellschaft, einem weltlichen Orden, einer Loge, einer Zunft; auch die sogenannten Biernamen in studentischen Verbindungen fallen darunter. Die Ähnlichkeit solcher „Nebennamen" mit den Pseudonymen ist groß, eine scharfe Abgrenzung kaum möglich. Die Unterschiede sind wohl am ehesten in der Gruppenbezogenheit der Gesellschaftsnamen zu suchen. Charakteristisch ist weiterhin, daß alle Angehörigen der Gruppe einen neuen Namen erhalten, daß die Wahl der Namen und ihre Bildungsweise Regeln unterliegt und daß die Namenverleihung gewöhnlich mit einer Zeremonie verbunden ist, mit der zugleich die Aufnahme in die Gruppe vollzogen wird. In den deutschen Sprachgesellschaften des 17. Jahrhunderts war es üblich, den neuen Mitgliedern bei der „Hänselung" – so hieß die Aufnahmezeremonie bei der „Fruchtbringenden Gesellschaft" (*Hänselung* = ‚Aufnahme in eine Hanse, einen Bund, eine Zunft') – außer dem Gesellschaftsnamen ein Sinnbild (Emblem) und einen Sinnspruch zu verleihen (s. Karl F. Otto: *Die Sprachgesellschaften des 17. Jahrhunderts*, Stuttgart 1972, Sammlung Metzler M 109, z. B. S. 20, 37, 46). Viele dieser Gesellschaftsnamen waren so gebildet, daß sie eher bezeichneten als benannten (*der Wohlgeratene, der Bekrönte, der Beständige, der Spate* usw.), das heißt, zur direkten Anrede wenig geeignet waren. Gesellschaftsnamen können u. a. die Funktion haben, soziale Schranken innerhalb der Gruppe abbauen zu helfen.

Einem Namenwechsel gleich kommt die Annahme eines neuen Namens beim Eintritt ins Kloster oder in einen geistlichen Orden. Aus zivilrechtlicher Sicht mag dieser als Beiname erscheinen und amtlich auch so geführt werden, für den Namensträger selbst ist er von wesentlich tieferer Bedeutung als die zuvor genannten Beinamen, da mit dem Namenwechsel zugleich der Schritt in eine neue Welt, in ein neues, anderes Leben getan wird. Die Namen, die dafür gewählt werden, sind religiösen Vorbildern entnommen oder stehen zumindest in Beziehung zu Personen, Stätten und Geschehnissen der Religionsgeschichte. Sie werden von den Namensträgern als ihre „eigentlichen" Namen verstanden, hinter denen der Name der weltlich-bürgerlichen Herkunft zurücktritt, und werden als alleinige Personennamen – wie früher die Rufnamen – innerhalb und außerhalb der Glaubensgemeinschaft gebraucht. Es versteht sich von selbst, daß ein so bedeutsames Ereignis wie die Verleihung eines Kloster- oder Ordensnamens im Rahmen einer feierlichen rituellen Handlung stattfindet.

[225] Brednow, W.: Beinamen in wissenschaftlichen Gesellschaften und Zirkeln; in: Archiv für Kulturgeschichte 48, Köln/Graz 1966, S. 242–261

[226] Lebe, Reinhard: War Karl der Kahle wirklich kahl? Über historische Beinamen. Berlin 1969

[227] Lehmann, P.: Mittelalterliche Beinamen und Ehrentitel; in: Historisches Jahrbuch der Görresgesellschaft 49, München 1929, S. 215–239

Unter Menschen, die in enger Gemeinschaft miteinander leben, stellen sich leicht Übernamen ein, d. h. zusätzliche Namen (Beinamen), die anstelle des Personennamens (des Rufnamens, des Familiennamens oder beider) gebraucht werden. Verbreitet sind sie unter Verliebten, Freunden, Familienangehörigen, in Schulklassen, Altersgenossenschaften, Vereinen, studentischen Verbindungen, Schauspielerensembles, Bautrupps, Forschungsteams, kleineren militärischen Einheiten, Wohnquartieren, Dorfgemeinschaften usw. Ihr Gebrauch in Zweiergruppen sowie für Personen, die deutlich unterschiedene Namen haben, weist darauf hin, daß sie in der Hauptsache nicht aus dem Bedürfnis nach besserer Unterscheidung entstehen, sondern um Distanz zu überwinden. Als Kosenamen, Neck- oder Spottnamen bringen sie positive oder negative emotionale Einstellungen zum Ausdruck, und selbst als bloße Spitznamen ohne Wertung stellen sie noch immer eine besondere, persönliche Beziehung zu dem damit Benannten her. Einem anderen nach eigenem

Willen einen Namen zu geben, ist ja auch als ein Akt des Besitzergreifens zu verstehen. Es ist deshalb, je straffer eine Gruppe aufgebaut ist, desto weniger dem Zufall überlassen, wer wem welchen Übernamen geben darf und in der Gruppe durchzusetzen vermag, und es kommt nicht selten vor, daß nur A gegenüber B, aber nicht B gegenüber A einen Übernamen verwenden darf. Gruppenintern sind Übernamen zugleich Kennzeichen der Gruppenzugehörigkeit, und Außenstehende müssen mit Sanktionen rechnen, wenn sie es wagen sollten, eine solche Anrede zu übernehmen. Die Gruppe selbst verwendet Übernamen auch für Außenstehende, mit denen sie irgendwelchen – freundlichen oder feindlichen – Kontakt hat. (Erinnert sei in diesem Zusammenhang auch an die Ortsnecknamen und an die Spitznamen für Nachbarvölker und die gegnerischen Soldaten.) Die Spitznamen der Lehrer/innen, wie überhaupt von Vorgesetzten, sind natürlich auch ein Mittel, sich des Autoritätsdrucks zu erwehren, die betreffenden Personen auf eine Ebene „herunterzuholen", auf der man mit ihnen wie mit Gleichgestellten oder gar Untergeordneten umgehen kann. Solche Übernamen werden im allgemeinen nur untereinander benutzt und dürfen auch nur intern verwendet werden, es sei denn, man will provozieren.

Die Kosenamen der Liebenden sind gewöhnlich nicht so festgelegt, wenngleich in der Regel ein bestimmter Name bevorzugt wird. Variation, Erfindungsreichtum bekunden hier die Intensität der Zuneigung, indem sie den Partner gewissermaßen in immer neuem Licht erscheinen lassen. Daran, ob ein Kosename und welcher gebraucht wird, kann man recht gut ablesen, was für eine „Atmosphäre" gerade zwischen den Gesprächspartnern herrscht oder hergestellt werden soll. Das gilt nicht nur für Liebende. Der gezielte Einsatz von Kosenamen als Mittel der Überredung (Persuasion) – um Wünsche durchzusetzen, jemanden umzustimmen, günstige emotionale Voraussetzungen für ein schwieriges Gespräch zu schaffen usw. – ist uns allen wohlvertraut.

Die Bildungsweisen der Übernamen sind von schier unerschöpflicher Vielfalt. Im Grunde ist alles möglich, kann jedes Lautgebilde zum Übernamen werden. Gern wird an dem/den Vornamen und am Familiennamen angeknüpft; sie werden verkürzt, umgestaltet, verdreht, „übersetzt" und dann erneut verkürzt und so fort. Aber auch

5. Beinamen und Übernamen

Eigenschaften und Eigenheiten der betreffenden Person werden benannt, aufs Korn genommen, verspottet; Ereignisse aus dem Leben der Person innerhalb und außerhalb der Gemeinschaft geben Anstöße zur Prägung von Übernamen. All das, was über die Entstehung der Familiennamen gesagt wurde, könnte hier wiederholt werden; nur ist im Bereich der Übernamen der Spieltrieb noch ausgeprägter. Die Motivation für die Erteilung eines bestimmten Übernamens ist für den Namengebrauch meist nicht wichtig und gerät deshalb leicht in Vergessenheit; der Übername „funktioniert" trotzdem weiterhin und kann gelegentlich neu motiviert werden. Für Kosenamen steht ein reichhaltiges Repertoire entsprechender Ausdrücke zur Verfügung (*Häschen*, *Mausi*, *Rehlein*, *Schneck*, *Schnucki*, *Purzel*, *Matzi* ...), das jederzeit erweiterbar ist. Auf die Motiviertheit der als Übername gewählten Bezeichnung kommt es dabei gar nicht so sehr an als vielmehr auf das emotionelle Gewicht, das den – manchmal ganz „sinnlosen" – Lautgebilden beigemessen wird.

[228] Frank, R.: Kosenamenbildung und Kosenamengebungstendenzen im Ruhrgebiet; in: [23] Onoma 19, 1975, S. 95–111

[229] Gansleweit, K.: Übernamen von Kindern und Jugendlichen in einer Schule des Kreises Eisenhüttenstadt; in: [21] NI, Nr. 19, 1971, S. 24–26

[230] Kaden, E.-F.: Sind Spitznamen Spottnamen? In: Sprachpflege 21, Leipzig 1972, S. 11–15

[231] Langendonck, W. van: Sozioonomastische Aspekte der Übernamen; in: [13] Beiträge zur Onomastik II, 1980, S. 203–212 [Beispiele aus dem Niederländischen]

[232] Leisi, Ernst: Paar und Sprache. Linguistische Aspekte der Zweierbeziehung. Heidelberg 1979 = UTB 824 [bes. S. 17–33]

[233] Naumann, H.: Vorname – Rufname – Übername; in: [21] NI, Nr. 29, 1976, S. 1–25, und Nr. 30, 1977, S. 1–18

[234] Neumann, I.: Offizielle und nicht-offizielle Personenbenennungen; in: [21] NI, Nr. 23, 1973, S. 1–8

S. a. [80] Bertsche; [86] Schwedt; [117] Frank, S. 200–217.

6. Personennamen in nicht-anthroponymischer Verwendung

Eigennamen erhalten nicht nur Personen, sondern auch Tiere und leblose Dinge. Alles, was als „Individuum", als Einzelwesen oder -gegenstand, in unserem Leben eine Rolle spielt, kann mit einem Namen belegt werden, und unter diesen Namen sind zahlreiche Anthroponyme. Aus der unübersehbaren Fülle können hier nur wenige Beispiele angeführt werden.

Auf die Personennamen in Orts-, Straßen-, Universitäts-, Schul-, Werks-, Verlags-, Wirtshaus- und sonstigen Gebäudenamen sowie für Preise, Stiftungen oder auch (in der DDR) für Landwirtschaftliche Produktionsgenossenschaften, Maschinen-Traktoren-Stationen, Brigaden usw. braucht hier nicht näher eingegangen zu werden; hierfür ist die Toponomastik zuständig.

Für Tiere werden vor allem Vornamen, aber auch Kosenamen verwendet: *Hansi*, *Bubi* (Wellensittiche, Kanarienvögel), *Jakob* (Dohlen, Raben), *Jolanthe* (Säue), *Senta*, *Hasso* (Hunde) u. a. m. Wie angedeutet, werden gewisse Vornamen für bestimmte Tierarten bevorzugt. Aus den Namen im Tierepos entwickelten sich zum Teil Gattungsbezeichnungen wie *Reinhard/Reineke* für den Fuchs, *Isegrim* für den Dachs, *Markward* für den Häher; auch *Meister Lampe* (< *Lamprecht*) gehört hierher. Vornamen begegnen auch in Pflanzenbezeichnungen (*fleißiges Lieschen*, *guter Heinrich*). Zahlreich sind Personennamen – Vornamen wie Familiennamen – unter den Schiffsnamen vertreten, aber auch Geschütze (*faule Grete*, *dicke Bertha*), Lokomotiven (*Stephenson*, *Borsig*, *Columbus*, *Blücher*) und Eisenbahnzüge, die auf bestimmten Strecken verkehren (Kleinbahnen: *Molli*, *die stille Pauline*; Intercity-Zug: *Schiller*), Autos (*Bubi*, *Gaby*, *Minka*, *Fridolin*, *Felix*, *Julchen*), Wirbelstürme (in alphabetischer Reihenfolge, z. B. *Audrey*, *Bertha*, *Carrie* usw., boshafterweise sind es stets Mädchennamen) und viele andere Dinge wer-

6. Personennamen in nicht-anthroponymischer Verwendung

den mit Personennamen belegt. Scherznamen gibt es für Preise (*Oscar* für die vergoldete Statuette, die dem Ausgezeichneten überreicht wird), Gebäude (*langer Eugen* für das Bundeshochhaus in Bonn, benannt nach Eugen Gerstenmeier; *Zirkus Karajani* für die Berliner Philharmonie, nach Herbert von Karajan) usw. Beim Buchstabieren benützt man gern Vornamen als „Buchstaben-Namen" (*A wie Anton, S wie Siegfried* usw.).

In den allgemeinen Wortschatz übergegangen sind u.a. *Dietrich* (Nachschlüssel), *Davit* (Ankerhebevorrichtung auf Schiffen), *Kasper(le))*, *Marionette* (frz. Verkleinerungsform von *Marion* < *Maria*), *Metze* (Dirne, < *Mechthild*), *Minna* (Hausangestellte, Dienstmädchen); auf Familiennamen gehen zurück: *Schrapnell*, *Boykott*, *Sandwich*, *Silhouette*, *Spenzer*, *Quisling*, *lynchen*, *morsen* und viele andere Wörter. – Als Schimpfwörter dienen: *Heini*, *Stoffel*, *Tri(e)ne*, *Nickel* usw.

Einige Vornamen haben den Charakter von Suffixen angenommen, mit denen Personenbezeichnungen gebildet werden, die bestimmte negative Eigenschaften kritisieren. Die Wahl des jeweiligen Vornamens ist abhängig vom Geschlecht der so benannten Person:

Bummelfritze	– *Bummelliese*,
Heulpeter	– *Heulsuse*,
Tranpeter	– *Transuse*,
Quatschmichel	– *Quatschliese*,
Faselhans	– *Faseltrine* u.a.m.

Für beide Geschlechter werden zum Beispiel verwendet: *Zappelphilipp*, *Struwwelpeter*. In diesem Zusammenhang sei auch daran erinnert, daß in älterer Zeit Rufnamenbestandteile, z.B. *-hard/hart*, in vergleichbarer Funktion gebraucht wurden, z.B.: *Bankert* (*Bankhart*) für ein uneheliches Kind, *Neidhard* für einen neidischen, mißgünstigen und *Gebehart* für einen geizigen, nicht-freigebigen Menschen; vgl. auch noch *Tugend-*, *Trunkenbold* (< *-bald*). Seltener kommen Familiennamen in solchen Kombinationen vor; sie können auch nur für männliche Personen verwendet werden: *G(e)schaftlhuber*, *Quatschmeier*, *Kraftmeier*. In einigen Fällen ersetzen Vornamen bestimmte Grundwörter wie z.B. in *Gemüse-*, *Tabak-*, *Zei-*

tungsfritze statt *-händler* oder *Taubenjockel* (zu *Jakob*) statt *Taubenliebhaber*, *-narr*.

Ungeheuer vielfältig sind weiterhin die festen Wendungen (Phraseologismen) und Sprichwörter, in denen Personennamen — wiederum meistens Vornamen — vorkommen: *Friedrich Wilhelm* (Unterschrift), *falscher Wilhelm* (Perücke, falscher Zopf), *Hinz und Kunz* (jedermann), *blanker Hans* (Nordsee), *Freund Hein* (Tod), *grüne Minna* (Polizeifahrzeug zum Gefangenentransport); *jemanden zur Minna machen*; *wissen, wo Barthel den Most holt* usw. Auf Vergleichen mit bestimmten Vorbildern beruhen Wendungen wie *langer Laban*, *getreuer Eckart*, *ungläubiger Thomas* (‚lang, getreu, ungläubig wie...').

[235] Andrjuschichina, M.: *Bummelfritze — Bummelliese*. Ein produktives Wortbildungsmodell der deutschen Gegenwartssprache. In: Sprachpflege 16, Leipzig 1967, S. 33—36
[236] Bergmann, G.: Zur Theorie der Wortbildungsregeln (Der Typ „Heulsuse"); in: Deutsch als Fremdsprache 8, Leipzig 1971, S. 104—108
[237] Dobnig-Jülch, Edeltraud: Pragmatik und Eigennamen. Untersuchungen zur Theorie und Praxis der Kommunikation mit Eigennamen, besonders von Zuchttieren. Tübingen 1977 = Reihe Germanistische Linguistik, Bd. 9
[238] Eis, G.: Rufnamen der Tiere; in: [94] Eis, S. 29—58; s. darin auch den Abschnitt „Individualnamen lebloser Dinge", S. 90 ff.
[239] Fleischer, W.: Eigennamen in phraseologischen Wendungen; in: [21] NI, Nr. 28, 1976, S. 1—6
[240] Kambarali, N.: Der Eigenname als Element der Lexik und als Komponente von Phraseologismen; in: [21] NI, Nr. 34, 1978, S. 30—37
[241] Knobloch, J.: *Metze*: Pejoration durch Lautanklang; in: Name und Geschichte, Festschrift f. Henning Kaufmann, hrsg. von F. Debus und K. Puchner, München 1978, S. 113 f.
[242] Martin, B.: Der Vorname *Johannes* in erweiterter Bedeutung in den hessischen Mundarten; in: Hessische Blätter für Volkskunde 41, 1950, S. 118—133
[243] Meisinger, Othmar: Hinz und Kunz. Deutsche Vornamen in erweiterter Bedeutung. Dortmund (1924)
[244] Menke, Hubertus: Die Tiernamen in Van den Vos Reinaerde. Heidelberg 1970 = [20] BNF, Beiheft 10
[245] Mieder, W.: International bibliography of explanatory essays on proverbs and proverbial expressions containing names; in: [22] Names 24, 1976, S. 253—304

6. Personennamen in nicht-anthroponymischer Verwendung

[246] Müller, Fritz C.: Wer steckt dahinter? Namen, die Begriffe wurden. Düsseldorf/Wien 1964; Nachdruck Eltville a. Rhein 1978
[247] Rahnenführer, Ilse: Untersuchungen zur Entstehung des Fachwortschatzes des deutschen Eisenbahnwesens. Diss. Rostock 1965 (masch.); darin S. 182–189 ein Exkurs über „Eigennamen von Lokomotiven"
[248] Rößler, R.: Eigennamen als Gattungsnamen; in: Sprachpflege 16, Leipzig 1967, S. 71–78
[249] Scheuermann, U.: *Bonus Henricus*. Zur Verwendung des Nomen proprium *Heinrich* als Nomen appellativum; in: Gedenkschrift f. Heinrich Wesche, hrsg. von W. Kramer, U. Scheuermann, D. Stellmacher. Neumünster 1979, S. 225–268
[250] Toulouse, E. (= Otto Nüssler): Versteckte Namen; in: Sprachwart 8, 1958, S. 98–100
[251] Wackernagel, W.: Die deutschen Appellativnamen; in Wilhelm Wackernagel: Kleinere Schriften, Bd. 3: Abhandlungen zur Sprachkunde. Leipzig 1874, S. 59–177

Zum Typ *Heulsuse* s. a. [64] Fleischer, S. 108 f.; [65] Deutsche Wortbildung, Abschnitt 3.1.7.

Sehr verbreitet ist der Gebrauch von Personennamen zur Bildung naturwissenschaftlich-technischer und medizinischer Fachausdrücke. Der Personenname gibt hier im allgemeinen den Erfinder des Produkts oder Verfahrens, den Entdecker, den Erforscher des Sachverhalts oder den Hersteller an; des öfteren wird auch eine Persönlichkeit aus der Geschichte des Faches dadurch geehrt, daß man etwas nach ihr benennt. Beispiele: *Bessemerverfahren*, *Röntgenoskopie*, *Glaubersalz*, *Hoffmanns Stärke Braunsche Röhre*, *Basedowsche Krankheit*, *Litfaßsäule*, *Gärtner-Bazillus*, *Chidiak-Hijashi-Syndrom*. Derartige Benennungen haben zwei Nachteile: Erstens muß derjenige, der mit ihnen umgeht, wissen, was „hinter dem Namen" steckt, weil der Personenname gar nichts über die bezeichnete Sache aussagt; zweitens verleiten Personennamen, die mit Appellativen übereinstimmen, zu falschen Vorstellungen (das nach der Firma Blau benannte *Blaugas* ist farblos, der *Halleffekt* hat nichts mit dem Verb *hallen* zu tun usw.). Anderseits sind die Benennungen mit Personennamen bequem; denn sie sind meist kürzer, als es ein den Sachverhalt beschreibender Terminus sein könnte. In allen bisher genannten Fällen bezieht sich der Personenname noch auf eine Person. Als Appellativum taucht er in dreierlei Gestalten auf:

a) unverändert: *Celsius*, *Browning*, aber nicht selten mit verändertem grammatischen Geschlecht: *das Hertz*, *Ohm*, *Watt*;
b) in verkürzter Form: *Farad* (< *Faraday*), *Volt* (< *Volta*);
c) mit einer Ableitungsendung: *Fuchsie*, *Fuchsin* (nach Leonhart Fuchs, 1501–1566), *Draisine* (nach Karl Freiherr Drais von Sauerbronn, 1785–1851) *Goethit*, *Einsteinium*; eine Kombination aus b) und c) ist *Bakelit* nach dem belgischen Familiennamen *Baekeland*.

Der Benennungsmotivation entsprechend liegen hier fast ausnahmslos Familiennamen zugrunde. Das gilt auch für Fachausdrücke im Bereich des Sports, zum Beispiel *(Doppel-)Axel*, *Rittberger*, *Salchow* im Eiskunstlauf.

[252] Ballentyne, D. W. G., and D. R. Lovett: A dictionary of named effects and laws in chemistry, physics, and mathematics. London ^{3}1970
[253] Gläser, R.: Der Eigenname als konstitutiver Faktor des Fachwortschatzes; in: [14], S. 48–60
[253/1] Hengst, K.: Onyme in der Fachsprache der Musik; in: Zpravodaj Místopisné Komise ČSAV 21 (Festschrift für V. Šmilauer), Prag 1980, H. 2–5, S. 298–312
[254] Neubert, G.: Eigennamen als Bestandteil von Benennungen; in: Deutsch als Fremdsprache 17, Leipzig 1980, S. 331–336
[255] Schirmer, A.: Beseeltes Gerät; in: Muttersprache 1952, S. 158–162
[256] VDI-Richtlinie 2278: Benennungen durch Personennamen. Düsseldorf 1976
S. a. [66] Bruderer; [246] Müller; [250] Toulouse.

Eng verwandt mit den erwähnten fachsprachlichen Ausdrücken sind Warennamen wie *Duden* (nach Konrad Duden, 1829–1911), *Mercedes* (nach Mercedes Jellinek, 1889–1929), *Ilse* für ein Porzellan- oder Steingutservice, „Modell *Sabine*" für ein Kleid u. ä. Wie die Beispiele zeigen, sind in diesem Bereich auch Vornamen reichlich vertreten. Man denke auch an die Namen von Zeitschriften, die sich an Frauen wenden, wie *Brigitte*, *Petra*, *Sibylle*, *Constanze*, *Carina*, *Nadine* usw. Bei ihrer Wahl schließen sich die Verlage gern an bestehende Vornamen„moden" an.

[257] Gläser, R.: Warennamen im Englischen und Deutschen; in: [21] NI, Nr. 33, 1978, S. 14–25
[258] Koß, G.: Eigennamen als Warennamen; in: [20] BNF, N. F. 11, 1976, S. 411–424

Zum Schluß sei noch angemerkt, daß Appellativa manchmal fälschlich oder doch zumindest ohne sicheren historischen Nachweis auf Personennamen zurückgeführt werden. Diese Erscheinung fällt in den weiten Bereich der sogenannten Volksetymologie oder sekundären Motivation (die unbekannte oder in Vergessenheit geratene ursprüngliche Benennungsmotivation wird durch eine neue ersetzt). So glaubte man zum Beispiel, *pökeln* sei nach einem niederländischen Fischer namens *Beukels(zoon)*, *Batist* nach einem Leineweber *Baptist* aus Cambrai, *Kaßler (Rippe[n]speer)* nach einem Fleischermeister *Kassel*, *sandeln* nach einem Polizeibeamten *Sandler*, *Hupe* nach einem nordamerikanischen Automobilfabrikanten *Robert C. Hupp* benannt. Manche dieser „Erklärungen" sind äußerst zählebig und werden immer wieder kolportiert; einige gelangten sogar bis in die wortgeschichtlichen Nachschlagewerke. Sie entstehen anscheinend aus der Überlegung, daß die Bezeichnung für einen Sachverhalt, der irgendwann einmal neu war, eigentlich sprachlich motiviert, d.h. aus bekanntem Wortmaterial gebildet sein müsse; läßt sich nun aber kein Wort finden, mit dem man die Bezeichnung in Verbindung bringen kann, dann vermutet man dahinter den Namen des Urhebers oder Entdeckers, weil ja Personennamen selbst, in synchronischer Sicht, häufig unmotivierte sprachliche Zeichen sind. Außerdem ist bekannt, daß neue Sachen gern nach ihren Erfindern oder Entdeckern benannt werden (allerdings scheint dies eine relativ junge Erscheinung zu sein). Infolgedessen neigt man bei naiver Sprachbetrachtung desto eher zur Herleitung von einem Personennamen, je mehr sich ein neues Wort gegen seine Eingliederung in den vertrauten Wortschatz sperrt (vgl. [259] Seibicke 1976, 174 über *sandeln*). Erst historische Nachforschungen vermögen die durch die Sprachentwicklung verdunkelten Zusammenhänge mit dem allgemeinen, sondersprachlichen oder mundartlichen Wortschatz aufzudecken. In einigen Fällen ist dies freilich bis heute nicht gelungen.

[259] Seibicke, W.: Es war einmal ein Mann... Personalisierte Wortgeschichten, Folge 1–6; in: Der Sprachdienst 20, Wiesbaden 1976, S. 169–175 und 185–187; 22, 1978, S. 137f.; 23, 1979, S. 65–68; 24, 1980, S. 67–69 und 168f.
[260] Seibicke, W.: Eingepökelte Talmiwissenschaft. Etymologische Legenden um die Wörter *pökeln* und *Talmi*; in: Muttersprache 89, 1979, S. 33–44

Literaturverzeichnis

Adler, M. K.: Naming and addressing, 1978 [78]
Allén/Wåhlin: Förnamnsboken, 1979 [114]
Ammermüller, E.: Konfessionelle Unterschiede in den Taufnamen? 1973 [140]
Andersen, Chr.: Studien zur Namengebung in Nordfriesland, 1977 [141]
Andrjuschichina, M.: *Bummelfritze – Bummelliese,* 1965 [235]
Arnold, R. F.: Die deutschen Vornamen, 1901 [142]
Bach, A.: Deutsche Namenkunde, 1978 [30]
Bächtold-Stäubli, s. Handwörterbuch des deutschen Aberglaubens
Bahlow, H.: Deutsches Namenlexikon, 1977 [215]
Bahlow, H.: Die deutschen Namenlandschaften und ihre Gestaltungskräfte, 1980 [194]
Bahlow, H.: Metronymika, 1980 [206]
Bahlow, H.: Schlesisches Namenbuch, 1953 [195]
Ballentyne/Lovett: A dictionary of named effects and laws in chemistry, physics, and mathematics, 1970 [252]
Bebermeyer, R.: Alltägliche Namenspiele, 1979 [87]
Beckers, H.: *Horst* und *Horsa,* 1973 [143]
Behaghel, O.: Die Anredeform, 1932/33 [79]
Beiträge zur Bibliographie der Namenforschung in der DDR, 1979 [19]
Beiträge zur Namenforschung, 1949 ff. [20]
Beiträge zur Onomastik, 1980 [13]
Beiträge zur Theorie und Geschichte der Eigennamen, 1976 [14]
Bergerhoff, H.: Humanistische Einflüsse in den deutschen Familiennamen, 1918 [211]
Bergmann, G.: Zur Theorie der Wortbildungsregeln (Der Typ „Heulsuse"), 1971 [236]
Bergmann, K.: Familien- und Vornamen in ihrer Wirkung auf Geist und Seele des Menschen, 1934 [88]
Bertsche, K.: Die volkstümlichen Personennamen einer oberbadischen Stadt, 1905 [80]
Betz, W.: Zur Namenphysiognomik, 1965 [89]
Bibliographie der Namenforschung in der DDR, 1966 [18]
Birus, H.: Poetische Namengebung, 1978 [98]
Blanař, V.: Gesellschaftliche Aspekte der Personennamen, 1976 [81]

Boesch, B.: Die Eigennamen in ihrer geistigen und seelischen Bedeutung für den Menschen, 1957 [90]
Boesch, B.: Über die Namengebung mittelhochdeutscher Dichter, 1958 [99]
Borowicki, E.: Die Eindeutschung polnischer Familiennamen des 19. Jhs., 1980 [181]
Brachfeld, O.: Name und Charakter, 1930 [91]
Braun, L.: Studien über die Verbreitung von Familiennamen in den ländlichen Bezirken der Oberpfalz, 1911 [196]
Brechenmacher, J. K.: Etymologisches Wörterbuch der deutschen Familiennamen, 1957–63 [216]
Brednow, W.: Beinamen in wissenschaftlichen Gesellschaften und Zirkeln, 1966 [225]
Bruderer, H.: Von Personennamen abgeleitete Verben, 1976 [66]
Buitenhuis, H.: Das niederländische Repertorium der Familiennamen, 1977 [197]
Burghardt, W.: Namensänderungen slawischer Familiennamen im Ruhrgebiet, 1975 [182]
Carstensen, B.: SPIEGEL-Wörter, SPIEGEL-Worte, 1971 [67]
Clarke, J. F.: Pseudonyms, 1977 [45]
Coseriu, E.: Der Plural bei den Eigennamen, 1975 [55]
Cuno, K.: Namen Kölner Juden, 1974 [220]
Daniels, K.: Über die Sprache, 1966 [100]
Debus, F.: Deutsche Namengebung im Wandel, 1976 [144]
Debus, F.: Namengebung. Möglichkeiten zur Erforschung ihrer Hintergründe, 1974 [145]
Debus, F.: Onomastik, 1980 [10]
Debus, F.: Soziale Veränderungen und Sprachwandel, 1977 [146]
Debus, F.: Soziologische Namengeographie, 1968 [27]
Debus, F.: Zu Namengebung und Namenverwendung in Mittelalter und Neuzeit, 1976 [37]
Debus/Hartig/Menke/Schmitz: Namengebung und soziale Schicht, 1973 [124]
Der Name in Sprache und Gesellschaft, 1977 [15]
Deutsche Namenkunde (Kleine Enzyklopädie), 1970 [11]
Deutsche Wortbildung, von I. Kühnhold, H. Wellmann, O. Putzer, 1973 ff. [65]
Dibelius, H.: Deutschlands häufigste Familiennamen, 1941 [176]
Diederichsen, U.: Der Ehe- und Familienname, 1976 [39]
Diederichsen, U.: Das Recht der Vornamensgebung, 1981 [40]
Die Vornamen der Berliner im Wandel der Zeiten, 1977 [147]
Dobnig-Jülch, E.: Pragmatik und Eigennamen, 1977 [237]
Dornseiff, F.: Redende Namen, 1940 [101]

Droege, G. B.: Frisian family names born by Jews only, 1978 [221]
Drosdowski, G.: Lexikon der Vornamen, 1974 [169]
Eichler, E.: Zum slawischen Anteil am Familiennamenschatz einer sozialistischen Großstadt, 1970 [183]
Eis, G.: Probleme der mittelalterlichen Onomatomantie, 1962 [210]
Eis, G.: Rufnamen der Tiere, 1970 [238]
Eis, G.: Tests über suggestive Personennamen, 1970 [93]
Eis, G.: Über die Namen im Kriminalroman der Gegenwart, 1970 [102]
Eis, G.: Vom Zauber der Namen, 1970 [94]
Eis, G.: Zur Diskussion über die Namenphysiognomien, 1970 [92]
Fassbinder, M. K.: Latinisierte Familien- und Berufsnamen, 1975 [212]
Finsterwalder, K.: Tiroler Namenkunde, 1978 [198]
Fleischer, W.: Deonymische Derivation, 1980 [68]
Fleischer, W.: Die deutschen Personennamen, 1968 [31]
Fleischer, W.: Eigennamen in phraseologischen Wendungen, 1976 [239]
Fleischer, W.: Onomastik und Stilistik, 1973 [103]
Fleischer, W.: Wortbildung der deutschen Gegenwartssprache, 1975 [64]
Fleischner, J. M.: Onomatologie, 1826 [213]
Förstemann, E.: Altdeutsches Namenbuch, 1901/1966 [127]
Förstemann, E.: Altdeutsche Personennamen, Ergänzungsband, 1968 [128]
Frank, R.: Kosenamenbildung und Kosenamengebungstendenzen im Ruhrgebiet, 1975 [228]
Frank, R.: Zur Frage einer schichtenspezifischen Personennamengebung, 1977 [117]
Franke, E.: Einbürgerungen und Namensänderungen im Ruhrgebiet, 1939 [184]
Franklin, A.: Dictionnaire des noms, surnoms et pseudonyms latines, 1875/1961 [46]
Friedrich, L.: Die Geographie der ältesten deutschen Personennamen, 1922 [129]
Funcke, E. W.: Die Namen im Märchen, 1973 [104]
Gansen, P.: Familiennamen und Bürgerrecht der Juden, 1939 [222]
Gansleweit, K.: Übernamen von Kindern und Jugendlichen, 1971 [229]
Gerhardt, D.: Zur Theorie der Eigennamen, 1977 [1]
Gersbacher, R., s. Heym, R. G.
Gillespie, G. T.: A catalogue of persons named in German heroic literature (700–1600), 1973 [105]
Gläser, R.: Der Eigenname als konstitutiver Faktor des Fachwortschatzes, 1976 [253]
Gläser, R.: Sprachliche Probleme bei der Beurkundung englischer Vornamen im Deutschen, 1974 [121]
Gläser, R.: Warennamen im Englischen und Deutschen, 1978 [257]

Gläser, R.: Zur Übersetzbarkeit von Eigennamen, 1976 [58]
Glettler, M.: Die Wiener Tschechen um 1900, 1972 [185]
Göschel, J.: Zur Frage eines deutschen Nameatlasses, 1965 [130]
Gottschald, M.: Deutsche Namenkunde, 1971 [217]
Gottschald, M.: Die deutschen Personennamen, 1955 [32]
Götze, A.: Frau und Mann in der Sprache, 1932/33 [69]
Grammatik der deutschen Gegenwartssprache (Duden-Grammatik), 1973 [71]
Gutschmidt, K.: Bemerkungen zum Gegenstand und zu den Aufgaben der poetischen (literarischen) Onomastik, 1980 [106]
Gutschmidt, K.: Bemerkungen zur Wiedergabe von Eigennamen beim Übersetzen, 1980 [59]
Gutschmidt, K.: Namen in Kriminalromanen von DDR-Schriftstellern, 1980 [107]
Güttinger, F.: Zielsprache, 1963 [60]
Hackel, W.: Personeneigennamen als kasusneutrale Apposition, 1968 [72]
Hackel, W.: Zu einem jüngeren Typ des engen appositionellen Syntagmas, 1972 [73]
Halkett/Laing: A dictionary of anonymous and pseudonymous literature, 1980 [47]
Handwörterbuch des deutschen Aberglaubens, Bd. VI, 1934/35 [95]
Hartig, J.: Die münsterländischen Rufnamen im späten Mittelalter, 1967 [148]
Hartmann, D.: Der Gebrauch von Namen und Personenbezeichnungen als Ausdruck sozialer Beziehungen in einer Kleingruppe, 1971 [82]
Harweg, R.: Zur Textologie des Vornamens, 1970 [83]
Haubrichs, W.: Veriloquium nominis, 1975 [97/2]
Heinrichs, K.: Die Entstehung der Doppelvornamen, 1908 [150]
Heinrichs, K.: Studien über die Namengebung im Deutschen, 1908 [149]
Heintze/Cascorbi: Die deutschen Familiennamen, 1933 [218]
Helbig/Buscha: Deutsche Grammatik, 1972 [74]
Hellfritzsch, V.: Namen als Mittel des Humors und der Satire, 1978 [109]
Hellfritzsch, V.: Zum Problem der stilistischen Funktion von Namen, 1973 [108]
Hengst, K.: Onyme in der Fachsprache der Musik, 1980 [253/1]
Heym, R. G.: bekannte unbekannte, 1960 [48]
Hilgemann, K.: Die Semantik der Eigennamen, 1975 [57]
Hilgemann, K.: Eigennamen und semantische Strukturen, 1974 [56]
Höfler, O.: Über die Grenzen semasiologischer Personennamenforschung, 1954 [207]
Hoffmann, A.: Pseudonym, 1926−28 [49]
Holzmann/Bohatta: Deutsches Pseudonymenlexikon, 1906/1962 [50]

Hutterer, C. J.: Zur historischen Typologie der altgermanischen Personennamen, 1978 [130/1]
Irle, L.: Die Vornamengebung im Siegerland, 1932 [151]
Jachnow, H.: Die slawischen Personennamen in Berlin, 1970 [186]
Jäger, G.: Hypokoristika und Translation, 1980 [62]
Jäger, G.: Zum Problem der Namen beim Übersetzen aus dem Deutschen ins Spanische, 1968/69 [61]
Kaden, E.-F.: Sind Spitznamen Spottnamen? 1972 [230]
Kalverkämper, H.: Textlinguistik der Eigennamen, 1978 [84]
Kambarali, N.: Der Eigenname als Element der Lexik und als Komponente von Phraseologismen, 1978 [240]
Kaufmann, H., s. Förstemann [128]
Kaufmann, H.: Untersuchungen zu altdeutschen Rufnamen, 1965 [131]
Katz, R.: Psychologie des Vornamens, 1964 [96]
Keintzel-Schön, F.: Die siebenbürgisch-sächs. Familiennamen, 1976 [199]
Kempen, W. van: Amtliche Namensänderungen in Königreich und Provinz Hannover 1850–1900, 1973 [41]
Kennen Sie die seit 25 Jahren in der Schweiz beliebtesten Vornamen? 1975 [115]
Klocke, Fr. von: Die Filiation, ihre Konjektur und Injektur, 1955 [152]
Knobloch, J.: *Metze:* Pejoration durch Lautanklang, 1978 [241]
Kohlheim, V.: Namenmode und Selektionsprinzipien, 1977 [154]
Kohlheim, V.: Regensburger Rufnamen des 13. und 14. Jhs., 1977 [118]
Kohlheim, V.: Zur Erforschung der Diffusion onomastischer Innovationen, 1977 [153]
König, E.: dtv-Atlas zur deutschen Sprache, 1978 [200]
Koß, G.: Eigennamen als Warennamen, 1976 [258]
Koß, G.: Motivationen bei der Wahl von Rufnamen, 1972 [125]
Krien, R.: Namenphysiognomik, 1973 [97]
Kripke, S. A.: Naming and necessity, 1972 [2]
Kühnel, P.: Slawische Familiennamen in der Stadt Hannover, 1907 [187]
Langendonck, W. van: Sozioonomastische Aspekte der Übernamen, 1980 [231]
Lebe, R.: War Karl der Kahle wirklich kahl? 1969 [226]
Lehmann, P.: Mittelalterliche Beinamen und Ehrentitel, 1929 [227]
Leisi, E.: Paar und Sprache, 1979 [232]
Leys, O.: Was ist ein Eigenname? 1979 [3]
Link, B.: Die Rufnamengebung in Honnef und Wermelskirchen von 1900 bis 1956, 1966 [120]
Linnartz, K.: Unsere Familiennamen, 1958 [219]
Lipold, G.: Onomasticon. Zur Tradition der deutschen Vornamenbücher, 1979 [175]

Littger, K. W.: Das Auftreten der Heiligennamen im Rheinland, 1975 [155]
Ljungerud, I.: Zur Nominalflexion in der deutschen Literatursprache nach 1900, 1955 [75]
Löffler, H.: Die Hörigennamen in den älteren St. Galler Urkunden, 1977 [156]
Lorenz, K.: Eigenname, 1980 [4]
Loy, K.: Fremdsprachliche Familiennamen in Deutschland, 1942 [188]
Mackel, H.: Die Namenbildung im Hochstift Hildesheim, 1932 [157]
Mackensen, L.: Das große Buch der Vornamen, 1978 [170]
Martin, B.: Der Vorname *Johannes* in erweiterter Bedeutung, 1950 [242]
Masser, A.. Der Einfluß der Paten auf die Namengebung in Südtirol, 1980 [126]
Meisinger, O.: Hinz und Kunz, 1924 [243]
Melchers, P.: Das griechische Element in den deutschen Humanistennamen, 1961 [214]
Menke, H.: Das Namengut der frühen karolingischen Königsurkunden, 1980 [132]
Menke, H.: Die Tiernamen in Van den Vos Reinaerde, 1970 [244]
Mentrup, W.: die festlegung der namengroßschreibung, 1979 [158]
(Mey.): Häufigkeit von Familiennamen und ihrer Anfangsbuchstaben, 1977 [177]
Meyer, R. M.: Zur Syntax der Eigennamen, 1914 [76]
Mieder, W.: International bibliography of explanatory essays on proverbial expressions containing names, 1976 [245]
Mossman, J.: Pseudonyms and nicknames dictionary, 1980 [51]
Motsch, W.: Untersuchungen zur Apposition im Deutschen, 1966 [77]
Müller, F. C.: Wer steckt dahinter? Namen, die Begriffe wurden, 1978 [246]
Müller, G.: Germanische Tiernamensymbolik und Namengebung, 1977 [134]
Müller, G.: Namenkunde, 1973 [33]
Müller, G.: *Schulte* und *Meier* in Westfalen, 1979 [201]
Müller, G.: Studien zu den theriophoren Personennamen der Germanen, 1970 [133]
Namenforschung heute, 1971 [16]
Namenkundliche Informationen, 1964 ff. [21]
Namensschlüssel zu pseudonymen Doppelnamen und Namensabwandlungen, 1941 und 1965–68 [52]
Names, 1953 ff. [22]
Naumann, H.: Diskussion zum Thema „Drei Preise für die Thoess", 1979 [70]
Naumann, H.: Entwicklungstendenzen in der Rufnamengebung der DDR, 1973 [119]

Naumann, H.: Normen bei Personennamen, 1980 [85]
Naumann, H.: Nummer und Name, 1975 [5]
Naumann, H.: Vorname – Rufname – Übername, 1976–77 [233]
Naumann/Schlimpert/Schultheis: Das kleine Vornamenbuch, 1980 [171]
Naumann/Schlimpert/Schultheis: Vornamen heute, 1977 [159]
Neubert, A.: Name und Übersetzung, 1973 [63]
Neubert, G.: Eigennamen als Bestandteil von Benennungen, 1980 [254]
Neumann, F.: Aussprache von Hugenottennamen, 1959 [189]
Neumann, I.: Obersächsische Familiennamen, 1970/1981 [201/1]
Neumann, I.: Offizielle und nicht-offizielle Personenbenennungen, 1973 [234]
Neumann, I.: Zur Herausbildung des anthroponymischen Prinzips der Doppelnamigkeit, 1973 [204]
Neumann, J.: Tschechische Familiennamen in Wien, 1977 [190]
Nied, E.: Heiligenverehrung und Namengebung, 1924 [160]
Nüssler, O. (E. Toulouse): Versteckte Namen, 1958 [250]
Onoma, 1950 ff. [23]
Onomastica Slavogermanica, 1965 ff. [24]
Österreichische Namenforschung, 1973 ff. [25]
Palandt: Bürgerliches Gesetzbuch, 1981 [42]
Probleme der Namenforschung im deutschsprachigen Raum, 1977 [17]
Pulgram, E.: Historisch-soziologische Betrachtung des modernen Familiennamens, 1950/51 [205]
Quadflieg, E.: Erbnamensitte beim Aachener und Kölner Patriziat im 13. bis 16. Jh., 1958 [161]
Rahnenführer, I.: Untersuchungen zur Entstehung des Fachwortschatzes des deutschen Eisenbahnwesens, 1965 [247]
Rajec, E. M.: The study of names in literature, 1978 [110]
Rathei, R.: Der Ausdruckswert des Eigennamens in der Dichtung, 1951 [111]
Redlich, F.: Familiennamen eines Niederlausitzer Landkreises, 1973 [191]
Rennick, R. M.: The Nazi name decress of the Nineteen Thirties, 1970 [162]
Repp, F.: Slawische Familiennamen in Wien, 1974 [192]
Riese, H.: Familienname und Gleichberechtigung der Geschlechter, 1972 [43]
Ris, R.: Nameneinschätzung und Namenwirklichkeit, 1977 [97/1]
Rode, Z. R.: The origin of Jewish family names, 1976 [223]
Rößler, R.: Eigennamen als Gattungsnamen, 1967 [248]
Scheuermann, U.: *Bonus Henricus*, 1979 [249]
Schirmer, A.: Beseeltes Gerät, 1952 [255]
Schlaug, W.: Die altsächsischen Personennamen vor dem Jahre 1000, 1962 [135]

Schlaug, W.: Studien zu den altsächsischen Personennamen des 11. und 12. Jhs., 1955 [136]

Schleusener-Eichholz, G.: Biblische Namen und ihre Etymologien, 1975 [97/3]

Schlimpert, G.: Zum Gebrauch von Vornamen fremder Herkunft, 1979 [122]

Schmid/Geuenich/Wollasch: Auf dem Weg zu einem neuen Personennamenbuch des Mittelalters, 1977 [137]

Schmidtbauer, P.: Zur Veränderung der Vornamengebung im 19. Jh., 1976 [163]

Schneider, G.: Die Schlüsselliteratur, 1951–53 [112]

Schramm, G.: Namenschatz und Dichtersprache, 1957 [138]

Schröder, E.: Deutsche Namenkunde, 1944 [34]

Schultheis, J.: Zum Namenrecht in der DDR, 1973 [44]

Schwarz, D.: Naming and Referring, 1979 [6]

Schwarz, E.: Deutsche Namenforschung, 1949 [35]

Schwarz, E.: Orts- und Personennamen, 1957 [36]

Schwedt, H.: Zum informellen Namensystem einer württembergischen Landgemeinde, 1973 [86]

Seibicke, W.: Die Vornamen *Mike* und *Maik* (*Meik*), 1968 [116]

Seibicke, W.: Eingepökelte Talmiwissenschaft. Etymologische Legenden um die Wörter *pökeln* und *Talmi*, 1979 [260]

Seibicke, W.: Es war einmal ein Mann ... Personalisierte Wortgeschichten, 1976 ff. [259]

Seibicke, W.: Käthe Müller ist nicht Kaethe Mueller, 1977 [38]

Seibicke, W.: Rechtschreibprobleme bei der Beurkundung französischer Vornamen, 1981 [123]

Seibicke, W.: Vornamen, 1977 [172]

Seibicke, W.: Zur Geschichte der Bindestrich-Vornamen, 1978 [164]

Shin, K. S.: Schichtenspezifische Faktoren der Vornamengebung, 1980 [165]

Socin, A.: Mittelhochdeutsches Namenbuch, 1903/1966 [166]

Söhn, G.: Literaten hinter Masken, 1974 [53]

Sonderegger, St.: Aufgaben und Probleme der ahd. Namenkunde, 1977 [139]

Steger, H., s. Probleme der Namenforschung im deutschsprachigen Raum

Stichproben in der amtlichen Statistik, 1960 [178]

Thies, H.: Namen im Kontext von Dramen, 1978 [113]

Toulouse, E., s. Nüssler

Tschirch, F.: Namenjagd durch sieben Adreßbücher, 1963 [202]

VDI-Richtlinie 2278: Benennungen durch Personennamen, 1976 [256]

Voetz, L.: Zu den Personennamen auf *-man* in ahd. Zeit, 1978 [139/1]

Wackernagel, W.: Die deutschen Appellativnamen, 1874 [251]

Wagenbreth/Hartung: Das slawische Element in Leipziger Familiennamen des 19. und 20. Jahrhunderts, 1970 [193]

Walther, H.: Nummer und Name, 1976 [7]

Walther, H.: Soziolinguistisch-pragmatische Aspekte der Namengebung und des Namengebrauchs, 1972 [28]

Walther/Schultheis: Soziolinguistische Aspekte der Eigennamen, 1974 (1978) [29]

Wasserzieher, E.: Hans und Grete, 1972 [173]

Weiss, V.: Die Verwendung von Familiennamenhäufigkeiten, 1974 [179]

Weiss, V.: Familiennamenhäufigkeiten in Vergangenheit und Gegenwart, 1977 [180]

Weitershaus, F. W.: Das neue Vornamenbuch, 1978 [174]

Weller, E.: Lexicon pseudonymorum, 1886 (1963) [54]

Wimmer, R.: Der Eigenname im Deutschen, 1973 [8]

Wimmer, R.: Die Bedeutung des Eigennamens, 1978 [9]

Witkowski, T.: Das Problem der Bedeutungserschließung bei Namen, 1973 [208]

Witkowski, T.: Grundbegriffe der Namenkunde, 1964 [12]

Witkowski, T.: Zu einigen Problemen der Bedeutungserschließung bei Namen, 1974 [209]

Wotjak, G.: Zum Problem des Eigennamens aus der Sicht der Semantiktheorie, 1976 [9/1]

Zeitschrift für Namenforschung, 1937–1943 [26]

Zender, M.: Räume und Schichten mittelalterlicher Heiligenverehrung, 1959 [167]

Zender, M.: Über Heiligennamen, 1957 [168]

Zoder, R.: Familiennamen in Ostfalen, 1968 [203]

Zunz, L.: Namen der Juden 1837 (1971) [224]

Sachregister

Bei der Suche nach einem Stichwort ist zu beachten, daß es keine strenge Regelung für den Gebrauch des Fugen-*s* gibt und das Bestimmungswort in Zusammensetzungen deshalb sowohl *Namen-* als auch *Namens-* lauten kann.

Ableitung 57–59
Adelsname: (Familienname) 166–168, 187f., (Adelprädikate) 33, (*von*) 188, (Form der Rufnamen) 150f.; s.a. dynastischer Vorname
alias 37
Alliteration 123, 126
Allonom 102
Anthroponym 10, 19
Anthroponomastik 10
Appellativ(um) 7
Archinomem 103
Auswahlprinzipien s. Selektionsprinzipien

Biername 204
Bindestrichkombination 149; s.a. Doppelform, Doppelvorname, Namenkopplung, Namenkombination
Bipseudonym 40
Begleitname 32f.
Beiname 18, 22, 127, 179, 195, 201–205, (Übersetzbarkeit) 52f., 201, (ahd. *forenamo*) 121
Beivorname 15, 17, 25, 76, 117, 148
Berufsname 164, 175, 189–192, (mittelbarer B.) 191f.
„Blumenname" 26

Codename 37
Deckname 37f.
Derivation, deonymische 57–59
Deutungskonkurrenz s. Konkurrenz
Diminutivbildung, -suffixe: (Vornamen) 55f., 97, 102, (ahd. Rufnamen) 129f., (Familiennamen) 175, 184f., (Übernamen) 56, 207; s.a. Hypokoristikum, Koseform, Kosename
dithematischer Name 122, 127
Doppel(familien)name 32, (echter, unechter D.) 167–169
Doppelform 96, 103, 149
Doppelvorname 29, 96; s.a. Doppelform
dynastischer Vorname 148

Ehename 31–33
Eigenname 7f.
Eindeutschung: (Familiennamen) 53, 168–170, (Vornamen) 113f.
einstämmige Kurzform s. Kurzform
einstämmiger Rufname 126f.
Einzelvorname 14f.
Entlehnung 110–114, 134–138, 140f., 144f., 152f., 173f., (im German.) 123

Erbname 118
Erstglied 122
Erstvorname 14
Erweiterung 96, 128

Fachsprachen: (Personennamen in F.) 211 f.
Familienname 14, 23 f., (gemeinsamer F.) 31—33, (erblicher, fester F.) 179—181, 195 ff.
Familiennamensuffixe 183 f.
faux noms 37
fiktionale Namen 86, 88—95
Folgevorname 14
forenamo (ahd.) 121
Fremdname 111; s. a. Eindeutschung, Entlehnung

Gattungsbezeichnung, -name 7
Geburtsname 15 f., 31—33
Geschlechtsname (der Mutter) 25
Gesamtnahme 14, 19
Gesellschaftsname 204

Hausname 186, 201
Heiligenname 134—136, 147
Herkunftsname 176 f., 188 f.
Hofname 195
Homonymie 26
Humanistennamen 198
Hypokoristikum 55 f., 97, 175; s. a. Diminutivbildung, Koseform, Kosename

Intentionswert 22 f.
Ironym 45

jüdische Personennamen: (Familiennamen) 200 f., (Rufnamen) 142 f.

Kampfname 37

klangsymbolischer Name 91
klassifizierender Name 86, 92, 94
Klostername 37, 204 f.
Kommunikationswert 22 f.
Konkurrenz 130, 194
Koppelform, -name 96; s. a. Namenkopplung
Koseform 55 f., 76 f., 96 f., 105, 109, 120, 130; s. a. Hypokoristikum, Kosename
Kosename 18, 20, 76, 205—207, (für Tiere) 208; s. a. Hypokoristikum, Koseform
Kurzform 26, 76, 96, 109, 120, 151, (echte, unechte K.) 128, (ein- u. zweistämmige K.) 127 f.; s. a. Namenkürzung

Lallform, -name 96 f., 128
Latinisierung 183, 197 f.
lautmalender, lautsemantischer Name 91
Lehnname 110 f.; s. a. Entlehnung
Leitname 117

Mädchenname (der Frau) 16, 33
Mehrnamigkeit 146—149
Metronym(ikon) 185—201
Modename, modischer Name 152; s. a. Vornamenmoden
monothematischer Rufname 126 f.
Motion, Movierung 55, 105, 123, 138 f.
Motivation (der Namengebung) s. Namengebungsmotive
Motivation, sekundäre 52, 213; s. a. Voksetymologie

Nachbenennung 87, 117—119, 125, 133 f., 147
Nachname 180 f.
Namenersetzung 87

Namenauslegung, -exegese 88
Namenfamilie 103 f.
Namengebungsakt (formeller u. informeller) 20—22
Namengebungsmotive 8, 22 f., (bei Familiennamen) 182—194, (bei Pseudonymen) 38—41, (bei Übernamen) 205—207, (bei Vornamen) 114—121, 125, 134, 147—154; s. a. Vornamenwahl
Namengeographie: (hagiologische) 136, (historische) 123, (Familiennamen) 161, 167, 170, 172—178, 186, (Vornamen) 136 f., 148—150
Namengleichung 184
Namenkombination (von Vornamen) 26
Namenkopplung 96, 141, 148 f.; s. a. Bindestrichkombination, Doppelform, Doppelvorname, Namenkombination
Namenkürzel 92; s. a. Namenkürzung
Namenkürzung 42 f., 50, 169; s. a. Kurzform
Namenlandschaft 86; s. a. Namengeographie
Namenmagie 87, 93; s. a. Onomatomantie
Namenmode s. Vornamenmode
Namennester 177
Namenphysiognomie 85, 94
Namenrecht 23 ff.
Namensänderung, amtliche 21, 29 f., 33; s. a. Namenwechsel
Namenscherze s. Namenspiele
Namenscheu 87
Namensfestlegung, amtliche 23
Namensoziologie 11, 150 f., 153 f., 205 f.

Namenspatron s. Heiligenname
Namenspiele 60 f., 81 f.
Namenstereotype 93
Namentabu 87
Namentausch 93
Namentypen 22, (in der Literatur) 93
Namenvariation 119, 125 f., (Variation von Vornamenstämmen) 144
Namenwahl s. Vornamenwahl
Namenwechsel 16, 30, 33, 169, 195—197, 204; s. a. Namensänderung
Namenweihe 21
Namenzusätze 179—180, 194, 196, (appellativische N.) 203, (attributive N.) 185 f., (genealogische N.) 183, (patronymische N.) 200
Neckname 18, 79 f., 205
Neubildung (von Vornamen) 26, 50, 97 f., (im 17./18. Jh.) 49 f., 138—140; s. a. Namenkopplung
nom de guerre 37
nom d'emprunt 37
nom de plume 37
Nomen 102
nomen appellativum 7
nomen proprium 7
Nummer und Name 9

Ökelname 18
Onomastik 10
Onomatomantie 197 (Nr. 210)
Ordensname 37, 78, 204 f.
Orthonym 38
Örtlichkeitsname 10

Patenname 147 f.
Patronym(ikon) 130, 179, 182—185, 191, 194, 200 f.,

(russ. Vatersname) 19; s. a. Zwischenname
pen-name 37
Personenname 10, (persönlicher Name) 19
Personengruppenname 12
Phraseologismen (mit Personennamen) 210
Phraseonym 45
pietistische Neubildungen 139
Prenonym 43
Primärmotivation 23
Pseudandronym 39
Pseudogynym 39
Pseudonym 17, 34–48

redender Name 51 f., 86, 91 f.
Referenzfixierungsakt 20
Rufform 17, 36, 50, 76, 151
Rufname 15, 17, 28 f., 76, 122, 146, 148, (Familiennamen aus Rufnamen) 182–185

sekundäre Motivation s. Motivation
Sekundärmotivation 23
Selektionsprinzipien 22, 114; s. a. Namengebungsmotive
Sammelpseudonym 40
Satzname 110, 139, 164, 193
Scherzname 209
Schimpfname 79 f.
Schleifname 192
Sozioonomastik 11; s. a. Namensoziologie
Spitzname 18, 76, 205 f.
Spottname 78, 207
Suggestion, suggestive Personennamen 84 f., 92–94

Tarnname 38
Therionym 10

theriophorer Personenname 123
Tiername 7, 208
Toponomastik 10, 208
Toponym 10, 186
Torsäulenname 195
transparenter Name 91
typologisierender Name 91

Übername 18, 20, 22, 77 f., 97, 203–207, (Diminutiva als Ü. n) 56, (Familiennamen aus Ü. n) 183, 185, 193–194, (Übersetzbarkeit) 52 f., 203, (Verbreitung adjektivischer Ü. n) 174
Übersetzung (von Personennamen) 44, 52–54, 201, (von Bei- u. Übernamen) 203, (von sorb. Familiennamen) 167, 169, (im Humanismus) 198; s. a. Latinisierung

Vatersname s. Patronym
Verkleinerung s. Diminutivbildung
verkörperter Name 91
Volksetymologie 52, 133, 168 f., 213
Vollform 96
Vorname 14 f., 146, (ahd. *forenamo*) 121
Vornamenmoden 94, 108, Kap. 3.7.2. (bes. 144–146, 152 f.), 212
Vornamenwahl: (rechtliche Vorschriften) 25–29, (gebundene u. freie V.) 116–121, 148, 152

Warenname 212
Weiterbildung 96; s. a. Erweiterung
Wirkung s. Suggestion
Wohnsitzname 187
Wohnstattname, Wohnstättenname 185–188

Wunschname 49, 87, 120, 124

Zuname 180f., 194–196
Zwangs(vor)name (für Juden) 142
zweistämmige Kurzform s. Kurzform

zweistämmiger Rufname 122, 127
Zweitglied 122
Zweitname 18, (illegaler Z.) 37;
　s.a. Pseudonym
Zwischenname (ostfries.) 25, 199

Abkürzungen und Zeichen

ahd. = althochdeutsch
dt. = deutsch
hd. = hochdeutsch
m. = männlich
md. = mitteldeutsch
mhd. = mittelhochdeutsch
nd. = niederdeutsch
obd. = oberdeutsch
vs. = versus, gegenüber
w. = weiblich
* (vor einem Namen) kennzeichnet eine konstruierte, nicht-belegte Form
< bedeutet: ‚ist hervorgegangen aus'
> bedeutet: ‚geht über in, entwickelt sich zu'

SAMMLUNG GÖSCHEN
Klein-Oktav. Kartoniert

Peter von Polenz
Geschichte der deutschen Sprache
Neubearbeitung der früheren Darstellung
von Hans Sperber
9., überarbeitete Auflage
226 Seiten. 1978. DM 12,80 ISBN 3 11 007525 3 (Band 2206)

Jan Goossens
Deutsche Dialektologie
147 Seiten, 13 Karten, 4 Abbildungen. 1977. DM 12,80
ISBN 3 11 007203 3 (Band 2205)

Helmut Henne / Helmut Rehbock
Einführung in die Gesprächsanalyse
2., verbesserte und erweiterte Auflage
328 Seiten, 3 Abbildungen, 1 Schaubild. 1982. DM 24,80
ISBN 3 11 008461 9 (Band 2212)

Max Gottschald
Deutsche Namenkunde
Unsere Familiennamen nach ihrer Entstehung
und Bedeutung
5., verbesserte Auflage mit einer Einführung in die Familiennamenkunde
von Rudolf Schützeichel
Groß-Oktav. Ca. 640 Seiten. 1982. Ganzleinen ca. DM 108,–
ISBN 3 11 008618 2

Preisänderungen vorbehalten

Walter de Gruyter  Berlin · New York

Stefan Sonderegger
Grundzüge deutscher Sprachgeschichte
Diachronie des Sprachsystems
Band I: Einführung − Genealogie − Konstanten

Groß-Oktav. XVI, 354 Seiten, 48 graphische Darstellungen
und 2 Klapptafeln. 1979. Ganzleinen DM 88,−
ISBN 3 11 003570 7

Stefan Sonderegger
Althochdeutsche Sprache und Literatur
Eine Einführung in das älteste Deutsch
Darstellung und Grammatik

Klein-Oktav. 272 Seiten. 1974. Kartoniert DM 16,80 ISBN 3 11 004559 1
(Sammlung Göschen, Band 8005)

Friedrich Neumann
Kleinere Schriften zur deutschen Philologie des Mittelalters

Groß-Oktav. X, 289 Seiten. 1969. Ganzleinen DM 60,−
ISBN 3 11 000241 8

Friedrich Neumann
Geschichte der altdeutschen Literatur (800−1600)
Grundriß und Aufriß

Oktav. XVI, 404 Seiten. 1966. Kartoniert DM 24,− ISBN 3 11 000372 4

Preisänderungen vorbehalten

Walter de Gruyter   Berlin · New York